Palavras de fogo

CIP-BRASIL. CATALOGAÇÃO NA FONTE
SINDICATO NACIONAL DOS EDITORES DE LIVROS, RJ

O91p

Osho, 1931-1990
Palavras de fogo : reflexões sobre Jesus de Nazaré / Osho ; tradução Anand Samashti. - Campinas, SP : Verus, 2010.

Tradução de: Come follow to you, vol. 1 : reflections on Jesus of Nazareth
ISBN 978-85-7686-091-4

1. Jesus Cristo - Interpretações hindus. 2. Jesus Cristo - Ensinamentos. I. Título.

10-3723 CDD: 294.5
CDU: 294.512.14

OSHO

Palavras de fogo

REFLEXÕES SOBRE JESUS DE NAZARÉ

Tradução
Anand Samashti

VERUS
editora

Título original
Come Follow to You, Vol. 1
Reflections on Jesus of Nazareth

Editora
Raïssa Castro

Coordenadora editorial
Ana Paula Gomes

Revisão da tradução
Prem Abodha

Revisão
Maria Lúcia A. Maier

Capa & Projeto Gráfico
André S. Tavares da Silva

Diagramação
Daiane Avelino

Este livro é uma transcrição da série de palestras "Come Follow to You (Vol. 1)", proferidas por Osho para uma audiência ao vivo. Todas as suas falas foram integralmente publicadas em livro e também estão disponíveis em forma de gravações de áudio originais. Gravações de áudio e o arquivo completo dos textos podem ser encontrados na Biblioteca Osho, em www.osho.com.

Verus Editora Ltda.
Rua Benedicto Aristides Ribeiro, 55
Jd. Santa Genebra II - 13084-753
Campinas/SP - Brasil
Fone/Fax: (19) 3249-0001
verus@veruseditora.com.br
www.veruseditora.com.br

Sumário

1

E o Verbo se fez carne

João 1

1 No princípio era o Verbo, e o Verbo estava em Deus, e o Verbo
era Deus.
[...]
3 Todas as coisas foram feitas por meio Dele e sem Ele nada do
que foi feito teria sido.
4 N'Ele estava a vida; e a vida era a luz dos homens.
5 E a luz brilhou na escuridão; e a escuridão não a compreendeu.
6 Houve um homem enviado por Deus, cujo nome era João.
7 Ele veio como testemunha, para dar testemunho da luz, e por
meio dele todos os homens poderiam acreditar.
8 Ele não era a luz, mas fora enviado para dar testemunho dela.
[...]
11 Ele foi aos seus, mas os seus não o receberam.
12 Mas, a quantos o receberam, deu-lhes o poder de se tornarem
filhos de Deus, aos que creem no seu nome;
[...]
14 E o Verbo se fez carne, e habitou entre nós (e vimos sua gló-
ria, como do unigênito do Pai), pleno de Graça e Verdade.

[...]
16 E de Sua plenitude todos nós recebemos Graça sobre Graça.
17 Pois a lei foi dada por Moisés, mas a Graça e a Verdade vieram
de Jesus, o Cristo.
[...]

Eu falarei do Cristo, mas não do cristianismo. O cristianismo não tem nada a ver com o Cristo. Na verdade, o cristianismo é anticristo – tanto quanto o budismo é antibuda e o jainismo é antimahavira. O Cristo tem algo que não pode ser organizado: por sua própria natureza, ele é rebelião, e a rebelião não pode ser organizada. No momento em que você a organiza, você a mata. Então, sobra o cadáver. Você pode reverenciá-lo, mas não pode ser transformado por um cadáver. Você pode carregar o peso por séculos e séculos, mas ele somente pesará em você. Assim, desde o começo, que isto fique bem claro: eu sou completamente a favor do Cristo, mas nem mesmo uma pequena parte de mim é a favor do cristianismo. Se você quiser o Cristo, terá de ir além do cristianismo. Se você se apegar demasiadamente ao cristianismo, não será capaz de compreender Cristo. Ele está além de todas as igrejas.

Cristo é o próprio princípio da religião. Em Cristo todas as aspirações da humanidade são preenchidas. Ele é uma síntese rara. Comumente, um ser humano vive em agonia, angústia, ansiedade, dor e sofrimento.

Se você olhar para Krishna, ele foi para a outra polaridade: ele vive em êxtase. Não sobra nenhuma agonia: a angústia desapareceu. Você pode amá-lo, você pode dançar com ele por um tempo, mas a ponte estará perdida. Você está em agonia, ele está em êxtase – onde fica a ponte?

Um Buda foi ainda mais longe. Ele não está nem em agonia nem em êxtase. Ele está absolutamente tranquilo e calmo. Ele está tão distante que você pode olhar para ele, mas não pode acreditar que ele existe. Parece um mito – talvez um preenchimento de um desejo da humanidade. Como pode tal homem andar nesta terra, tão transcendental a todas as agonias e os êxtases? Ele está muito distante.

Jesus é a culminação de todas as aspirações. Ele está em agonia – como você, como todos os seres humanos nascem –, em agonia na cruz. Ele está no êxtase que às vezes um Krishna alcança: ele celebra; é uma canção, uma dança. E também é transcendência. Há momentos em que você chega bem perto dele, em que você vê que seu ser interior não é nem a cruz nem a celebração, mas a transcendência.

Esta é a beleza de Cristo: existe uma ponte. Você pode ir em direção a ele pouco a pouco, e ele pode conduzi-lo na direção do desconhecido – e tão lentamente que você nem terá ciência quando cruzar a fronteira, quando entrar no desconhecido vindo do conhecido, quando o mundo desaparecer e Deus aparecer. Você pode confiar nele, porque ele é tão parecido com você e, contudo, tão diferente. Você pode acreditar nele, porque ele faz parte da sua agonia – você pode compreender sua linguagem.

Eis por que Jesus se tornou um grande marco na história da consciência. Não é por coincidência que o aniversário de Jesus tenha se tornado a mais importante data histórica. Tinha de ser assim. Antes de Cristo, um mundo; depois de Cristo, passa a existir um mundo totalmente diferente – uma demarcação na consciência humana. Há tantos calendários, tantos meios, mas o calendário que está baseado em Cristo é o mais significativo. Com ele, alguma coisa mudou no homem: com ele, algo penetrou na consciência do homem. Buda é belo, soberbo, mas não deste mundo; Krishna é adorável – mas, contudo, está faltando a ponte. Cristo é a ponte.

Por causa disso, escolhi falar sobre Cristo. Mas lembre-se sempre de que não estou falando sobre o cristianismo. A Igreja é sempre anticristo. Uma vez que você tente organizar uma rebelião, a rebelião tem de ser aquietada. Você não pode organizar um temporal – como poderia organizar uma rebelião? Uma rebelião é verdadeira e viva somente quando é um caos.

Com Jesus, um caos entrou na consciência humana. Agora a organização não é algo a ser criado do lado de fora, na sociedade: a ordem tem de nascer dentro do âmago mais profundo do seu ser. Cristo trouxe o caos. Agora, a partir deste caos, você tem de nascer totalmente novo, uma ordem surgindo do âmago do ser – não uma nova igreja, mas um novo homem; não uma nova sociedade, mas uma nova consciência humana. Esta é a mensagem. E essas palavras do Evangelho de são João, você deve tê-las ouvido muitas vezes, deve tê-las lido muitas vezes. Elas já se tornaram quase inúteis, sem significado, insignificantes, triviais. Elas foram repetidas tantas vezes, que agora, ao ouvi-las, elas não tocam mais nenhum sino dentro de você. Mas estas palavras são tremendamente potenciais. Você pode ter perdido sua significância, mas se você se tornar um pouco alerta, perceptivo, o significado dessas palavras pode ser recuperado. Vai ser uma batalha recuperar o significado... exatamente como você recupera uma terra do oceano.

O cristianismo cobriu essas belas palavras com tantas interpretações, que o frescor original ficou perdido – através das bocas dos padres, que estão simplesmente repetindo como papagaios, sem saber o que estão dizendo – sem saber, sem hesitar, sem tremer diante da sacralidade dessas palavras. Simplesmente repetem as palavras como robôs mecânicos. Seus gestos são falsos, porque tudo foi treinado.

Certa vez fui convidado por uma faculdade teológica cristã. Fiquei surpreso quando me levaram ao redor da faculdade. É uma das maiores faculdades teológicas na Índia: todos os anos eles preparam de duzentos a trezentos padres cristãos e missionários ali – um treinamento de cinco anos. E tudo tem de ser ensinado: até como se postar no púlpito, como falar, onde dar maior ênfase, como mexer as mãos – tudo tem de ser ensinado. Então, tudo se torna falso, e a pessoa só fica fazendo gestos vazios.

As palavras de João são como fogo, mas através dos séculos de repetição, repetição como de papagaio, muita poeira se acumulou em torno do fogo. Meu esforço será descobri-las novamente. Fique bem alerta, porque vamos pisar num terreno bem conhecido de um modo muito desconhecido, vamos pisar num território muito bem conhecido, com uma atitude totalmente nova, muito diferente. O território vai ser antigo. Meu esforço será o de lhe dar uma nova consciência para olhá-lo. Eu gostaria de lhe emprestar meus olhos, de modo que você possa ver as coisas velhas sob novas luzes. E quando você tem novos olhos, tudo se torna novo. Ouça:

No princípio era o Verbo, e o Verbo estava em Deus, e o Verbo era Deus.

Os Upanixades podem se sentir pobres, os Vedas podem ter inveja: "No princípio era o Verbo".

O que significa quando o evangelho diz "no princípio"? Os cristãos têm interpretado isso como se "no princípio" significasse que houve um começo. Eles estiveram usando e interpretando essa expressão, "no princípio", como se elas mostrassem algo sobre o começo do tempo. Mas, sem o tempo, como poderia haver um começo? Para começar, o tempo seria necessário em primeiro lugar. Se o tempo não existia, então, o que se quer dizer por "no princípio"?

"No princípio" faz parte do tempo e não pode preceder o tempo; portanto "no princípio" não significa que houve um dia em que Deus criou o mundo. Isso é tolice absoluta. "No princípio" é apenas um modo de falar. "No princípio" não significa "começo" absolutamente, porque nunca houve um começo – e não haverá nenhum fim. Deus é eterno, Sua criatividade é eterna. Foi sempre assim e será sempre assim.

Devido a estas palavras, "no princípio", muita controvérsia durou para sempre. Houve até sacerdotes e bispos tolos, que tentaram fixar a data exata: quatro mil e quatro anos antes de Cristo, numa certa segunda-feira, o mundo começou. E o que Deus estava fazendo antes disso? A eternidade tem de ter precedido isso – quatro mil anos não são nada. O que ele fazia antes disso? Não fazia absolutamente nada? Então, por que de repente, numa determinada data, ele começou a criação?

Isso tem sido um problema, mas o problema surge devido a uma interpretação errada. Não, "no princípio" trata-se apenas de um modo de falar. A pessoa tem de começar de algum lugar, o evangelho tem de começar a partir de algum ponto. A vida é eternidade, a vida nunca começa de algum lugar, mas toda história tem de começar, toda escritura tem de começar. Arbitrariamente, tem-se de escolher determinada palavra; e não se poderia escolher melhor: "No princípio". "No princípio" simplesmente diz que nós não sabemos.

Mas desde o mais remoto começo, se houve algum começo, Deus tem sido a criatividade. Deixe-me tentar dizer isto de um modo diferente: Deus *é* a criatividade. Você pode até abandonar a palavra "deus". Na verdade, o próprio evangelho não quer usar a palavra "deus". "No princípio era o Verbo, e o Verbo estava em Deus, e o Verbo era Deus."

No princípio era o Verbo...

De que verbo, de que palavra se está falando, qual é esta palavra? Alguém que tenha sabido a verdade sabe bem que nomear Deus é fútil: não existe nenhum nome, nenhuma definição – e todas as palavras são pequenas, elas não podem conter o todo. "O Verbo" é, novamente, apenas um modo de indicar o inominável, o desconhecido. "No princípio era o Verbo..."

Os judeus que precederam Jesus, de quem Jesus foi a própria culminação... O espírito judaico chegou a um preenchimento com Jesus. É claro que eles negaram Jesus; isso é outra história. Às vezes acontece de alguém dentre vocês atingir a plenitude de toda a espécie, mas a plenitude é tão vasta e tão fabulosa e você está tão abaixo, que não pode acreditar naquilo: você tem de negá-lo.

Cristo chegou a um ponto muito alto. Os judeus tinham estado esperando durante séculos por esse homem – vejam a ironia! –, estiveram esperando durante séculos este homem surgir, todas as suas esperanças residiam nesse homem, que poderia trazer o reino de Deus sobre a terra. Então, esse homem surge e eles mesmos, que estavam esperando por ele, não podem acreditar, não podem confiar. O que aconteceu?

Eles ficaram muito viciados na própria espera. "Se este é o homem, então o que faremos agora?" A espera teria de parar, teria de ser interrompida. E eles haviam esperado tanto tempo – na verdade, a própria espera tinha se transformado na única atividade dos judeus, toda a sua atividade religiosa: esperar a vinda do filho de Deus. E agora de repente, este homem está aí e diz: "Estou aqui".

Assim, eles preferem se apegar à espera a olhar para aquele homem – porque olhar para aquele homem seria o fim; então, não haveria mais nada para esperar. O futuro desaparece, a esperança desaparece, o desejo desaparece. Aquele homem mataria toda a esperança, todo o desejo, todo o futuro – isto era demais! A velha mente tornara-se viciada na sua própria espera, a velha mente ficara viciada na sua própria miséria e frustração. Era realmente demais!

Acontece: se você permanece doente por muito tempo, pouco a pouco você começa a fazer certo investimento na doença. Então, você fica com medo – se você se tornar saudável novamente, surge o medo, porque você terá de ir ao escritório novamente, voltar ao trabalho. Nesses poucos anos, você esteve repousando: não havia ansiedade; você pôde relaxar. Agora, novamente a responsabilidade. E não somente isso – durante esses poucos anos em que você esteve doente, todo mundo tinha sido solidário com você, quase sempre tentando amá-lo. Você se tornou o centro da família, dos amigos, dos conhecidos; todos foram gentis. Voltar agora para a dureza e crueldade do mundo – a mente resiste; não parece valer a pena.

Se um povo permaneceu esperando durante tanto tempo... E os judeus estiveram sempre esperando. Eles ainda estão esperando – e o homem já surgiu e se foi. Mas eles investiram demasiadamente na espera: a espera tornou-se o prazer deles, suas sinagogas não são nada mais que salas de espera para a chegada do Messias. E ele esteve aqui!

E eu lhes digo: se ele voltar novamente – embora eu não pense que ele cometerá o mesmo erro novamente –, se ele voltar novamente, os judeus ainda não o aceitarão, porque, então, o que acontecerá com a espera deles? Eles já viveram muito, muito tempo com ela: essa prisão se transformou em lar – e eles já o decoraram. E agora ir para a dureza do céu aberto – onde às vezes o sol arde demais, e às vezes chove muito, e às vezes faz muito frio ou muito calor – é perigoso. Eles estão abrigados.

No princípio era o Verbo...

Os judeus têm enfatizado insistentemente que o nome de Deus não pode ser dito, porque ele é algo para se guardar no fundo do coração. Dizê-lo é torná-lo profano, dizê-lo é torná-lo parte do mundo comum e da linguagem. Dizê-lo repetidamente é fazê-lo perder seu significado e sua significância.

Se você ama alguém e o dia todo diz "eu te amo", "eu te amo", muitas vezes – e você gosta de dizer isso –, no começo a outra pessoa pode ficar feliz, mas, mais cedo ou mais tarde, a coisa vai ficar demasiada. "Eu te amo, eu te amo"... – você está tornando inútil uma linda expressão. Não a use excessivamente, então ela se tornará significativa, então carregará algum significado. Na verdade, os que amam podem até nem usá-la. Se o amor não se mostra por si mesmo, ele não pode ser dito – não há necessidade de dizê-lo. E se ele se mostra por si mesmo, então, qual a necessidade de dizê-lo? Deveria haver algumas palavras-chave para serem usadas apenas raramente, muito raramente. Elas deviam ser guardadas para ocasiões raras, quando você tocasse um pico.

Os judeus sempre insistiram que o nome de Deus não deve ser pronunciado. Era o costume dos velhos tempos, antes de Cristo, que somente o Supremo Sacerdote do Templo de Salomão tivesse permissão de pronunciar seu nome – e somente uma vez por ano. Ninguém mais tinha permissão. Assim, "o Verbo" é o código, o código utilizado para o nome de Deus. Algo tem de ser usado para indicá-lo e este é um belo código: "o Verbo". Eles não usam nenhuma outra palavra; simplesmente dizem: "o Verbo". O mesmo aconteceu na Índia também. Se perguntarem aos siques, os seguidores de Nanak, eles dirão: "*Nam*", que significa o Nome. Eles não dizem nenhum nome; simplesmente dizem "o Nome". Significa o mesmo que "o Verbo".

Somente o Supremo Sacerdote tinha permissão, e o Supremo Sacerdote tinha de se purificar. O ano todo ele se purificava e jejuava e orava e se aprontava. Então, certo dia do ano, toda a comunidade se reunia. Mas aí também, o Supremo Sacerdote não pronunciava a palavra diante da multidão: ele ia para dentro do relicário mais secreto do templo. A porta era fechada e, no profundo silêncio, onde ninguém poderia ouvir – a multidão ficava esperando do lado de fora e não havia nenhuma possibilidade de ninguém ouvir –, ele pronunciava o nome em profunda santidade, intenso amor e intimidade. Ele estava pronunciando o nome por toda a comunidade.

Era um dia abençoado, quando o nome era pronunciado. Então, por todo o ano, o nome não podia ser trazido aos lábios. Tem-se de carregá-lo no coração; ele tem de se tornar como uma semente. Se você trouxer a semente para fora do solo repetidas vezes, ela nunca brotará. Mantenha-a lá no fundo. Molhe-a, proteja-a, mas mantenha-a no fundo da escuridão, para que ela possa brotar, morrer e renascer.

O nome de Deus tem de ser guardado no fundo do coração. Até mesmo você não deve ouvi-lo: ele deve estar tão fundo no seu ser, nas suas profundezas subliminares, que jamais atinja a sua própria mente. Esse é o significado de o Supremo Sacerdote entrar no sacrário mais íntimo. Ninguém ouve, as portas estão fechadas, e ele pronuncia o nome uma única vez. O significado é este: entre no sacrário mais profundo do templo do seu coração, purifique-se e, de vez em quando, quando você sentir a fragrância do seu ser – quando você estiver no ápice da sua energia, quando você estiver realmente vivo e não houver nem sequer um traço de tristeza a sua volta; quando você estiver feliz, tremendamente feliz, extasiantemente feliz, tranquilo e silencioso; quando você estiver num estado em que pode agradecer, em que se sinta grato – então, entre no sacrário profundo. Sua mente fica de fora – ela é a multidão. Você vai fundo no seu coração e, de lá, diz a palavra tão silenciosamente, que nem sua mente será capaz de ouvi-la. É lá que a palavra tem de ser guardada.

No princípio era o Verbo, e o Verbo estava em Deus, e o Verbo era Deus.

Não há nenhuma diferença entre Deus e seu nome. Ele não tem nenhum nome. Ele próprio é seu nome. Seu ser é seu nome; sua existência é seu nome. Nasce uma criança. Que nome ela tem? – nenhum nome. Mas ela existe. Esse existir é seu nome. Então, por propósitos utilitários, nós lhe damos um nome e, pouco a pouco, ela se esquece do seu ser e se torna identificada com o nome. Se seu nome for insultado, ela ficará com raiva; se seu nome for elogiado, ela ficará muito feliz. E o nome nunca pertenceu a ela!

Deus é a criança, sempre a criança, sempre a inocência do mundo. Ele não tem nenhum nome. Esse é o significado de "E o Verbo estava em Deus": "Estado de ser", existência, simplesmente ser. "E o Verbo estava em Deus": Seu nome é seu ser. Não repita seu nome, mova-se até o seu ser – este é o único meio de alcançá-lo. Na verdade, esqueça-se dele. Entre no seu próprio ser e no seu "estado de ser", você o alcançará.

Todas as coisas foram feitas por meio Dele e sem Ele nada do que foi feito teria sido.

Deus é criatividade. Dizer que Deus é o criador já é falsificá-lo, mas dizer que "Deus é criatividade", não será compreensível. Então, as pessoas pensarão: "Então por que dizer 'Deus'? Apenas 'criatividade' servirá". Nós dizemos "Deus é o criador", mas devido a esta expressão, surgem muitos absurdos. Então, quando ele criou o mundo? Então por que ele não o criou antes? Por que ele não pôde criá-lo antes, por que ele o criou quando o criou? Por que ele o criou do jeito que ele é? Por que ele não pode melhorá-lo?

Tanta miséria, tanto sofrimento no mundo, e ele é o criador. Então Deus se torna o culpado. Então, ficamos com raiva: se ele é o criador, é responsável por tudo. Por que ele não pode mudar isso? Então surge toda sorte de problemas, e os teólogos vão tentando responder a essas perguntas.

Em primeiro lugar, elas não precisam surgir se você olhar as coisas diretamente. Deus não é o criador, ele é a criatividade. A criatividade é seu ser. Ele tem estado sempre criando; ele não pode sair de férias de sua criatividade. Isso não é possível: você não pode sair de férias da sua natureza mais íntima – não. O que quer que você possa deixar não é sua natureza; aquilo que você *não pode deixar* é a sua natureza.

A natureza de Deus é a criatividade. Ele sempre esteve criando. E não há nenhum outro modo: a única forma de o mundo existir é como ele existe. É o único modo. Seja o que for que você pense ou condene ou aprecie é insignificante. É como ir até uma rosa e perguntar: "Por que você tem somente essas pétalas? Podia ter mais algumas. O que deu errado?" Mas se houvesse algumas a mais, a mesma pergunta teria sido feita.

Seja como for o mundo, a mente sempre criará perguntas. Assim, aqueles que sabem, abandonam a mente e aceitam o mundo. E há somente dois caminhos: ou aceite a mente e fique contra o mundo, ou aceite o mundo e abandone a mente. É assim que as coisas são e podem ser, e não há ninguém a quem possa reclamar e não há ninguém que possa ouvir suas reclamações e dar um jeito. Deus é criatividade, não um criador.

"Todas as coisas foram feitas por meio Dele" – todas as coisas realmente são feitas *dele*, não *por* ele! – "e sem Ele nada do que foi feito teria sido". E não somente no passado – mesmo agora, sempre que uma coisa é criada, ele é o criador, você é apenas o instrumento.

Você pinta um quadro ou escreve uma canção. O que você pensa – que você é o criador? No momento de profunda criatividade, você desaparece, Deus começa a funcionar novamente. Assim, não se trata de uma questão do passado. Onde quer que e quando quer que a criatividade aconteça, é sempre através *dele*. Pergunte aos grandes poetas. Eles dirão que sempre que um grande poema os invade, eles foram, no máximo, receptores passivos. Aquilo aconteceu – eles não foram os criadores.

A ideia de que você cria é simplesmente ilusão sua. Toda criatividade pertence a ele. Mesmo através de você, o que quer que seja criado, ele é o criador. Compreender isto é uma grande iluminação. Para compreender isto, o ego tem de desaparecer; compreender isto é permitir que Deus tome posse total de você. Você se torna um instrumento e, em pequeninas coisas, grandes coisas se tornam possíveis. Então, ele se move através de você. Se você dança, ele dança. Você é no máximo o campo onde ele dança. Quando você canta, ele canta. Você é, no máximo, a flauta, a flauta oca, que se torna apenas uma passagem para a música. No máximo você pode permitir – é sempre ele quem está fazendo as coisas.

É isso que quero dizer quando digo "flua", quando digo "flua com o rio". Permita sua criatividade fluir através de você. Não imponha nenhum padrão; não imponha sua vontade. Se você permitir-se ser totalmente possuído, não há mais nenhum sofrimento e você não mais é um ser humano. O Jesus dentro de você tornou-se o Cristo no exato momento em que você permitiu a posse total. Então o Jesus desaparece e o Cristo aparece.

Cristo é o princípio; Jesus é o filho do carpinteiro José. Jesus desapareceu num certo momento e Cristo entrou. "Cristo" simplesmente significa que agora o homem não mais é o homem, o homem foi possuído por Deus. Exatamente como quando alguém fica louco e você pode dizer: "O homem está possuído", você pode dizer aqui que o homem "está possuído de Deus". Agora o homem não existe mais.

N'Ele estava a vida; e a vida era a luz dos homens.

Deus é a única existência, o único ser: a única vida que existe; a única dança que existe; o único movimento, a única energia que existe. No oceano e nas ondas, no mundo ilusório e na verdade, nos sonhos e no sonhador, a única energia que existe, é Deus. Tudo é ele; ele é tudo.

"N'Ele estava a vida; e a vida era a luz dos homens." A partir do momento que você compreende isto – que ele é a única vida –, sua vida se torna iluminada. Você fica cheio de luz. "Deus é vida"! Se você compreender isso, toda a sua vida se torna cheia de luz. A vida dele se torna uma luz na sua compreensão. Quando sua vida é refletida dentro de você, ela se torna luz.

E a luz brilhou na escuridão; e a escuridão não a compreendeu.

E a luz está brilhando ao seu redor. A vida está ao seu redor – nos pássaros, nas árvores, no rio. A vida está toda à sua volta, não há nada mais – você está vivendo no oceano da vida. Fora e dentro, dentro e fora, só há vida borbulhando. Uma grande corrente de vida, e você como um peixe dentro dela.

E a luz brilhou na escuridão; e a escuridão não a compreendeu.

Você não a compreende. Você ainda está identificado com a escuridão, seus olhos ainda estão fechados. Você está cego.

Esta é uma linda coisa para se compreender: "Houve um homem enviado por Deus..."

Tinha de ser assim. Isso são parábolas, mas eu digo que é assim mesmo, porque... como um homem que tem vivido na escuridão pode ser capaz de encontrar a luz por ele mesmo, sozinho? Será necessário um Mestre.

Se você está profundamente adormecido, como acordará? – parece impossível. Será preciso que alguém, que já esteja acordado, o sacuda para fora do seu sono, lhe dê uma sacudidela; então, a agulha da sua inconsciência pode saltar para fora do sulco e seguir uma nova rota. Por um momento, você abre os olhos e vê.

Houve um homem enviado por Deus, cujo nome era João.

A menos que o próprio Deus venha a fazer isso, parece quase impossível que você seja capaz de perceber o que é o quê. Assim, todas as religiões do mundo dizem: "O homem por si é tão indefeso que Deus tem de descer". Os hindus dizem avatar. "Avatar" significa descendência de Deus. Ele tem de vir para acordá-lo.

Isto simplesmente mostra o quão profundamente você está adormecido, nada mais – não que você tenha de fazer da vinda de Deus uma crença fanática. Simplesmente mostra que você está tão adormecido que a menos que Deus desça, parece não haver nenhuma possibilidade para você. E se às vezes você acorda, isso simplesmente mostra que Deus deve ter descido para acordá-lo.

Houve um homem enviado por Deus, cujo nome era João. Ele veio como testemunha, para dar testemunho da luz, e por meio dele todos os homens poderiam acreditar.

Eu estou aqui. Se você puder olhar dentro de mim, chegará a confiar em coisas que não foi capaz de perceber por si mesmo. Através de mim, você pode ter alguns vislumbres daquilo que ainda não foi visto.

Deus é o invisível. É necessário alguém que possa ser uma testemunha, alguém que possa dar testemunho, que possa dizer "Sim, eu o conheço", alguém que possa ressoar no seu ser profundo, alguém que, com o seu toque, possa lhe dar um sabor de que "Sim, Deus existe". Deus jamais pode ser apenas uma crença, porque uma crença será impotente – será intelectual, da cabeça, e jamais o transformará. Você pode carregar a crença por toda sua vida: ela fará parte de seu rebotalho; ela não o transformará.

A confiança, a fé, é diferente. A crença é intelectual; a confiança é existencial. Mas como confiar, a menos que você se aproxime de um homem que possa dar testemunho, que possa dizer das próprias profundezas do seu ser que "Sim, Deus existe"? Se você se permitir ser vulnerável a ele, e seu ser causar uma sensação dentro de você, então, nasce uma confiança.

"Ele veio como testemunha" – João deu testemunho da luz... Ele conheceu a luz, ele está vindo da luz. E lembre-se: quem quer que conheça a luz também sabe que ele está vindo da luz, porque não há outro meio de se estar aqui.

Você pode não estar ciente dela, mas você também veio da luz. Essa é a verdadeira fonte – a semente e a fonte de toda a vida. Você pode não estar ciente, pode ter se esquecido, pode ter se tornado completamente esquecido do fato de onde você veio – a fonte está tão distante que você não se lembra absolutamente –, mas, quem quer que dentro de você se torne consciente da luz, imediatamente se torna consciente de que "eu vim dele". Na verdade, essa pessoa imediatamente se tornará consciente de que "eu sou ele; eu sou ele. Meu pai e eu somos um".

Como em cima, assim embaixo. Ele sustentará, assim como os visionários dos Upanixades sustentaram: "Aham Brahmasmi... Eu sou isso". Ou ele dirá, como Mansur: "Analahak... Eu sou a verdade". Ou como Jesus: "Eu e meu pai somos um". Jesus diz: "Se confiares em mim, confiaste nele, naquele que me enviou; se me amares, amaste aquele que não conheces".

"Ele veio como testemunha, para dar testemunho da luz, e por meio dele todos os homens poderiam acreditar." João é a porta, a janela, através da qual você pode ter um vislumbre dos distantes picos do Himalaia.

Ele não era a luz, mas fora enviado para dar testemunho dela.

Isto tem de ser compreendido, pois é uma das coisas verdadeiramente significativas. Sempre que um homem como Jesus vem, ele é sempre precedido por alguém que prepara o terreno. Tem de ser assim, porque é necessário um terreno preparado. A vida é uma profunda continuidade; tudo está relacionado, é tudo uma coisa só. João veio para preparar o terreno, porque muitas ervas daninhas estavam presentes. A grama estava crescendo, mil e um tipos de árvores entrelaçavam-se por toda a terra. Elas tinham de ser cortadas, ervas daninhas removidas, o solo mudado. Somente então poderia vir o jardineiro e semear as sementes.

Quando quer que haja um homem como Jesus, ele é sempre precedido. Então, o Evangelho diz: "Ele não era a luz, mas fora enviado para dar testemunho dela" – ele tinha vindo para preparar o terreno.

Ele foi aos seus, mas os seus não o receberam.

Ele veio para ajudar; ele veio para preencher a aspiração de eras, "mas os seus não o receberam". Isso é algo muito irônico, mas sempre aconteceu. Jesus nasceu judeu: os judeus não o aceitaram. Buda nasceu hindu: os hindus não o aceitaram. É assim que sempre foi. Por quê? Porque sempre que um homem como Jesus ou Buda nasce, ele é tanta rebelião que tudo que está estabelecido é abalado.

Um homem comum vive no passado – e para o homem comum o passado é mais importante, porque o passado já está estabelecido, enraizado. Ele tem muita coisa do passado em jogo, tem muito investimento no passado. Por exemplo, se de repente vou até você e lhe digo que o modo como você está rezando é errado, e você esteve rezando desse modo por cinquenta anos – agora há muito em jogo. Acreditar em mim será acreditar que seus cinquenta anos foram inúteis. Acreditar em mim será desacreditar cinquenta anos da sua vida; acreditar em mim será acreditar que você esteve sendo um tolo durante cinquenta anos. Isso é demais! Você lutará, você se defenderá.

E quando se trata de toda uma raça... Por milhares de anos aquele povo esteve fazendo certas coisas e, então, vem um Jesus e bota tudo de cabeça para baixo! Tudo vira um caos novamente. Ele dissolve tudo que estava estabelecido, arranca tudo o que se pensava ser muito significativo, cria uma confusão. Mas ele não podia deixar de fazê-lo, porque ele trazia agora a coisa certa. Mas durante séculos você esteve acreditando que outra coisa era o certo. O que escolher – Jesus ou seu longo passado? O que escolher – Jesus ou a tradição?

Você sabe de onde vem a palavra "tradição"? Ela vem da mesma raiz que a palavra inglesa *trade* (comércio). Ela também vem da mesma raiz que a palavra *traitor* (traidor). A tradição é uma marca, é um negócio – e a tradição também é uma traição.

A tradição crê em certas coisas que não são verdadeiras – a tradição é uma traidora da verdade. Assim, sempre que chega a verdade, há conflito. Você pode ver isto aqui. Eu nasci um *jaina*, mas os jainistas não me aceitam. Aqui você pode encontrar cristãos, judeus, muçulmanos, hindus, budistas, mas pouquíssimos jainistas. Para eles, é impossível aceitar-me. "Ele foi aos seus, mas os seus não o receberam."

Os jainistas são muito contrários a mim. Os hindus não são tanto, mas também são um pouco... Mas os cristãos, não. Os judeus também não. Quanto mais distante você vai, menor é o antagonismo. Eu nasci dentro do jainismo – os jainistas formam uma pequena comunidade, cercada de todos os lados por hindus; portanto os jainistas são quase hindus. Eles serão muito antagônicos, os hindus um pouco menos, e os mulçumanos, os cristãos e os judeus não muito.

Quanto mais longe se for, menor será o antagonismo. Desse modo, você pode compreender por que tanta gente de muitos países está aqui e não há tantos indianos. Com os indianos há um problema: a tradição deles está em jogo. Se eles acreditarem em mim, então, a tradição deles... – eles terão de perdê-la.

Eis por que vocês verão mais gente nova perto de mim e menos gente velha, porque gente nova não tem muitos interesses investidos no passado. Na verdade, um jovem está olhando para o futuro, e os velhos olhando o passado lá atrás. Um jovem tem um futuro; um velho tem somente um passado. O futuro significa a morte: sua vida inteira é passada. Assim, quando um homem de 70 vem a mim, é muito difícil mudá-lo, porque setenta anos lutarão comigo. Quando vem um garotinho de 7 anos, um pequeno Sidarta, não há com o que lutar. Ele pode se render absolutamente, não há nada – ele não tem passado algum, só futuro. Ele pode ser aventureiro, ele pode correr riscos; ele não tem nada a perder. Mas um velho tem muito a perder. É por isso que, se vier um erudito – uma pessoa que sabe muito e não conhece nada –, ele lutará muito, ele terá toda sorte de argumentos, irá se defender. Ele tem muito a perder. Mas quando vem um inocente que diz "Eu não sei muito, não", ele se sente à vontade e está pronto para soltar as rédeas.

Ele foi aos seus, mas os seus não o receberam.
Mas, a quantos o receberam, deu-lhes o poder de se tornarem filhos de Deus, aos que creem no seu nome;
E o Verbo se fez carne...

Pouquíssimos foram até ele. João vivia perto do rio Jordão, no descampado, fora das cidades e vilarejos. As pessoas que realmente queriam ser transformadas, estas o buscaram e foram até ele. Muito poucos foram, mas aos que foram – "deu-lhes o poder de se tornarem filhos de Deus, aos que creem no seu nome". Os que puderam confiar foram transformados. E ele preparou o terreno: este foi o primeiro grupo preparado, para quem Jesus iria aparecer.

E o Verbo se fez carne, e habitou entre nós (e vimos sua glória, como do unigênito do Pai), pleno de Graça e Verdade.

"E o Verbo se fez carne" – um dos mais belos versos do Evangelho – "e habitou entre nós." Jesus é como se o Verbo se tornasse carne: Deus tornou-se homem. O segredo abriu-se; o oculto foi revelado; o mistério tornou-se uma verdade aberta. Todas as portas do templo estão abertas.

"E o Verbo se fez carne e habitou entre nós..." João criou a situação, porque o Verbo só pode virar carne quando o ouvinte está pronto.

Se você estiver pronto, então, eu posso lhe dizer o que eu trago dentro do meu coração. Se você não estiver pronto, é impossível dizê-lo; será absolutamente inútil. De fato, não pode ser revelado, a menos que você esteja pronto. Quando o seu coração estiver pronto, essa própria prontidão lhe trará a verdade que eu carrego dentro do meu coração. Então, o coração pode falar ao coração; a profundidade pode responder à profundidade.

João criou um grupo, um pequeno grupo de pessoas escolhidas, pessoas que eram capazes de confiar, que eram capazes de ver com os olhos da confiança. Somente então, Jesus é possível. Lembre-se disto:

se o ouvinte está pronto, somente então, a verdade pode ser dita. Eu andei viajando por este país durante anos, durante todo o transcorrer dos anos, só para encontrar pessoas que fossem capazes de se transformar, de modo que o que quer que eu esteja carregando dentro de mim possa virar carne, possa ser revelado. Agora as pessoas me perguntam por que eu não vou mais a nenhum lugar. Esse trabalho está feito. Agora, os que estão prontos virão a mim. Agora este é o único caminho.

Eis por que eu não quero massas e multidões vindo aqui – porque se vierem, então, eu não serei capaz de revelar o que carrego... e eu gostaria de compartilhar isso antes de partir. Se você estiver pronto, então, e somente então, alguma coisa do além pode descer sobre você.

"E o Verbo se fez carne, e habitou entre nós (e vimos sua glória, como do unigênito do Pai)..." Isto é realmente algo para ser compreendido, porque os cristãos têm interpretado mal, continuamente, esta passagem. Eles continuam dizendo que o Cristo é o filho unigênito de Deus. Sim, é verdade de certo modo... – mas não verdadeiro do jeito que os cristãos dizem isso.

Buda também é o filho unigênito de Deus, e Krishna também é o filho unigênito de Deus. Lembrem-se, eu enfatizo: o filho unigênito de Deus. E eu também sou o filho unigênito de Deus, e você também é o filho unigênito de Deus. Então por que dizer "unigênito"? Se todos vocês são Seus filhos, então... por que dizer isso?

Isso tem alguma significância, algum significado. É assim: você se apaixona por uma mulher, e diz: "Você é a única mulher, a única mulher bela no mundo". Não que isso seja verdade, mas ainda assim, num determinado momento de amor, é verdade. Não se trata de um fato comum; trata-se de uma verdade. Quando você diz para uma mulher: "Nunca existiu nem existirá mulher tão bela como você", isso não significa que você conheça todas as mulheres que já existiram no mundo antes; ou que você saiba que todas as mulheres que vão existir não serão mais belas do que esta. Como você pode saber, como pode comparar? Isso não é um fato lógico: é uma percepção poética. Nesse momento de amor, não se trata de uma questão de estatística. Algum lógico pode levantar o argumento: "Espere! Você conhece todas as mulheres que existem agora no mundo? Você averiguou, procurou, e descobriu que essa é a mulher mais bonita do mundo? O que você está dizendo? Você está usando uma linguagem comparativa".

Mas você dirá: "Eu não estou preocupado com outras mulheres, e isso não é comparativo. Não estou comparando: estou simplesmente afirmando uma verdade sobre os meus sentimentos. Não se trata de um fato do mundo externo: é uma verdade dos meus sentimentos mais íntimos. É assim que me sinto: que esta mulher é a mais bela do mundo; estou dizendo algo sobre a mulher; estou dizendo algo sobre meu coração. Eu não conheço todas as mulheres; não há nenhuma necessidade". Não é uma comparação. É uma sensação simples. Você está tão possuído pelo sentimento, que *não* dizer isto será errado.

Quando você ama Jesus, ele é o filho unigênito de Deus. Dessa forma, esta frase é boa. Ela diz: "... e nós vimos sua glória, como do unigênito do Pai". "Como" – como SE ele fosse o único filho de Deus. Os que amam Jesus... – para eles, Jesus é o filho unigênito de Deus. Eles não estão dizendo nada sobre Buda ou contra Buda. Eles não estão comparando.

Eis o que quero dizer quando falo que Buda também é o filho unigênito: você também é. Todos no mundo são únicos. Quando você alcança sua realização interior, você é o filho unigênito de Deus – como se toda existência existisse para você e só para você. As árvores florescem para você e os pássaros cantam para você e os rios fluem para você e as nuvens se juntam para você. Quando você alcança, você se torna o único centro da existência.

Se você se apaixona por Buda, por Jesus ou por qualquer pessoa – essas palavras de amor não devem ser levadas como afirmações de fatos. Elas são percepções poéticas. Você não pode contra-argumentar. Elas afirmam algo do coração.

"E o Verbo se fez carne, e habitou entre nós... pleno de Graça e Verdade." Onde quer que haja verdade, há graça. E onde quer que haja graça, há verdade.

Tente compreender isto.

Você só pode estar cheio de graça quando você é verdadeiro. Se você tem certa mentira dentro de você, essa mentira perturbará a sua graça, essa mentira envenenará sua beleza, porque essa mentira tem de ser escondida, reprimida. Ninguém tem permissão de saber daquilo. Você não pode se abrir: você se cala pela mentira.

Se você engana, não pode ser livre e fluir. Você ficará aprisionado com sua fraude. Assim, eu não digo que as mentiras são ruins porque elas ferem os outros – não. Elas são ruins porque você perderá sua própria graça. As fraudes não são ruins porque enganam os outros; as fraudes são ruins porque elas perturbarão o seu fluxo e você não estará fluindo. Você começará a se congelar. Em muitos lugares, você ficará aprisionado, morto. Você terá bloqueios no seu ser.

Olhe para uma criança. Toda criança tem graça. Então, onde ela desaparece? Quando cada criança traz graça para o mundo, onde ela desaparece? Com o passar do tempo ela é perdida e, então, todo mundo fica sem graça, feio. É raro que alguém seja capaz de ser tão gracioso quanto foi quando era criança. O que acontece? Por que uma criança é graciosa?

Você já viu uma criança que você possa chamar de feia? Não, não existe. Uma criança, e feia, é impossível. Todas as crianças são belas, incondicionalmente belas. Elas estão fluindo, e são verdadeiras. Quando elas querem chorar, elas choram; quando elas querem rir, elas riem. Quando elas estão com raiva, ficam realmente com raiva, e quando estão amando, estão realmente amando. Elas são verdadeiras com o momento, elas jamais enganam.

Mas logo, logo elas aprendem os modos políticos. Logo aprendem que: "Mamãe gosta quando eu sorrio. É mais fácil persuadi-la, é mais fácil manipulá-la, se eu sorrir". Uma criança pequena está se tornando um político! Ela espera. Ela pode estar com raiva por dentro, mas quando a mãe chega ela sorri, porque este é o único meio de poder tomar o sorvete. Agora o sorriso é falso, e um sorriso falso é feio, porque o ser inteiro não está ali: é algo pintado por fora. Então, cada vez mais e mais coisas serão pintadas, mais e mais personalidades vão sendo acumuladas, e a essência será perdida. Então, você se torna feio. A verdade e a graça estão sempre juntas. Verdade é graça, e graça é verdade.

Este Evangelho pega o ponto exato do ser de Jesus: verdade e graça. Ele era verdadeiro, profundamente verdadeiro, até o âmago do seu ser – o máximo, inteiramente verdadeiro. Eis por que se meteu numa encrenca. Viver em uma sociedade que é absolutamente desleal, viver nessa sociedade, em completa veracidade, é se meter em confusão.

E a graça. Ele não era um político nem um sacerdote. Simplesmente amava a vida e a vivia. Ele não veio aqui para pregar alguma coisa: ele não tinha nenhum dogma para inculcar, não tinha quaisquer ideias para impor às pessoas. Na verdade, viveu uma vida fluente, pura, graciosa... ele era contagiante. Qualquer um com quem ele andasse, qualquer um com quem ele entrasse em contato era magnetizado, hipnotizado. Este homem era uma criança, uma criança inocente. As pessoas eram atraídas. As pessoas deixavam sua casa, seu trabalho... e simplesmente começavam a segui-lo.

Ele não era um pregador, não estava trazendo nenhuma revolução política para o mundo, não estava trazendo nenhuma reforma para o mundo. Estava apenas lhe dando um meio para viver de modo fluente. E esse era o problema, pois os judeus eram um dos povos mais reprimidos no mundo. Muito reprimidos. Moralistas, puritanos. Isso se tornou uma coisa problemática. Eles viviam através de princípios. Viviam sob a lei, e a lei tinha de ser seguida.

É claro, eles são muito bem-sucedidos no mundo. Se você vive sob a lei, será muito bem-sucedido. Se você vive sob o amor, está fadado a ser um fracasso. É uma miséria, uma infelicidade, mas é assim que é: a lei tem sucesso, o amor fracassa – no mundo. Em Deus, o amor tem sucesso, a lei falha. Mas quem se importa com Deus?

Os judeus são muito cumpridores da lei, muito bons cidadãos, e aonde quer que vão são sempre bem-sucedidos, porque sempre vão sob a lei. Eles vivem através da aritmética. Eis por que eles conseguem a maioria dos prêmios Nobel no mundo. Ninguém pode competir com eles. Muito talentosos – nos negócios, na política eles são bem-sucedidos; o que quer que façam, fazem exatamente o que deve ser feito. Mas eles são muito formalistas, puritanos, em profunda escravidão com a mente. Vivem numa profunda ressaca na mente.

E Jesus começou a falar sobre a lei. O Evangelho diz:

E de Sua plenitude todos nós recebemos Graça sobre Graça.
Pois a lei foi dada por Moisés, mas a Graça e a Verdade vieram de Jesus, o Cristo.

"A lei fora dada por Moisés." Moisés é o fundador do judaísmo. É claro, ela era necessária, porque, a menos que a lei seja estabelecida, o amor não será possível. A lei é um imperativo, é uma necessidade, mas ela não é suficiente.

Moisés deu a lei para o mundo. As pessoas eram primitivas, incultas: não tinham nenhum senso de sociedade. Moisés criou uma sociedade, e uma das sociedades mais resistentes – a judaica. Na verdade, Moisés deve ter sido um grande gênio, porque ele proveu a lei, e os judeus sobreviveram a todas as espécies de catástrofes. Ele deve ter-lhes dado uma base muito permanente. Mas ele era um legislador, exatamente como Manu foi o legislador dos hindus. Moisés é o Manu dos judeus, ele deu a lei.

Deixe-me contar-lhes uma pequena história. Moisés estava passando e encontrou um homem rezando. Mas ele estava fazendo uma oração tão absurda – não somente absurda, mas insultante a Deus. Moisés teve que parar. Aquilo era absolutamente contrário às leis. Seria melhor não rezar do que rezar daquele jeito, porque o homem estava dizendo coisas impossíveis de se acreditar. O homem dizia:

– Deixe-me chegar perto do senhor, meu Deus. Eu limparei seu corpo quando ele estiver sujo. Até mesmo se tiver piolhos, eu os tirarei... E sou um bom sapateiro, farei sapatos perfeitos para o senhor. O senhor está andando com sapatos muito velhos, sujos, completamente sujos... E ninguém cuida do senhor, meu Deus. Eu cuidarei do senhor. Quando estiver doente, eu o servirei e lhe darei remédios. E eu sou um bom cozinheiro também!

Era este o tipo de oração que ele fazia! Então, Moisés disse:

– Pare! Pare com esse absurdo! O que você está dizendo!? Para quem você está dizendo isso!? Você está falando com Deus!? E ele tem piolhos no corpo!? E suas roupas são sujas e você vai lavá-las!? E não há ninguém lá para cuidar dele, e você será seu cozinheiro!? De quem você aprendeu esta oração!?

O homem disse:

– Eu não aprendi de ninguém. Eu sou um homem muito pobre e sem instrução, e não sei como rezar. Eu fiz essa oração e essas são as coisas que eu sei. Os piolhos me atormentam muito, então ele deve estar com problemas. E às vezes a comida não é boa – minha esposa não é uma boa cozinheira – e meu estômago dói. Ele também deve estar sofrendo. É minha própria experiência que virou minha oração. Mas se o senhor sabe a oração certa, me ensine.

Então, Moisés ensinou-lhe a oração certa. O homem curvou-se para Moisés em agradecimento, lágrimas de profunda gratidão caíram-lhe dos olhos, e ele foi embora. Moisés ficou muito feliz. Ele pensava que tinha feito uma boa ação. Olhou para o céu, para ver o que Deus pensava daquilo.

E Deus estava muito zangado! Ele disse:

– Eu o enviei para trazer as pessoas para mais perto de mim, mas você mandou embora um dos meus maiores amantes. Agora, ele estará fazendo a oração certa, mas não vai adiantar nada – porque oração não tem nada a ver com lei. Oração é *amor*! O amor é em si uma lei, não requer nenhuma outra.

Mas Moisés é o legislador. Ele fundou a sociedade: trouxe os dez mandamentos. Esses dez mandamentos permaneceram o fundamento de todo o mundo ocidental: judaico, cristão, mulçumano – todas as três religiões dependem da lei de Moisés.

Assim, o mundo todo conheceu somente dois legisladores: o Oriente conheceu Manu e o Ocidente conheceu Moisés. Hindus, jainistas e budistas foram ofertados com as leis de Manu, as leis dadas por Manu; os muçulmanos, os cristãos, os judeus receberam-nas de Moisés.

Esses dois legisladores criaram o mundo todo. E deve haver algo nisso – ambos começam por M: Manu e Moisés. Depois veio Marx, que é o terceiro M. China, Rússia – receberam sua lei. Esses são os três maiores emes – legisladores.

Pois a lei foi dada por Moisés...

A lei é para a sociedade; o amor é para o indivíduo. A lei é como você se comporta com os outros; o amor é como você se comporta consigo mesmo. O amor é um florescimento interno; a lei é um desempenho externo. Porque você vive com as pessoas, tem de estar dentro da lei. Mas isso não basta – muito bom, mas não o bastante. Se uma pessoa for simplesmente cumpridora da lei, ela ficará morta. Ela será uma boa cidadã, mas estará morta. A lei pode ser o alicerce da sociedade, mas não pode ser a própria construção. Você pode viver de acordo com a lei, mas não pode *viver* nela. Não há espaço para isso. Para tanto, o amor é necessário.

Jesus foi o preenchimento de Moisés. O que Moisés começou, Jesus estava completando, mas os judeus o negaram; o que Manu começou, Buda estava completando, mas os hindus o negaram. Marx, contudo, precisa de um Buda ou de um Jesus no mundo. Um dia ele virá, mas os comunistas o negarão. Eles se tornaram pessoas orientadas pela lei. Então, o amor parece ser contra a lei. Na verdade, a lei é necessária somente para tornar o amor possível. A lei é necessária para que as pessoas possam viver pacificamente e amar; a lei não é, em si mesma, o fim. Ela é o meio; o amor é o fim. Mas quando as pessoas se tornam demasiadamente cumpridoras da lei, então, o amor em si parece ser fora da lei. Elas se tornam temerosas do amor, porque... quem sabe? – você estará andando num caminho perigoso.

O amor é louco; a lei é calculista. A lei é segura, a sociedade pode decidir a partir dela. Mas o amor não é confiável – quem decidirá? O amor não conhece regras: ele não é aritmética, é poesia. Ele é perigoso. O amor é sempre selvagem, e a lei é social.

Lembre-se disto: cumpra as leis, mas não pare aí, caso contrário, você viverá em vão. Na verdade, você não viverá. Cumpra as leis, porque, se você não o fizer, você estará em confusão. Você tem de estar na sociedade, tem de seguir certas regras, mas elas são apenas regras. Não há nada supremo nelas, não há nada vindo de Deus nelas.

Deixe-me contar-lhes isto: os dez mandamentos foram criados por Moisés. Eles não vieram de Deus, não podem ter vindo. Aqueles dez mandamentos são regras humanas do jogo. "Não roube!" – porque a propriedade é individual. Mas se o jogo muda e a propriedade se torna compartilhada, então, "Não roube!" não será mais significativo como lei. Ou se algum dia o mundo se tornar realmente rico, então, haverá tanto que ninguém irá roubar. O furto é possível se houver pobreza. As pessoas estão famintas e pobres – elas roubam. Mas se a sociedade for afluente, como será um dia, e se houver fartura – se tudo aquilo de que você precisar estiver ao seu alcance –, então quem será um ladrão? Então, o mandamento desaparecerá. Não haverá necessidade dele.

Os dez mandamentos são sociais. Moisés traz a lei; Jesus traz a verdade, a graça, o amor. O amor vem de Deus, a lei vem da mente. O amor é de Deus, a lei é do homem.

E com amor, a graça acontece. E com amor – a verdade. Lembrem-se disto, porque compreender Jesus é compreender o fenômeno do amor. Compreender Jesus é compreender as sutilezas da graça. Compreender Jesus é compreender a verdade. Lembrem-se disto: se você compreende a verdade, a verdade liberta. E não há outra libertação.

Basta por hoje.

2

Meu caminho é o da via positiva

A PRIMEIRA PERGUNTA:

Osho, quem preparou o caminho para você?

Ninguém preparou o caminho para mim, e nem eu estou preparando o caminho para ninguém. Isto tem de ser compreendido.

Há quatro possibilidades. Primeira, a mais velha e mais comum, foi o que aconteceu no caso de Jesus. João Batista preparou o caminho; o discípulo precedeu o mestre. Isso tem seus próprios benefícios, mas tem também suas próprias limitações e deficiências – está fadado a ser assim. Quando o discípulo precede o mestre, ele criará limites que pertencem a ele e o mestre terá de agir dentro daqueles limites. Tem seus benefícios porque, quando o mestre vier, ele não ficará preocupado com o preparo do terreno – o terreno já estará pronto, ele poderá começar imediatamente a plantar as sementes. Mas o terreno estará pronto de acordo com o discípulo. Não poderá estar pronto de acordo com o mestre; assim, ele terá de agir atendo-se a limites. Foi isso que criou toda a confusão na história de Jesus.

João Batista é um tipo diferente de Jesus, um homem abrasador, flamejante – e sempre inflamado. Ele usa uma linguagem que se ajusta a ele, mas que não pode jamais se ajustar a Jesus. Jesus é muito silencioso, muito pacífico. João Batista não é esse tipo de homem. Ele é um profeta, Jesus é um Messias, e a diferença entre um profeta e um Messias é grande. Um profeta é um religioso, mas age como um político: usa a linguagem da revolução, usa uma linguagem muito violenta – levanta o coração e o ser dos homens, comovendo-os. Um profeta é como um terremoto. Um Messias é muito calmo, silencioso como um vale nos Himalaias – preguiçoso, sonolento. Você pode descansar num Messias. Com um profeta, você sempre estará em grande atividade.

Devido a isso, João Batista usava a terminologia da política: revolução, reino de Deus. E mesmo este "reino" tem de ser tomado à força. Tem de ser, na verdade, atacado. Ele foi incompreendido, porque, sempre que se usa a linguagem do mundo externo para o mundo interno, fatalmente haverá mal-entendido. Os políticos tiveram medo: Que reino é esse sobre o qual esse homem está falando? Que revolução é essa? O que ele está dizendo ao falar que o reino tem de ser tomado à força? João Batista era muito impaciente. Ele queria mudança imediata: não podia esperar. Criou o clima no qual Jesus tinha de agir. João Batista morreu na prisão; foi decapitado pelas regras, foi absolutamente incompreendido – mas ninguém era responsável por isso, ele mesmo era.

Mas por causa dele... E Jesus teve de segui-lo, Jesus foi um discípulo de seu próprio discípulo; foi iniciado por João Batista, precedido por ele; ficou encadeado e, assim, teve de usar a mesma terminologia. Era quase certo que seria incompreendido. João Batista morreu na prisão, degolado. Jesus morreu na cruz, assassinado. Ele também falava sobre o "reino" de Deus. É claro que não era tão agressivo, mas a própria terminologia mostrava-se política. Ele era um homem muito inocente; não tinha nada a ver com a política.

Mas João Batista ajudou de certo modo. Jesus pôde trabalhar, porque todos os discípulos de João Batista estavam prontos para recebê-lo, ele não era um estranho. João Batista tinha criado uma pequena abertura, uma pequena clareira na selva da humanidade. Quando ele chegou, foi recebido, havia um lar pronto para ele – algumas pessoas receptivas a ele. Isso não teria sido possível se ele tivesse vindo sozinho, sem um predecessor. Mas o lar tinha sido preparado por João Batista, e os discípulos que ele atraiu foram atraídos por Jesus – isso criou o problema.

Este é o modo mais antigo: o mestre é precedido por um discípulo, que age como um predecessor e prepara o terreno.

Mas, devido a seus defeitos e limitações, existe outro modo, o oposto: Ramakrishna foi sucedido por Vivekananda; ele não foi precedido por ninguém. O mestre vem antes, depois o discípulo. Isso tem seus próprios benefícios, porque o mestre cria todo o clima, o mestre cria toda a possibilidade de crescimento – como a coisa deve ir adiante. Ele dá a linguagem, o padrão, a direção, a dimensão.

Mas há defeitos, porque o mestre é infinito e, quando o discípulo que vai continuar o trabalho vem, ele é bastante finito. Então, o discípulo tem de escolher, porque ele não pode se mover em todas as direções. O mestre pode estar mostrando todas as direções, ele pode estar conduzindo-o na direção do infinito, mas quando o discípulo vem, ele tem de escolher, tem de selecionar, e então ele força o *seu* padrão.

Ramakrishna foi um dos maiores florescimentos já acontecidos; Vivekananda era o profeta. Ramakrishna era o Messias, mas Vivekananda estabeleceu toda a direção. A inclinação própria de Vivekananda era extrovertida, não introvertida. Suas inclinações eram mais na direção da reforma social das mudanças políticas. Ele estava mais interessado em trazer riquezas para as pessoas, destruindo a pobreza, a fome, a inanição. Ele inverteu toda a tendência.

A "Missão Ramakrishna" não é verdadeira para Ramakrishna; ela é verdadeira para Vivekananda. Agora a "Missão Ramakrishna" age como um serviço social. Onde houver escassez de alimento, eles estarão ali para servir às pessoas. Onde houver gente precisando; onde houver enchente – e não faltam essas coisas na Índia. Eles são bons servidores, mas a revolução interna de Ramakrishna desapareceu completamente na terra desértica de Vivekananda.

Ramakrishna podia agir mais livremente que Jesus, porque não havia nenhum padrão para ele. Ele viveu mais espontaneamente que Jesus. Não havia nenhum confinamento em lugar algum; todas as direções estavam abertas para ele. Ele podia voar como um pássaro no céu, não existia nenhuma limitação. Mas então, chega o discípulo. Ele organiza aquilo. Ele organiza, é claro, do seu jeito.

Os dois modos têm seus benefícios, os dois têm seus defeitos. Então, há uma terceira possibilidade que nunca tinha sido usada antes. Krishnamurti foi o primeiro no mundo que usou uma terceira possibilidade. A terceira possibilidade é negar ambos: os predecessores e os sucessores, os dois. Esta é a forma negativa.

O método de Krishnamurti é pela via negativa. Assim, primeiro ele negou aqueles que prepararam o caminho para ele. Esse era o único modo de se livrar dos limites. Ele negou todo o movimento teosófico – Annie Besant, Leadbetter. Estas eram as pessoas que haviam preparado todo o terreno e trabalhado duro para Krishnamurti.

Eles foram o João Batista para ele. Eles criaram uma vasta oportunidade em todo o mundo para Krishnamurti. Mas, então, quando ele ficou pronto, percebeu os defeitos e os limites, e que seria o mesmo caso como acontecera com Jesus. Ele simplesmente negou. Negou que tinha sido criado um terreno, ou que não havia necessidade de criar o terreno.

Ao negar, ele estava ciente de que teria de negar seu messiado também – porque, se dissesse que era o Messias, podia negar os predecessores, mas viriam os sucessores. Então, haveria o mesmo problema, como o de Ramakrishna. Então, ele negou: "Não há ninguém que tenha me precedido; e não há ninguém que me sucederá". Ele negou Leadbetter, Annie Besan e o movimento teosófico, e por toda a sua vida viveu negando a possibilidade de alguém se tornar seu herdeiro ou sucessor.

Isto tem sua própria beleza, mas seus problemas também. Você pode ser livre, muito livre, absolutamente livre – porque não há limites de ambos os lados, antes ou depois – mas a sua liberdade está na negatividade. Você não cria. Sua liberdade não leva a nenhum preenchimento, é fútil – você não ajuda. É como se alguém estivesse tão cônscio para não ficar doente – continuamente trabalhando e ficando alerta para não cair doente – que esquece que tem também de desfrutar da saúde às vezes. De outra forma, você pode não cair doente, mas a própria percepção de que não se deve ficar doente e de que se tem de permanecer constantemente alerta para isso torna-se uma espécie de enfermidade.

Krishnamurti permaneceu tão alerta para que nenhuma escravidão, nenhum aprisionamento viesse a ser criado em algum lugar, que teve de trabalhar arduamente para isso. Mas não pôde ajudar ninguém. Foi belo para ele mesmo, mas não tem sido benéfico para a humanidade. Ele é um homem livre, mas sua liberdade é apenas sua. Essa liberdade não pode se tornar um sabor em milhares e milhares de gargantas: ele não pôde criar um ímpeto; permaneceu um pináculo da liberdade, mas não há nenhuma ponte. Ele é como uma bela pintura ou uma bela poesia – mas nada pode ser feito quanto a isso, não muda nada em você. Ele quebrou todas as pontes. Esta é a terceira possibilidade – nunca tentada antes: ele foi o primeiro a tentar.

Eu estou tentando a quarta. Esta também nunca ninguém tentou. A quarta é que metade da minha vida trabalhei como João Batista e, agora, metade de minha vida funcionará como um Cristo. Esta é a quarta possibilidade: preparar o terreno e semeá-lo também, espalhar as sementes.

Mas isto igualmente gera problemas; é impossível descobrir um modo que não traga nenhum problema. Ela tem seus próprios benefícios, tem seus próprios defeitos. O benefício é que eu sou os dois. Assim, eu sou, de certo modo, totalmente livre. O que quer que eu tenha feito no meu primeiro passo, eu o fiz sabendo perfeitamente bem que o segundo passo seria dado. O João Batista em mim estava perfeitamente cônscio de que o Cristo que viria a seguir, eles estavam em profunda harmonia. Eles eram uma só pessoa; não há problema quanto a isso. Assim, o João Batista em mim não podia criar quaisquer limites para Jesus seguir – uma liberdade total.

E nenhum Vivekananda vai me seguir. Eu sou meu próprio Vivekananda e meu próprio João Batista. Assim, ninguém poderá pôr limites sobre mim, quando tiver ido embora. E sou positivo: se Krishnamurti é a via negativa, eu sou a via positiva. Eu aceitei os dois papéis e tenho certa liberdade que nem mesmo Krishnamurti pode ter. Ele tem de negar sempre, e a negação em si mesma torna-se uma preocupação, uma profunda ansiedade. Eu não tenho que negar nada. Eu apenas tenho de dizer "sim" ao todo. Mas há problemas. E o maior é que eu serei sempre contraditório. Tudo que João Batista disse, o Cristo em mim tem de ser contraditório àquilo.

Durante anos passei por muitos lugares, tentando alcançar cada pessoa, cada um que tivesse alguma capacidade para crescer. Ninguém jamais pensou que, algum dia, o andarilho em mim simplesmente se sentaria em seu quarto e nem ao menos sairia de lá – contraditório! Durante anos estive falando em termos de revolução. É claro, o João Batista tinha de falar daquele jeito. Então, de repente parei de falar sobre revolução, sociedade, bem-estar da humanidade; esqueci tudo isso. Agora, somente o indivíduo existe – contraditório. Se você observar, poderá descobrir duas correntes paralelas, e a primeira tem sido continuamente contraditada pela segunda. Por aqueles muitos anos o Acharya – o João Batista – estava fazendo uma coisa. Agora, o Osho está fazendo outra coisa totalmente diferente, uma coisa muito contraditória.

Será impossível, mais tarde, decidir se esse homem era um ou dois. E imagino que algum dia alguém vai suspeitar de que esse homem era dois, porque as contradições são tão nuas e não há nenhum meio de resolvê-las. Este é o problema comigo – mas alguém tinha de tentar o quarto modo e estou feliz que eu o tenha tentado. Nesta terra, tudo tem seu próprio problema. Por um lugar ou por outro, o problema entrará; assim, é só uma questão de escolha – o que melhor se ajustar a você.

Este modo se ajusta a mim perfeitamente. Estar livre para contradizer é um grande fenômeno, pois, dessa forma, não fico preocupado de jeito nenhum com o que eu disser. Eu não anoto nada, não preciso ficar preocupado com relação ao que eu disse ontem. Posso me contradizer – isso é uma grande liberdade.

E, se você me ama, eu sei que descobrirá em algum lugar no fundo de mim, que as contradições já estão resolvidas. Mas isso acontecerá apenas para aqueles que confiam, isso acontecerá somente para aqueles que chegam cada vez mais perto de mim. Todas as contradições estão na superfície, bem no fundo de mim elas já se resolveram, porque eu sou um.

Agi como João Batista; agora ajo como Cristo. Assim, ninguém me precedeu, ninguém vai me suceder. Sou um círculo perfeito.

A SEGUNDA PERGUNTA:

Osho, por que eu me sinto hesitante em desfrutar alguma coisa?

A alegria não é permitida; você foi condicionado contra a alegria. Desde a mais tenra infância você aprendeu que, se está feliz, então algo está errado – quando infeliz, tudo está certo. Se você estiver infeliz, ninguém vai se preocupar com isso, mas, se estiver muito feliz, todos ficarão preocupados com você. Você deve ter feito algo errado.

Sempre que uma criança está feliz, os pais começam a procurar a causa: ela deve ter feito alguma travessura, ou alguma coisa errada. Por que ela está tão feliz? Os pais não estão felizes. Eles têm muita inveja do filho, porque ele está feliz. Eles podem nem saber disso, mas são invejosos. É fácil tolerar a miséria de alguém, mas é quase impossível tolerar a felicidade de alguém.

Eu estava lendo uma historieta...

Um pai muito religioso estava educando seu filho tão perfeitamente quanto possível. Um dia, quando eles estavam indo à igreja, ele deu ao filho duas moedas: uma moeda de uma rupia e outra moeda de um *paise*.* Ele também lhe deu a escolha: uma das moedas, seja qual delas

---

* *Paise*: centésimo da rupia. (N. da T.)

ele achasse certo, ele poderia deixá-la na caixa de doações da igreja. Ele podia escolher a rupia ou o *paise*.

É claro que o pai acreditava e esperava que ele pusesse a rupia na sacola da igreja. Ele tinha sido educado desse jeito – esperava-se isso dele, confiava-se nisso.

O pai esperou. Depois da igreja ele estava muito curioso para saber o que acontecera. Ele perguntou ao filho: o garoto admitiu que tinha doado a moeda de um *paise* e guardado a rupia para si.

O pai não podia acreditar naquilo.

Ele disse:

– Por que você fez isso? Nós sempre inculcamos grandes princípios em você.

O garoto disse:

– O senhor pergunta por quê. Vou lhe dizer a razão. O padre na igreja falou corretamente. No sermão ele disse: "Deus ama um doador alegre". Eu podia doar a moeda de um *paise* alegremente – não a de uma rupia!

Deus ama o doador alegre. Estou em absoluta concordância com o garoto. O que você faz não é a questão, você é religioso se puder fazê-lo alegremente. Pode ser uma moeda de um *paise*, não importa. É imaterial, porque a moeda real que você está dando é sua alegria.

Mas desde o começo toda criança é ensinada a não ser alegre. Ser alegre é ser infantil. Ser alegre é ser natural, mas não civilizado; ser alegre é de algum modo primitivo, não cultivado. Assim, você foi educado para não ser alegre e tudo que você desfrutou foi condenado repetidamente. Se você simplesmente gostasse de correr e gritar pela casa, alguém fatalmente estaria lá dizendo: "Pare com essa estupidez! Estou lendo o jornal!" – como se o jornal fosse algo muito valioso.

Uma criança gritando e correndo é algo muito mais belo de se ver do que qualquer jornal. E a criança não pode compreender: "Por quê? Por que eu tenho de parar? Por que você não pode parar sua leitura de jornal?" A criança não pode compreender: "O que há de errado em eu ser feliz e estar correndo?"

"Pare!" – toda a alegria é reprimida, a criança fica séria. Agora ela se senta num canto, infeliz. A energia precisa de movimento, e uma criança é energia, ela se delicia na energia. Ela quer mover-se e dançar e pular e gritar e gritar. Ela é tão cheia de energia que quer transbordar, mas faça o que fizer, seu fazer é errado. "Fique quieto!" – diz a mãe, o pai, o empregado, os irmãos ou os vizinhos. Todos parecem estar contra sua energia fluente.

Um dia, aconteceu:

A esposa do mulá Nasruddin estava com muita raiva. Seu filho pequeno estava fazendo muito barulho, criando muita bagunça. Finalmente, ela se cansou daquilo e correu atrás dele para lhe dar umas boas. Mas ele escapou, fugiu escada acima e se escondeu debaixo da cama. Ela tentou de todas as formas, mas não podia pegá-lo ali, pois era muito gorda e não podia entrar ali embaixo. Então, ela disse:

– Espere, deixe seu pai chegar!

Quando o mulá Nasruddin chegou, ela lhe contou toda a história. Ele disse:

– Não se preocupe, deixe isso comigo. Vou lá e o ponho na linha.

Então ele subiu as escadas, andou muito silenciosamente, olhou debaixo da cama e ficou surpreso – surpreso pelo jeito como o garoto o cumprimentou. O garoto disse:

– Oi, pai! Ela está atrás de você também?!

Todo mundo vive atrás da criança. A energia transbordante é vista como uma bagunça. E ela é deleite para a criança. Ela não pede muito, simplesmente pede um pouco de liberdade para ser feliz e ser ela mesma. Mas isso não é permitido.

"É hora de dormir!" – quando ela não sente vontade de dormir, é justamente a hora. Ela tem de se forçar a ir para cama. E como você pode forçar o sono? Já pensou nisso? O sono não é nada voluntário, como você pode forçá-lo? Ela se vira na cama – infeliz, miserável – e não consegue conciliar o sono. Mas é hora: ela tem de conciliar o sono ou está contra as regras.

E então, de manhã, quando ela quer dormir mais um pouco, tem de se levantar. Quando quer comer algo, não lhe é permitido; quando não quer comer algo, é obrigada a comer. E assim a coisa vai. Pouco a pouco a criança compreende uma coisa: seja o que for que seja prazeroso para ela, tem algo de errado com aquilo. O que quer que a faça feliz, tem algo de errado; e o que quer que a deixe triste e séria, é certo e bom e aceito.

Esse é o problema. Você pergunta: "Por que eu me sinto hesitante em desfrutar alguma coisa?" Porque seus pais, sua sociedade ainda estão atrás de você.

Se você está realmente comigo, abandone todos esses absurdos que foram forçados sobre você. Há somente uma religião no mundo, e essa religião é ser feliz. Tudo o mais é imaterial e irrelevante. Se você estiver feliz, está certo; se você estiver infeliz, está errado.

Acontece todos os dias, pessoas vêm a mim – vem a mulher ou o marido... A esposa vem e diz que está muito infeliz, porque o marido está fazendo algo errado. Eu sempre digo a tais pessoas que, se o marido está fazendo algo errado, deixe-o ser infeliz. "Por que você está infeliz? O próprio erro o conduzirá na direção da infelicidade – por que *você* está preocupada?"

Mas a esposa diz: "Mas ele não está infeliz. Ele vai para o bar e se diverte! Ele não está infeliz de modo algum!"

Então eu digo: "Algo está errado com você, não com ele. A infelicidade é o indicador. Mude você; pare de pensar sobre ele. Se ele está feliz, ele está certo".

Eu lhe digo: se você puder ir ao bar com felicidade, é melhor do que ir infeliz ao templo – porque no fim de tudo a pessoa vem a descobrir que a felicidade é o templo. Assim, *o que* você faz não é a questão, e sim que qualidade você traz para o que está fazendo. Seja feliz e você é virtuoso; seja infeliz e você está cometendo o que os religiosos chamam de pecado. Você deve tê-los ouvido dizer que o pecador sofrerá um dia no futuro, numa vida futura, e o santo estará feliz em algum lugar do futuro, numa vida futura. Eu lhe digo que isto é absolutamente errado. O santo está feliz aqui e agora, e o pecador está infeliz. A vida não espera tanto tempo; ela é imediata.

Assim, se você se sente infeliz, saiba que esteve fazendo alguma coisa errada consigo mesmo. Se você não consegue desfrutar – se alguma hesitação entra, se você se sente com medo, culpado – isso significa que em algum lugar dentro de você as sombras de seus pais ainda estão escondidas num canto qualquer. Você pode estar desfrutando, ou tentando desfrutar o sorvete, mas lá no fundo do inconsciente a sombra da mãe, ou do pai, espreitam. "Isto é errado. Não coma demais, isso vai lhe fazer mal." Dessa forma, você está comendo, mas a hesitação está ali. A hesitação significa que a contradição está presente.

Tente compreender sua hesitação e abandone-a. E este é um dos fenômenos mais inacreditáveis: pois, se abandonar a hesitação, pode acontecer de você parar de comer sorvete demais, automaticamente – porque aquele comer desenfreado pode ser parte disso. Como eles o negaram, criaram em você certa qualidade atraente naquilo. Eles disseram: "Não coma isso". E isso criou uma atração hipnótica, uma atração magnética para comer aquilo.

Se para de ter hesitações, você abandona todas as vozes parentais, toda a educação que lhe foi imposta. Você pode de repente ver o sorvete exatamente como uma coisa comum. Às vezes a pessoa pode desfrutá-lo, mas ele não é um alimento. Não tem nenhum valor nutritivo – pode até fazer mal. Mas então você compreende. Se faz mal, você compreende isso e não come aquilo. E você sempre pode comer aquilo às vezes. Às vezes, mesmo coisas maléficas não trazem malefícios. De vez em quando, você pode desfrutar, mas sem obsessão de comer demais. Essa obsessão faz parte da repressão.

Abandone as hesitações. As pessoas vêm a mim e dizem que querem amar, mas elas hesitam; elas querem meditar, mas hesitam; elas querem dançar, mas hesitam. Se a hesitação existe e você continuar a alimentá-la, você perderá toda a sua vida. Já é hora – abandone isso, e nada mais precisa ser feito. Basta ficar alerta para o fato de que esse foi o modo que você foi educado, isso é tudo. Conscientemente, pode ser abandonado. Não se trata do seu ser, está apenas no seu cérebro. Trata-se somente de uma ideia que tem sido forçada sobre você. Acabou virando um hábito antigo. E um hábito muito perigoso – porque se você não pode desfrutar, então para que serve esta vida?

E essas pessoas que não podem desfrutar nada... – amor, vida, alimento, uma bela cena, um pôr do sol, uma manhã, belas roupas, um bom banho... pequenas coisas, coisas comuns – se elas não podem desfrutar essas coisas, e há pessoas que não podem desfrutar nada, elas ficam interessadas em Deus. Estas são as pessoas mais impossíveis: elas não podem nunca alcançar Deus. Deus se deleita com estas árvores! Caso contrário, por que ele continuaria a criá-las? Ele não está farto delas, absolutamente, não mesmo. Durante milênios ele tem trabalhado nas árvores... e nas flores... e nos pássaros... E continua ouvindo-os. E continua recolocando novos seres, novas terras, novos planetas. Ele é realmente muito, muito colorido! Olhe para a vida, observe-a, e você verá o coração de Deus – como ele é.

As pessoas que são muito estreitas, incapazes de desfrutar qualquer coisa, incapazes de relaxar, incapazes até de desfrutar um bom sono, estas são as próprias pessoas que se tornam interessadas em Deus. Mas elas se tornam interessadas pelas razões erradas. Elas pensam que, devido à vida ser inútil, fútil, elas têm que procurar e buscar Deus. O Deus delas é algo contra a vida, lembrem-se.

Gurdjieff dizia: "Eu procurei em todas as religiões, em cada igreja, em cada mesquita e templo, e descobri que o 'Deus' das pessoas religiosas é contra a vida". E como Deus pode ser contra a vida? Se ele é contra a vida, então não há nenhuma razão pela qual a vida deva existir ou ter permissão para existir. Assim, se seu Deus é contrário à vida, na verdade, lá no fundo você é contra o verdadeiro Deus – a divindade. Você está seguindo um Godot, não um Deus.

Deus, a divindade, é o verdadeiro preenchimento da vida: a divindade é a própria fragrância da vida, a divindade é a unidade orgânica total da vida. Deus não é algo que exista como uma pedra morta; Deus não é estático, Deus é um fenômeno dinâmico. Deus não existe, acontece; quando você está pronto, acontece. Não pense que Deus existe em algum lugar e que você encontrará um jeito de alcançá-lo. Não, não há nenhum lugar e não há nenhum Deus existindo em algum lugar esperando por você. A divindade é alguma coisa que lhe acontece quando você está pronto. Quando você está pronto – quando a tristeza desapareceu e você pode dançar, quando a dificuldade desapareceu e você pode cantar, quando a pesada opressão dos condicionamentos já não existe mais sobre seu coração, e você pode fluir – a divindade acontece. Deus não é uma coisa que existe; é algo que acontece. É uma unidade orgânica, dinâmica.

E quando a divindade acontece, tudo acontece: as árvores, as estrelas, os rios. E para mim, ser capaz de desfrutar é a porta. Gente séria jamais soube chegar a ele. A seriedade é a barreira – a atitude errada. Qualquer coisa que o torne sério é irreligiosa. Não vá a uma igreja que o torne sério.

Aconteceu uma vez:

Uma mulher comprou um papagaio, mas na hora em que chegou em casa, ela ficou muito chocada, preocupada. Ela tinha pagado um bom preço por ele; o papagaio era lindo. Estava tudo direito, somente uma coisa era muito perigosa – de vez em quando, o papagaio dizia bem alto: "Eu sou uma mulher muito malvada". Isso era horrível!

A mulher morava sozinha. E ela era muito religiosa – caso contrário, por que viver sozinha? Ela era uma mulher muito séria, e o papagaio dizia aquilo sem parar, repetidamente. E até as pessoas que passavam na rua escutavam o papagaio dizendo: "Eu sou uma mulher muito malvada".

Ela foi ao vigário, porque ele era sua única fonte de sabedoria, conhecimento e informação. Ela disse:

– Isso é muito ruim, e estou desorientada sobre o que fazer. O papagaio é lindo e está tudo bem... só isso que...

O vigário disse:

– Não se preocupe. Eu tenho dois papagaios muito religiosos. Olhe! – um estava na sua gaiola tocando o sino e o outro estava orando dentro de sua gaiola. Gente muito religiosa. – Traga seu papagaio. Boa companhia sempre ajuda. Deixe seu papagaio aqui, por alguns dias, com estes dois que são bem religiosos, e depois você pode vir pegar seu papagaio.

A mulher gostou da ideia. Ela concordou, levou o papagaio, e o vigário apresentou o papagaio aos seus papagaios. Mas antes que ele pudesse dizer qualquer coisa, o papagaio disse: "Sou uma mulher muito malvada".

O vigário também ficou perplexo. O que fazer? – pois nesse momento o papagaio que estava orando parou de orar e disse ao outro papagaio: "Seu idiota! Pare de tocar o sino, nossas preces foram atendidas".

Eles oravam pedindo uma mulher! "Pare de tocar o sino; a oração obteve resposta!"

De fato, sempre que vir alguém orando, suspeite de que algo saiu errado. Eles estão orando por mulher, orando por dinheiro, orando por algo, orando por felicidade. Uma pessoa realmente feliz não ora. A felicidade é sua oração. E não pode haver oração mais elevada ou maior que simplesmente ser feliz.

Uma pessoa feliz não sabe nada sobre Deus, não sabe nada sobre oração. Sua felicidade é seu Deus, sua felicidade é sua oração, ela está preenchida. Seja feliz e você será religioso; a felicidade é a meta.

Eu sou um hedonista, e, até onde posso ver, todos aqueles que tenho conhecido sempre foram hedonistas, independentemente do que digam. Um Buda, um Jesus, um Krishna – todos hedonistas. Deus é o supremo em hedonismo: este é o pico dos picos de ser feliz.

Abandone todos os condicionamentos que carrega com você. E não tente condenar seus pais, porque isso não ajuda nada. Você é uma vítima dos condicionamentos deles, mas o que eles poderiam ter feito? Eles foram vítimas dos condicionamentos dos pais deles – trata-se de uma longa sucessão. Ninguém é responsável. Assim, não sinta raiva porque seus pais o destruíram. Se você compreender, você sentirá pena deles. Eles foram destruídos pelos pais deles, e os pais foram destruídos por outras pessoas, e isso sempre foi assim. Trata-se de uma sucessão, um encadeamento. Simplesmente saia fora disso.

Não há nenhum sentido em condenar alguém e não há nenhum sentido em ficar com raiva – ficar com raiva disto ou daquilo. Não há sentido. É novamente uma tolice. Você fica triste, então você fica com raiva. Isso é tão ruim quanto a tristeza. Simplesmente olhe para a coisa toda e saia fora disso. Simplesmente caia fora disso sem nem fazer barulho. Eis o que eu chamo de "rebelião".

O revolucionário fica com raiva. Ele diz que a educação tem de mudar, que a sociedade tem de mudar, que pais de um tipo diferente são necessários no mundo. Somente então todos serão felizes. Mas quem fará isso? Os fazedores estão na mesma enrascada. Então, quem ajudará? "Criem uma nova educação" – mas quem a criará? Os professores têm de aprender antes. E os revolucionários fazem parte deste mesmo absurdo, tanto quanto os reacionários. Então, quem trará a revolução? A esperança é inútil.

Há somente uma única esperança: Você pode trazer luz ao seu ser. E isso está disponível imediatamente, não precisa nada para isso. Já viram alguma vez uma serpente saindo de seu velho couro? – é exatamente assim. Você simplesmente salta fora disso, perdoa e esquece. Não tenha raiva de seus pais, eles mesmos foram vítimas. Sinta pena deles. Não tenha raiva da sociedade, não podia ser de outro modo. Mas uma coisa é possível: você pode saltar fora disso agora mesmo. Comece a ser feliz a partir deste exato momento. Está tudo à disposição – somente uma profunda mudança de atitude: de agora em diante, você olhará para a felicidade como o bem e a infelicidade como o pecado.

A TERCEIRA PERGUNTA:

Osho, eu serei capaz de manter tudo o que sinto aqui com você quando eu for embora, ou tudo que aconteceu será apenas uma lembrança?

Quando você for embora, se não deixar você aqui, se levar seu "eu" consigo, então o que quer que tenha acontecido vai se tornar uma lembrança. Então, o que quer que tenha acontecido ficará para trás. Se quiser levar o que aconteceu com você aqui, você não pode carregar-se junto. A escolha é clara: ou deixe você aqui e, então, o que quer que tenha acontecido será carregado dentro de si; ou leve você de volta para casa e então, seja o que for que tenha acontecido aqui, será deixado aqui. A escolha é sua.

Se você puder abandonar o ego, então o que quer que esteja acontecendo será real. Mas, se você não puder abandonar o ego, então tudo se tornará uma lembrança, e isso criará mais confusão para você, porque a lembrança se tornará uma assombração. Você teve um vislumbre e agora ele está perdido. Você estará mais infeliz do que nunca. Você sabe que existe, mas agora você perdeu a trilha. Você sabe que está em algum lugar. Agora você não pode simplesmente dizer que não existe; esse argumento não vai servir. Agora você não pode facilmente se tornar um ateu e dizer que não há Deus algum e muito menos meditação, e que não há nenhum "âmago profundo" para os seres humanos – você não pode mais dizer isso. Você teve a prova. Agora a prova vai cercá-lo, assombrá-lo – chamando você.

A escolha é sua. Você pode abandonar seu "eu" comigo, e a visão que aconteceu se tornará parte da sua realidade. Ela se integrará em sua unidade orgânica, será cristalizada. Mas você não pode ter os dois, pode ter somente um. Assim, antes de ir embora, por favor, certifique-se de que você está deixando seu "eu" comigo. Assegure-se de que sua entrega é real e total, assegure-se de que você realmente se entregou. Então, onde quer que você esteja você está perto de mim.

É devido à sua entrega que você fica perto de mim, não se trata de espaço físico. Entregue – você talvez esteja noutro planeta –, você está perto de mim. Não entregue – você pode até estar sentado perto de mim –, você está distante.

A QUARTA PERGUNTA:

Osho, ontem você mencionou que a lei é antiamor; mas, ainda assim, sem ela o amor não pode existir e crescer. Por favor, explique de que modo a lei é necessária para o amor crescer.

Para todo crescimento, o oposto é necessário, porque o oposto cria a tensão. Sem o oposto, as coisas relaxam na morte. Esta é uma das coisas mais fundamentais na vida.

O amor não pode existir sem a lei: a lei é o oposto. A lei é o não espontâneo, o mecânico; o amor é o espontâneo, o não mecânico. O amor não tem causa, a lei está dentro da causa e do efeito. O amor é individual, a lei é social. Você pode existir sem a sociedade? Sem a sociedade, você não nascerá. Você precisa de uma mãe, de um pai; você precisa de uma família na qual crescer, você precisa da sociedade para crescer nela. Sem uma sociedade, você não pode existir.

Mas lembre-se: se você se tornar apenas parte da sociedade, já se moveu para a não existência novamente. Sem a sociedade você não pode existir; e apenas como membro da sociedade, tampouco. Jesus disse: "O homem não pode viver só de pão". Você acha que isso significa que você pode viver sem pão? O homem não pode viver só de pão – absoluta verdade –, mas pode o homem viver sem pão? Não, isso também não é possível. O homem precisa de pão. É necessário, mas não o bastante. Ele simplesmente lhe dá uma base, mas não lhe dá um salto, um voo. É apenas um trampolim. Não fique parado nessa base.

Jesus disse: "O Sabá foi criado para o homem, não o homem para o Sabá". A lei é necessária, porque a sociedade é necessária. A lei é o pão. Mas se houver somente a lei – se você existir como um membro da sociedade, um membro da sociedade, cumpridor das leis, e nada mais existir em você que está além da lei – então, você existe em vão, você existe apenas em função do pão. Então você come bem, dorme bem, e nada mais acontece. É bom comer bem, mas não o bastante: é necessário algo do desconhecido. É necessário que algo do invisível penetre em você; o romance do desconhecido é necessário. Sem isso você será um silogismo de lógica, mas não será uma poesia. Sem isso você pode fazer tudo certo, mas apenas isso – sem romance, sem poesia, sem nenhuma dança.

O amor é o misterioso, a lei é o não misterioso. A lei ajuda-o a estar no mundo: o amor lhe dá a razão de ser. A lei lhe dá a *causa* de ser e o amor lhe dá a *razão* de ser. A lei lhe dá a base; o amor torna-se o lar, a casa. E lembre-se de uma coisa: que a base pode existir sem a casa, mas a casa não pode existir sem a base. O inferior pode existir sem o mais elevado; o superior não pode existir sem o inferior. Um homem pode existir com apenas pão – ele não terá nada que realmente valha a pena ter, ele não terá nenhuma razão para existir, mas ele pode existir – ele pode vegetar. Mas nem um grande amor pode existir sem pão. Nem mesmo Jesus ou Buda pode existir sem pão. Eles descobriram o lar celestial do amor, mas não podem existir sem pão.

O inferior existe, de certo modo, independente do superior. O superior é dependente, de certo modo, do inferior. Mas é assim mesmo. Uma coisa simples, fácil. Você faz um templo... O que nós chamamos na Índia de *kalash*, a cúpula de ouro do templo, não pode existir sem o templo todo. Se removermos o templo, o *kalash*, a cúpula de ouro, cairá. Ela não pode existir sem o templo. É claro, o templo pode existir sem a cúpula – não há problema quanto a isso.

Pense: um homem está com raiva – ele pode dançar? A dança fica impossível. O homem está faminto, ele não pode nem pensar. Ele não consegue imaginar o que é a dança. Ele pode tê-la conhecido no passado, mas, faminto, ele nem mesmo será capaz de acreditar que a tenha conhecido. Ela parece impossível, parece quase nem existir – ela não pode existir num corpo faminto. Como se pode pensar em uma dança descendente? Mas pense em outro homem que esteja bem alimentado e sem nenhuma dança. Não há problema – você pode vegetar. O superior não é imprescindível, trata-se de uma liberdade. Se você quiser, você cresce dentro dele; se você não quiser, não há ninguém obrigando ninguém a crescer nele. O inferior é uma necessidade, não se trata de uma escolha sua. Ele tem de ser realizado.

A lei é antiamor. Se você for muito seguidor da lei, não será capaz de amar ninguém – porque a própria qualidade do amor é a espontaneidade. Ele vem do acaso, ele pode desaparecer no acaso. Não há nenhuma razão, nenhuma causa aqui. Ele acontece como um milagre: é mágico. Por que acontece, como acontece, ninguém sabe. Ele não pode ser manipulado – ele é antilei, é antigravidade, é anticientífico, é antilógico. É contra toda a lógica e contra todas as leis.

O amor não pode ser comprovado em nenhum laboratório, e o amor não pode ser comprovado por nenhuma lógica. Se você tentar comprová-lo pela lógica, chegará à conclusão de que não há nada semelhante ao amor – que o amor é impossível, não pode existir –... mas ele existe! Até mesmo grandes cientistas se apaixonam. Eles não o podem comprovar em seus laboratórios, mas eles também se apaixonam. Até mesmo um Einstein se apaixona.

O amor torna qualquer um humilde. Até mesmo Einstein – tão orgulhoso de sua lógica, de sua argumentação, de sua ciência – de repente, um dia, se apaixona. Uma mulher comum – *Frau* Einstein. De repente, toda sua ciência desaparece e ele começa a acreditar no impossível. Mesmo na sua vida ulterior, ele encolhia os ombros: "Acontece, mas, se você me perguntar como um cientista, não posso dar o testemunho de sua existência. Mas, se você me perguntar como homem, digo que ele acontece". Em seus últimos dias, ele disse: "Se o amor existe, então Deus também deve existir, porque, se um impossível é possível, então por que não o outro?" Ele morreu como um homem profundamente humilde e religioso.

Alguém certa vez lhe perguntou:

– Se você nascer outra vez, o que gostaria de ser?

Ele disse:

– Cientista outra vez, não. Prefiro ser bombeiro.

O que ele está dizendo? Ele está dizendo que tem visto a falsidade de toda a lógica, e tem visto a futilidade de todos os argumentos científicos. O que ele está dizendo é que ele tem visto, de ponta a ponta, que causa e efeito podem ser a base, mas não são os pináculos. O verdadeiro templo, o verdadeiro mistério da vida, se move através do amor, da oração, da felicidade – todos impossíveis. Se você pensar sobre eles, não pode acreditar, mas, se permitir que aconteçam, então uma grande confiança e uma grande graça surgem em você.

Moisés é a lei. A sociedade não pode existir sem Moisés, ele é um imperativo. A sociedade não pode se dar ao luxo de perdê-lo. A sociedade seria um caos sem um Moisés. Ele é absolutamente necessário, ele é o próprio fundamento. Mas Jesus é amor. Moisés é preciso, é necessário, mas não o bastante. Se Moisés sozinho regular o mundo, não valerá a pena viver no mundo.

Jesus... uma brisa vinda do desconhecido... ninguém sabe de onde ela veio, ninguém sabe para onde ela vai: uma penetração da eternidade no tempo... a entrada do misterioso no conhecido.

Jesus não pode vir sem Moisés, lembre-se disso. Moisés será necessário. Ele é o pão, Jesus é o vinho. Você pode viver de pão, mas o pão não tem nada de romance nele. O vinho – esse é o romance, a poesia, a dança, a celebração, a alegria, o êxtase. Sim, Moisés pode existir sem Jesus. Jesus não pode existir sem Moisés. Eis por que Jesus repete várias vezes: "Eu vim para cumprir, não para destruir". Moisés foi apenas o alicerce sobre o qual Jesus ergueu o templo de Deus.

Moisés é o cidadão que faz tudo "absolutamente certo", o bom homem. Jesus não é tão bom. Às vezes, suspeita-se se ele é bom ou mau; ele confunde. Ele anda com bêbados, fica com prostitutas. Não, nunca – você não pode conceber Moisés fazendo isso. Moisés é um homem absolutamente certo, mas é aí que ele perde algo: a beleza, a liberdade. Ele sempre anda no caminho certo, ele é uma linha de trem. Jesus é como um rio, ele muda – às vezes à esquerda, às vezes à direita. Às vezes ele muda o caminho completamente.

É absolutamente fácil de se dar crédito a Moisés, a Jesus nem tanto. Às vezes suspeita-se se este homem está certo ou errado. Esse foi o problema com os judeus. Eles viveram do pão de Moisés, eles seguiram Moisés e seus dez mandamentos e, agora, este homem vem e diz: "Eu sou o preenchimento de todos os que vieram antes de mim", e "eu não vim para destruir, mas para cumprir". Mas que tipo de preenchimento é este? Ele absolutamente não se parece com Moisés. Ele não tem nenhuma condenação do homem mau. Ele diz: "Não julgueis!" Moisés é um grande juiz; e Jesus diz: "Não julgueis, para não serdes julgado". Moisés diz: "Não faça o mal"; e Jesus diz: "Não resista ao mal" – muito confuso. Ele deve ter criado um grande caos. Aonde quer que ele tenha andado, deve ter levado grande confusão e conflito às mentes das pessoas, ele deve ter criado ansiedade. Eis por que eles se vingaram e o mataram; isso é absolutamente lógico.

Buda não foi morto na Índia, Mahavira também não – algumas vezes, algumas pedras foram atiradas, ou coisas do gênero, mas eles não foram mortos, crucificados. Eles nunca confundiram a mente tanto quanto Jesus. Eles tinham algo de Moisés neles, e Jesus não tinha nada de Moisés nele. Mahavira tinha muito de Moisés; ele tinha algo da lei e algo do amor, ambos.

Jesus é puro amor. Eis por que ele foi crucificado. Ele tinha de ser crucificado – tamanho puro amor não pode ser tolerado, tamanha graça é impossível suportar – a própria presença é intolerável, porque ela fere. A própria presença de Jesus joga a pessoa numa confusão, e o único meio de se proteger e se defender é matar esse homem, destruir esse homem. Destruindo Jesus, as pessoas tentaram viver apenas com Moisés e a lei, sem se importar com o amor. O dia em que Jesus foi crucificado não foi nada mais que uma indicação de que a mente comum queria viver sem amor. O amor foi crucificado, não Jesus. Ele é apenas simbólico.

Há muitas complicações. Os judeus sempre estiveram desorientados com o fato de este homem, Jesus, ter influenciado tanto o mundo todo; e ele não pôde influenciar os judeus de modo algum. Os judeus são grandes eruditos, seus rabinos são grandes sábios, e eles têm tentado provar que Jesus não disse uma única palavra nova, que tudo que ele disse está escrito nas escrituras judaicas. Então, por que esse homem se tornou o próprio eixo da humanidade? O que aconteceu? – parece inacreditável.

Eles estão certos de certo modo: Jesus não disse uma única palavra que não fosse encontrada nas escrituras dos velhos rabinos. Não, ele não disse uma única palavra nova. Mas não é aí que ele é único. Ele é único no modo em que ele disse – não a palavra, mas do jeito que a afirmou. No Velho Testamento, encontra-se repetidamente a expressão "O Senhor disse...". Mas essa não é a característica de Jesus. Ele diz: "Eu lhes digo...", não "o Senhor"... Ele *é* o Senhor. O Velho Testamento diz: "O Senhor diz isto..." Jesus diz: "Eu lhes digo..." Os velhos rabinos balbuciam, Jesus fala; os velhos rabinos têm uma glória emprestada, Jesus tem sua própria glória. Os velhos rabinos falam *pela* autoridade, Jesus fala *com* autoridade – e esta é a grande diferença.

Dizem que certa vez os inimigos de Jesus tinham enviado um homem para pegá-lo e levá-lo ao templo. Ele estava ensinando perto do templo e tinha se juntado um punhado de gente.

O homem foi lá para pegá-lo, prendê-lo, mas a multidão era grande e ele teve de entrar no meio do povaréu para alcançá-lo – levou tempo. Enquanto ele estava tentando penetrar no meio da multidão, teve de ouvir o que aquele homem estava dizendo. Então ele parou, esqueceu-se do motivo por que tinha ido lá. Tornou-se impossível prender aquele homem. Ele voltou.

Os inimigos lhe perguntaram:

– Por que você voltou? Por que não o prendeu?

Ele disse:

– Eu estava indo fazer isto, mas suas palavras caíram nos meus ouvidos. E eu lhes digo: nenhum homem jamais falou como este homem! A própria qualidade, a autoridade, o poder com que ele fala me dominaram. Eu fiquei hipnotizado. Tornou-se impossível prender aquele homem.

Jesus é amor. O amor tem autoridade própria, não emprestada. Os velhos rabinos e as pessoas do Velho Testamento são como a lua – a luz emprestada. Jesus é o sol, ele tem luz própria. O amor tem sua própria autoridade; a lei nunca tem autoridade própria. A autoridade vem de Moisés, Manu, Marx; a autoridade vem das escrituras, da tradição, do convencional. A autoridade vem sempre do velho, jamais é fresca e nova.

O amor é a antilei. Mas, se você tem amor, pode ser cumpridor da lei também – quanto a isso não há problema. Mas você é mais do que a lei, tem algo do amor dentro de você.

Você vive na sociedade, tem de seguir as regras. Elas são exatamente assim: mantenha a esquerda ou mantenha a direita – nada de supremo sobre elas, só regras para manter o tráfego sob controle, caso contrário seria quase impossível andar por aí. Ela é boa numa certa medida. Mas não pense em si deste modo: que porque você sempre se mantém à esquerda, você atingiu algo. É claro, é bom numa certa medida, mas não muito... – o que você atingiu? O tráfego será conveniente, eis tudo – mas o que você atingiu?

Toda moralidade, toda lei, é boa até certa medida, mas não vai longe o bastante. O amor é necessário. O amor é uma espécie de loucura, ilógico, irracional.

A QUINTA PERGUNTA:

Osho, testemunho, percepção, meditação de repente parecem ser ideias distantes e estéreis de um adulto, diante da inundação de adoração selvagem e infantil que me preenche enquanto estou ouvindo você falar sobre Jesus. Meu "eu" adulto diz: "Cuidado, não se delicie na indulgência, na sentimentalidade sonolenta – isto é apenas a mente, o condicionamento infantil, cristão". Mas o menino de 7 anos, impulsivo, barulhento, tem vontade de mostrar a língua para o buscador espiritual sério de 28 anos. Qual é o meu verdadeiro eu?

Nenhum dos dois – mas o que está observando os dois, aquele que fez a pergunta. Você não tem 7 anos de idade, nem 70. A idade é irrelevante para você, a idade não lhe pertence. Você é eterno – nem a criança, nem o jovem, nem o velho. Volte sempre para a testemunha, vá cada vez mais fundo no testemunhar. Não deixe nenhuma outra identificação se assentar: seja a da criança, seja a do adulto – não. Todas as identificações são aprisionamentos.

Liberdade total não permite identificação; liberdade total é a não identificação com cada uma e todas as coisas. Um dia, quando todas as identificações forem quebradas e caírem – como queda de roupas – e você estiver absolutamente nu em sua liberdade, então vai saber quem é.

Vocês são deuses exilados. Somente através do testemunhar você poderá se lembrar de quem você é. Então, todas as misérias desaparecem, toda a pobreza desaparece. Você é o próprio reino de Deus.

A ÚLTIMA PERGUNTA:

Osho, por que você dá o sânias a tanta gente esquisita?

Isso vem de Anand Bodhisattva. Se não fosse assim, Bodhisattva, como você poderia ser um saniássin?

Amo os esquisitos. Eles são gente boa. Todos são aceitos. Eu não estabeleço condições, porque não olho para como vocês parecem. Eu não me importo com sua aparência. Eu olho para vocês, e vocês são deuses exilados, talvez às vezes com roupas sujas, às vezes com a cara suja, mas ainda assim um deus.

Às vezes, você se mostra como uma pessoa esquisita, mas não é. Porque eu posso ver você dentro de sua profunda realidade, eu o aceito totalmente. Seja o que for que você finja ser, não pode me enganar. São, tudo, pretensões suas; eu não sou enganado. Eu olho diretamente, imediatamente: olho dentro de você. E sempre descubro o novo, o eterno, o belo: a verdade e a graça – divindade. Vocês são soberanos...

Basta por hoje.

3

E os céus se lhe abriram

Mateus 3

1 Naqueles dias apareceu João Batista, pregando na vastidão da
Judeia,
2 E dizendo: "Arrependei-vos, pois o reino de Deus está próximo".
[...]
11 "Quanto a mim, eu vos batizo com água para o arrependimento;
mas aquele que vem depois de mim, e cujas sandálias não sou digno
de usar, é mais poderoso do que eu: ele vos batizará com o Espí-
rito Santo e com o fogo."
[...]
13 Então veio Jesus, da Galileia até o Jordão, para ser batizado
por João.
14 Mas João quis dissuadi-lo, dizendo: "Eu é que preciso ser ba-
tizado por ti, e tu vens a mim?"
15 E Jesus, respondendo-lhe, disse: "Permite que seja assim neste
momento, pois cabe-nos cumprir tudo justamente". Então ele per-
mitiu.

16 *E Jesus, depois de batizado, saiu da água, e eis que se lhe abriram os céus e ele viu o Espírito de Deus descendo na forma de uma pomba, vindo em sua direção e iluminando-o.*
17 *E veio uma voz do céu que dizia: "Este é meu filho amado, em quem me comprazo".*

Conta-se uma história, que teria acontecido no tempo dos castelos e dos cavaleiros.

Um jovem inglês estava atrás de sua sorte, vagando por toda a terra. Cansado, parou debaixo de uma árvore próxima a um castelo para descansar. O duque do castelo estava passando por ali. Ele parou e perguntou ao jovem o que ele estava fazendo ali, o que estava procurando. O jovem disse:

– Sou um arquiteto e estou em busca de emprego.

O duque ficou muito satisfeito, porque ele estava precisando de um arquiteto. Ele disse:

– Venha comigo. Seja meu arquiteto e, sejam quais forem suas necessidades, elas serão atendidas no meu castelo e nas minhas terras. Você pode viver como um homem realmente rico. Mas seja fiel e lembre-se de uma coisa: se for embora, terá de ir de mãos vazias, assim como chegou.

O jovem concordou. Passaram-se semanas e depois meses e ele trabalhou fielmente, e o duque estava muito satisfeito com ele. Todas as suas necessidades eram atendidas – ele era muito bem cuidado. Ele realmente vivia como um homem rico no castelo. Mas o tempo foi passando e ele começou a se sentir inútil. No começo não ficou muito claro o que era aquilo, porque na verdade não havia nenhuma causa para ele se sentir incomodado, pois todas as suas necessidades estavam satisfeitas. Era como se uma nuvem o circundasse, um peso, uma sensação de algo sendo perdido. Mas, sem saber exatamente o que era, sentiu-se confuso. Então, um dia, veio-lhe um clarão, como um relâmpago diante dele – ele compreendeu a causa. Foi até o duque e disse que estava indo embora.

O duque não podia acreditar. E perguntou-lhe:

– Por que você está indo embora? Se há alguma dificuldade, simplesmente me diga e tudo será arranjado. Estou muito satisfeito com seu trabalho e gostaria que ficasse aqui por toda a sua vida.

O jovem disse:

– Não, estou indo. Por favor, permita-me partir.

O duque perguntou-lhe:

– Mas por quê?

O jovem respondeu-lhe:

– Porque nada pertence a mim aqui. Vim de mãos vazias, saio de mãos vazias. Isto é um sonho: nada me pertence aqui.

Este é o momento em que a pessoa começa a se tornar religiosa. Se algo lhe pertence neste mundo, então você ainda não está preparado para ser religioso. De mãos vazias você veio; de mãos vazias você irá. Uma vez que perceba isto, como num relâmpago, fica tudo claro. Este mundo não pode ser seu lar – no máximo, estadia de uma noite... e de manhã partimos.

Uma vez que você tenha a sensação de que está aqui somente momentaneamente – você não pode possuir nada, não pode ter nada aqui –, torna-se tudo um sonho, o que os hindus chamam de *maya*. Tudo se torna ilusório. Esta é a definição de *maya* – algo que parece ser seu e não é, algo que parece ser real e não é, algo que parece ser eterno e é somente momentâneo, algo que é feito do mesmo material de que são feitos os sonhos.

A menos que a pessoa compreenda isso, ela continua fazendo coisas que eventualmente descobre ser sem sentido. No dia que a morte vem, toda a sua vida mostra-se insignificante. Confrontando a morte, você verá que suas mãos estão vazias – e você deu duro! Esteve em tamanha angústia e ansiedade, por coisas que não podem ser possuídas.

Não está na natureza das coisas que elas sejam possuídas. A posse é impossível, porque você está aqui somente por alguns momentos. As coisas já existiam aqui antes de você, as coisas estarão aqui depois de você. Você vem, vai embora e o mundo permanece.

Seja um convidado, e não comece a sentir e a acreditar que você é o proprietário aqui. Então, sua vida muda imediatamente; então, sua vida toma um novo matiz, uma nova coloração, uma nova dimensão. Essa dimensão é a religião.

Uma vez que você compreenda isso, então, precisa de iniciação – iniciação ao outro mundo. E ele está logo ali, bem perto. Uma vez que este mundo seja compreendido como sendo um sonho, o outro mundo se torna disponível.

Esta é toda a mensagem de João Batista:

"Arrependei-vos, pois o reino de Deus está próximo."

Isso tem sido tremendamente, terrivelmente mal compreendido pelos cristãos. Desde o começo, a mensagem foi mal compreendida. As pessoas achavam que o mundo estava acabando e que João Batista estava prognosticando, estava prevendo o fim do mundo. "Pois o reino de Deus está próximo." As pessoas pensaram que este mundo ia acabar – essa foi a incompreensão. Então elas esperaram. João Batista morreu, e não havia nenhum sinal da vinda do reino. Este reino continuou e aquele reino jamais chegou. Então veio Jesus dizendo novamente a mesma coisa: "Arrependei-vos, pois o reino de Deus está próximo". Então as pessoas esperaram... então ele foi crucificado... e o reino jamais veio. E os cristãos estão esperando durante vinte séculos desde então.

Agora surgiram muitas dúvidas na mente. O padre no púlpito continua repetindo essas palavras, mas elas não possuem mais nenhum significado. Ele mesmo sabe que elas não significam nada. Ele continua dizendo: "Arrependei-vos, pois o reino de Deus está próximo", mas ele sabe que durante vinte séculos isso não aconteceu e o mundo continua.

Mas este não é o significado absolutamente. O mundo não vai acabar; *você* vai acabar. Quando João Batista disse: "Arrependei-vos, pois o reino de Deus está próximo", ele jamais quis dizer que este mundo ia acabar. Ele simplesmente queria dizer que você está chegando ao fim e que, antes que você morra, faça contato com o outro mundo. Arrependa-se de tudo que tem feito para possuir este mundo; arrependa-se do modo como viveu neste sonho, como se ele fosse realidade; arrependa-se de tudo o que você foi e esteve fazendo e pensando, porque tudo isso é infundado.

A menos que você se arrependa, não será capaz de ver que o reino de Deus está bem próximo, logo ali. Seus olhos permanecerão repletos com este mundo e você não será capaz de ver o outro. Antes que o outro possa ser visto, seus olhos têm de estar completamente limpos deste mundo: o mundo das coisas, da matéria, da luxúria, da posse, o mundo da ambição e da raiva, o mundo do ciúme, da inveja, o mundo do ódio – o mundo do ego. Seus olhos têm de ser completamente limpos, lavados, antes que você possa ver o reino de Deus. Na verdade, no momento em que seus olhos alcançam a claridade, este mundo desaparece... assim como na manhã, quando você acorda, o mundo dos sonhos desaparece... um outro mundo abre suas portas. O reino de Deus é a realidade e *este* mundo é somente uma projeção de sua mente.

João Batista e, mais tarde, o Cristo, estavam dizendo que você estava acabando, mas isso é difícil para a mente compreender. A mente sempre pensa, pode pensar e acreditar que tudo o mais vai acabar, mas "Não eu". A mente continua se salvando, defendendo-se.

Alguém morre. Você vê o corpo morto, mas aquilo jamais lhe ocorre, que você vai morrer. Você se solidariza com a família do morto. Você diz: "Pobre homem. Ele podia ter vivido um pouco mais. Ele ainda não era tão velho. Sua família dependia tanto dele! Agora o que acontecerá?"

A esposa está lamentando e chorando, e as crianças enlouqueceram. O que acontecerá? Você pensa no morto, pensa na família do morto, pensa no futuro dos filhos – órfãos. Você pensa na esposa – viúva. Mas nunca pensa que esta morte é sua morte também. Você sempre se esconde, sempre se defende. Lá no fundo todo mundo pensa que não vai morrer. A morte sempre acontece aos outros.

A mente interpreta de tal modo que deixa escapar o ponto central. O mundo vai continuar: ele sempre esteve aqui e sempre estará. Somente você não estará aqui; a morte vai levá-lo embora. De mãos vazias como chegou aqui, você terá de ir. Se essa compreensão penetrar o seu ser, então, o arrependimento se torna possível. E o arrependimento não é nada mais do que alcançar a clareza de visão. Esta palavra, "arrependimento", é muitíssimo significativa. Não há nenhuma outra palavra mais significativa na terminologia de Jesus, porque o arrependimento abrirá a porta do divino. O que é este arrependimento?

Você teve raiva e se arrepende. Você se sente mal: você se comportou erradamente com alguém e se arrepende e pede perdão. Será que Jesus e João Batista se arrependem do mesmo modo? Então, isso não pode ir muito longe, porque você se arrependeu muitas vezes e você não mudou. Quantas vezes você se arrependeu? Quantas vezes teve raiva, ambição, foi violento, agressivo e se arrependeu? Mas seu arrependimento não o transformou, não o levou para perto do reino de Deus. Ele não abriu nenhuma nova porta, novas dimensões: você permanece o mesmo. Seu arrependimento e o arrependimento de Jesus não são o mesmo. Na verdade, eles são quase diametralmente opostos.

Assim, o que quer que você tenha compreendido sobre arrependimento é absolutamente falso. Tente compreender. Quando você se arrepende, na verdade, você não se arrepende. Quando você se arrepende, na verdade, você tenta reparar a imagem. Não se trata de arrependimento, é reparação da imagem quebrada que você teve de si mesmo.

Por exemplo: você fica com raiva e diz coisas. Mais tarde, quando a raiva, quando a loucura se vai, você fica mais calmo e olha para trás. Agora há um problema. O problema é que você sempre se considerou um homem da paz, um homem pacífico e amoroso; sempre se imaginou uma pessoa não raivosa. Agora, essa imagem está quebrada. Seu ego se despedaça: agora você sabe que tudo aquilo em que acreditava provou-se errado. Você teve raiva, teve muita raiva, e disse e fez coisas que são contra seu ego. Você despedaçou a imagem do seu próprio eu. Agora, precisa repará-la.

O único meio de repará-la é arrependendo-se. Você vai e se arrepende, diz coisas boas. Você diz: "Foi sem querer. Não queria que fosse assim. Eu fiquei louco, fora de mim. A raiva me possuiu tanto que perdi a cabeça, portanto o que quer que eu tenha dito, perdoe-me, nunca quis dizer aquilo".

O que você está fazendo – arrependendo-se? Você está simplesmente reparando. O outro homem relaxa, porque quando alguém pede para ser perdoado, ele também tem de reparar sua imagem. Se ele não puder perdoar, então não é um homem bom. Ele também teve raiva – de sua raiva – e estava planejando uma vingança, mas agora você veio pedir perdão. Se ele não perdoar, então não será capaz de se perdoar, e sua imagem estará quebrada.

Este é o ardil que vocês têm utilizado. Agora, se ele não lhe perdoar, você é o sujeito bom e ele é o mau. Agora a coisa toda foi jogada sobre ele. Isto é um ardil, um truque bem esperto. Se ele não lhe perdoar, é um homem mau. Agora você está à vontade, sua imagem está reparada. Você jogou a culpa sobre ele. Agora ele se sentirá culpado, pois não pôde perdoar, e um homem bom tem de perdoar. Se ele perdoar, é bom; se não perdoar, então será bom para você. Agora é uma questão para ele decidir.

Isso não é arrependimento. Quando João Batista e Jesus dizem "Arrependei-vos!", querem dizer uma coisa totalmente, absolutamente diferente. O que eles querem dizer? Querem dizer: tente ver, tente compreender o que você tem feito. Olhe em todo lugar. Vá até as raízes da sua existência, do seu ser, do seu comportamento, e veja o que você tem feito, o que você tem sido. Não se trata de algum ato em particular, de que você deva se arrepender; trata-se de toda sua qualidade de ser – não uma certa raiva, alguma ambição, algum rancor – não. Nem alguma inimizade – nada. Não é nada sobre algum ato particular. É algo sobre o seu próprio ser: o jeito, o estilo de sua existência. Não tem nada a ver com algum ato determinado, fragmentário.

Quando você se arrepende, você se arrepende sobre determinado ato. Seu arrependimento está sempre relacionado a certos atos, mas o arrependimento de Jesus não é sobre certos atos – é sobre seu ser. A maneira como você tem sido está absolutamente errada. Você pode não ter tido raiva – contudo, você esteve errado. Você pode não ter estado cheio de ódio – ainda assim, você esteve errado. Você pode não ter possuído muita riqueza – ainda assim, esteve errado. Não é uma questão do que você tem feito; é uma questão de como você tem sido. Você tem estado adormecido, inconsciente; não tem vivido com uma luz interna, tem vivido na escuridão.

Quando eles dizem "Arrependei-vos", querem dizer arrependimento por todo o modo como você tem vivido até agora, do jeito que você é. Não é uma questão de pedir perdão a alguém – não, absolutamente não. É apenas um retorno. A palavra "arrependimento" originalmente significa "retorno". Em aramaico, a língua que Jesus e João usavam para falar, "arrependimento" significa "retorno" – retorne para a fonte, volte para o seu ser original.

Aquilo que os mestres do zen dizem – "Procure sua face original" – é o significado de "arrependei-vos". Abandonem todas as máscaras. Não se trata de uma questão entre você e os outros, é uma questão entre você e seu Deus. "Arrependei-vos" quer dizer abandone todas as máscaras e apresente-se diante de Deus com sua face original – do jeito que ele fez você. Deixe que esta seja sua única face. Retorne à fonte original, volte para o âmago mais profundo do seu ser. Arrependimento é retorno; é um dos maiores pontos de virada na escalada espiritual.

É isso que Jesus quer dizer por "conversão". Um hindu pode se tornar muçulmano; um muçulmano pode se tornar um cristão; um cristão pode se tornar um hindu – isso não é conversão. Isso é, novamente, mudança de máscaras. Quando um cristão se torna religioso, um hindu se torna religioso, *então* é conversão. Não é ir de uma religião para outra, porque não há duas religiões no mundo. Não pode haver: a religião é única.

Religiosidade é uma qualidade; não tem nada a ver com seitas e doutrinas e dogmas, igrejas, templos e mosteiros. Se você estiver numa mesquita e se tornar religioso, não será mais um muçulmano... Você será simplesmente um puro ser sem nenhum adjetivo atado a ele. Se você estiver orando num templo e o templo desaparece, você não é mais um hindu... você se tornou religioso. Isto é conversão.

Eu estava lendo sobre a vida de um bispo muito famoso. Ele foi à Igreja de Santa Maria, em Cambridge, para dar um sermão na universidade. Há trinta, quarenta anos, quando ele era jovem, havia se graduado ali. E estava cheio de reminiscências, memórias da sua juventude. Ele olhou ao redor – será que poderia reconhecer alguém que tinha estado ali quando ele estava na graduação? Ele reconheceu um velho sacristão. Depois do sermão, foi até ele e disse:

– Está me reconhecendo? Eu fui aluno aqui há quarenta anos. Todos os outros não estão mais aqui. Só consegui reconhecer seu rosto. Graças a Deus você tem boa saúde. Você o serviu bem.

O sacristão disse:

– Sim, eu agradeço a Deus, eu lhe agradeço muitíssimo, porque depois de ouvir – e tenho ouvido todos os sermões dados nesta igreja durante cinquenta anos – agradeço a Deus que ainda seja um cristão, depois de ouvir toda sorte de absurdos por cinquenta anos.

É difícil ser um cristão se você ouvir toda sorte de absurdos que são pregados em nome da cristandade. É difícil ser um hindu se você sabe todo o absurdo que tem sido escrito em nome do hinduísmo. É difícil ser um muçulmano se você sabe o que significa ser um muçulmano. Como você não sabe, é fácil. Você permanece hindu porque não sabe o que isso significa. Não sabe do rancor que ali está implícito, não conhece a política intrínseca ao hinduísmo.

É fácil ser um cristão, não sabendo o que o cristianismo fez no passado. Eles foram assassinos. A cristandade matou mais pessoas que o comunismo. Mas é fácil quando não se sabe. Quanto mais você sabe, mais difícil fica ser um cristão, um muçulmano, um hindu. Na verdade, você compreenderá que esses são os meios de *não* sermos religiosos, esses meios que o impedem de ser religioso, esses são os meios que formam as barreiras. Eles os enganam dizendo que vocês são religiosos, eles lhes dão uma moeda falsa: são falsificadores, falsários. Ser religioso não é ser um muçulmano, não é ser um cristão, não é ser um hindu. Ser religioso é apenas ser religioso, não se precisa de mais nada. Isto é conversão.

Se você se arrepende, a conversão acontece. Conversão é um subproduto do arrependimento. A pessoa não tem de se arrepender por seus atos, porque isso não é o verdadeiro arrependimento. A pessoa tem de se arrepender por todo o seu ser. Somente então, a transformação é possível.

Agora, ouça a estas palavras do Evangelho:

Naqueles dias apareceu João Batista, pregando na vastidão da Judeia.

O nome de João tornou-se João Batista. O nome de mais ninguém em toda a história do mundo se tornou tão conectado a "batismo". Ele iniciou centenas de buscadores, e seu modo de iniciar era algo único. Ele os iniciava no rio Jordão. Primeiro eles meditavam com ele durante alguns dias, alguns meses, ou às vezes por alguns anos. Quando estavam preparados, ele os levava para o rio. Eles ficavam no rio e ele derramava água sobre a cabeça deles – e algo transpirava, algo acontecia no recôndito de seus seres, e eles não mais seriam as mesmas pessoas que eram antes. Tratava-se de um rito secreto, uma cerimônia secreta. Algo era transferido do mestre para o discípulo. A água era usada como um meio.

Tem havido dois tipos de iniciação no mundo: em um tipo de iniciação, a água sempre foi usada e, no outro, o fogo era usado. Na Índia, o fogo foi usado como um meio de iniciação durante séculos. Zaratustra usava o fogo como um meio de iniciação. João Batista usava a água. Ambos podem ser usados, e ambos têm de ser compreendidos.

Água e fogo têm qualidades diferentes, contudo, no fundo, estão profundamente interligados. São opostos, mas complementares. Se você puser água no fogo, a água desaparecerá, evaporará. Se você puser água no fogo, o fogo desaparecerá. Eles são opostos, mas em profunda unidade. A água flui para baixo, o fogo flui para cima. Naturalmente, a água jamais irá para cima. Naturalmente, o fogo jamais irá para baixo. Eles se movem em direções diferentes. Se algo tem de ir para baixo em você, a água tem de ser usada como meio, como um veículo. Se algo tem de subir em você, o fogo tem de ser usado como um meio e veículo.

João Batista derramava a água – depois de longo período de preparo e de meditação – e todo o seu ser se concentrava na água caindo; e o frescor dela avivava você por dentro também. E através da água o magnetismo deste homem, João Batista, fluía em você. A água é um veículo muito vulnerável. Se um homem que tem o poder de cura em suas mãos simplesmente toca na água, ela se torna um remédio para cura. E a água está profundamente relacionada com o corpo: 60%, ou até mais, do seu corpo não é nada mais do que água. Observe isso: 60% do seu corpo é água.

E você já observou o que sua respiração faz a você? A respiração traz fogo, ela é oxidação. Se corpo é água, sua respiração é fogo; com esses dois, você existe. Quando a respiração para, o fogo desaparece; então o corpo perde o calor e morre. Se a água desaparece do corpo, este fica quente, febril... e você morrerá logo. Uma profunda comunhão entre água e fogo, um profundo equilíbrio, é necessário, continuamente.

Você come: através do alimento o fogo do sol alcança seu corpo. Você respira: através da respiração, o oxigênio chega ao seu corpo. Você bebe água: continuamente a água é reposta no corpo. Entre o fogo e a água você existe.

João Batista usava a água para trazer algo lá do alto para dentro de você. Esse é um meio de iniciação. Há um modo superior – trazer algo de dentro de você para o alto. Trata-se da iniciação pelo fogo.

Naqueles dias apareceu João Batista, pregando na vastidão da Judeia, e dizendo: "Arrependei-vos, pois o reino de Deus está próximo".

A todo o momento, o reino dos céus está à mão. Neste exato momento o reino dos céus está à mão; é absolutamente urgente arrepender-se. Era isso o que ele queria dizer: Não perca um único momento – porque, se você perdê-lo, pode nunca mais ser recobrado, recapturado. O tempo que passou, passou. Poderia ter sido uma profunda celebração em Deus, mas você a desperdiçou – por nada, por sonhos.

"Arrependei-vos, pois o reino de Deus está próximo.
Quanto a mim, eu vos batizo com água para o arrependimento; mas aquele que vem depois de mim, e cujas sandálias não sou digno de usar, é mais poderoso do que eu: ele vos batizará com o Espírito Santo e com o fogo."

João Batista preparou as pessoas de modo que Deus pudesse descer dentro delas; então, Jesus preparou as pessoas de modo que elas pudessem ascender até Deus. Essas duas são as possibilidades: ou ascender para dentro de Deus, ou Deus descer para dentro de você. Descer é mais fácil, porque você simplesmente espera, receptivo, como um útero.

Você deve ter observado: Lao-Tsé nunca fala sobre o fogo, ele sempre fala sobre a água. Seu método de iniciação era como o de João Batista. Eis por que ele fala sobre a mente feminina – a pessoa tem de ser tornar feminina para receber. Exatamente como a água desce das nuvens, Deus desce.

"Jesus", diz João Batista, "o batizará com o fogo. Ele o levará a Deus, ele o ajudará a ir para cima." Isso é difícil – é como escalar uma montanha. E, antes de uma pessoa poder subir, ela tem de aprender como descer. Antes de a pessoa estar pronta para ser batizada pelo fogo, ela tem de ser preparada e batizada pela água, porque, se você não puder descer, não pode subir. Descer é muito fácil, mas, se até isso é difícil, o que dizer da subida? Vai ser muito difícil.

Assim, primeiro deixe Deus descer até dentro de você. No momento em que Deus descer dentro de você, você se tornará muito poderoso, porque você não mais será você mesmo. Então, a subida se torna muito fácil – então, você pode voar; então, você pode se tornar fogo. João Batista preparou as pessoas, preparou o terreno para descer a semente. Veja – quando você joga uma semente no solo, ela desce para dentro do solo. Quando ela se parte, começa a subir. O primeiro ato é o batismo pela água: você joga a semente, ela penetra o solo e descansa ali. A semente não tem nada a fazer, tem apenas de repousar e tudo o mais acontece. Então surge uma energia ascendente – a semente começa a se mover, brota; torna-se uma árvore enorme, vai em direção ao céu.

A árvore precisa ser molhada todos os dias, para que as raízes possam entrar cada vez mais e mais fundo na terra, e a árvore também precisa do sol, do fogo, de modo que os galhos possam ir cada vez mais e mais alto. Nas florestas fechadas da África, as árvores vão realmente alto, porque as florestas são tão densas que, se não forem bem alto, não alcançarão o fogo. Elas têm que ir cada vez mais e mais alto, de modo que possam abrir seu ser até o sol e o fogo possa ser recebido. Se você der somente água à árvore, a árvore morrerá. A árvore não pode existir somente com água, ela não pode existir num deserto somente com o fogo. Ela precisa de uma profunda combinação.

Assim, um batismo de água é necessário no começo – essa é a primeira iniciação. Então, é necessário um batismo de fogo – essa é a segunda iniciação. E entre as duas, quando o equilíbrio é atingido, acontece a transcendência. Entre as duas, quando o equilíbrio é totalmente atingido, nem demais nem de menos – exatamente a proporção certa –, de repente a transcendência. A transcendência está no equilíbrio.

"Quanto a mim, eu vos batizo com água para o arrependimento; mas aquele que vem depois de mim, e cujas sandálias não sou digno de usar, é mais poderoso do que eu: ele vos batizará com o Espírito Santo e com o fogo."

O Espírito Santo simplesmente simboliza o equilíbrio. No cristianismo, o conceito do três existe como "a Trindade". Deus, o Pai, Cristo, o Filho – estes são os dois polos, pai e filho. Algo tem de equilibrar esses dois e o que equilibra é o Espírito Santo. Ele é apenas puro espírito, nem filho nem pai, puro espírito que está simplesmente entre os dois – o equilíbrio. Entre o fogo e a água, o Espírito Santo acontece.

Esses são termos simbólicos: o "espírito santo" é a música, a harmonia entre a dualidade. O "espírito santo" é o rio entre duas margens. O "espírito santo" está onde.... Se você for à procura dele em algum lugar, não o encontrará. O "espírito santo" está onde qualquer dualidade cesse dentro você. Amor/ódio cessa dentro de você – um súbito equilíbrio. Você não pode dizer se é amor, se é ódio – não é nenhum dos dois. É algo absolutamente desconhecido, você nunca conheceu isso antes... o "espírito santo" aconteceu.

Então veio Jesus, da Galileia até o Jordão, para ser batizado por João.

Este deve ter sido um dos raros momentos na história da consciência humana: o mestre está prestes a ser iniciado pelo discípulo.

Mas João quis dissuadi-lo, dizendo: "Eu é que preciso ser batizado por ti, e tu vens a mim?"

Algumas coisas antes que isso possa ser compreendido:

Até então, Jesus tinha vivido uma vida muito comum. Ele era apenas o filho do carpinteiro José – ajudando o pai no trabalho, fazendo coisas comuns que são necessárias. Ninguém sabia nada sobre ele, nem mesmo sua família tinha consciência de quem ele era. Um manto o envolvia, uma nuvem que tinha de ser rompida.

Ele estava esperando pelo momento certo. Quando o trabalho de João estivesse pronto, o terreno preparado, Jesus poderia ir até ele. Então, poderia rasgar o manto e a nuvem desapareceria. Ele precisava se relacionar com João, porque esse era o único modo de se relacionar com os discípulos de João; caso contrário, não haveria ligação.

João o reconheceu imediatamente: "Este é o homem por quem estive esperando, este é o homem por quem estive trabalhando. Ele chegou".

E João interdisse: "Eu é que preciso ser batizado por ti, e tu vens a mim?" Isso parece absurdo!

Jesus está num plano mais elevado, o plano do fogo; João está num plano inferior, o plano da água. João não é ainda uma alma absolutamente realizada. Ele atingiu seu primeiro *satori*, caso contrário não teria sido capaz de trabalhar para Jesus; ele atingiu o primeiro vislumbre, caso contrário não teria sido capaz de reconhecer Jesus – mas ele não atingiu o estado búdico absoluto, ele ainda não é um Cristo.

"Eu é que preciso ser batizado por ti, e tu vens a mim?" Não. Ele interdisse: "Não peça isso".

E Jesus, respondendo-lhe, disse: "Permite que seja assim neste momento, pois cabe-nos cumprir tudo justamente". Então ele permitiu.

Jesus estava dizendo: "Deixe que seja assim, porque está escrito nas escrituras que será assim". Jesus viveu como judeu e morreu como judeu – ele nunca foi um cristão; ele tentou arduamente fazer parte do meio judaico. Eis como tentou:

Estava escrito nas velhas escrituras que o Messias que estava para vir seria batizado por um homem de nome "João", que batizava as pessoas perto do rio Jordão. Essa era uma profecia antiga. Jesus disse: "Deixe que seja assim, porque está escrito nas escrituras que assim será". Ele tentou de todos os meios fazer parte da tradição, de modo que a revolução interior que estava tentando trazer não fosse perdida no deserto da política. Mas ainda assim aconteceu, ainda assim ela se perdeu no deserto da política, porque trazer aquela revolução interna é pedir quase o impossível da mente humana.

A mente humana apega-se ao velho. Eis por que Jesus está dizendo "Deixe que seja assim. Por favor, batize-me para que eu não pareça um intruso, um estranho; desse modo eu me torno parte da tradição e, de dentro, posso trabalhar externamente, de dentro posso criar uma grande revolução. Gostaria de trabalhar dentro".

Mas não iria ser assim. Jesus tentou, foi impossível; Buda tentou, foi impossível. Buda permaneceu hindu por toda a sua vida – ele queria apenas criar uma revolução na mente hindu partindo de dentro –, mas, no momento em que começou a falar, a velha mente ficou em alerta.

Ouvi contar uma história:

Havia uma velha igreja – muito antiga, muito bela, consagrada pela tradição –, mas estava quase em ruínas, e havia o perigo de cair a qualquer hora. Os frequentadores pararam de ir lá; ela podia cair a qualquer momento. Até mesmo os curadores da igreja não tinham mais encontros lá. Eles se encontravam em outro lugar para decidir as coisas da igreja. Mas estavam relutantes em destruí-la.

Chamaram grandes arquitetos, mas todos diziam que o prédio estava demasiadamente perigoso e não havia meio de repará-lo; o correto seria destruí-lo e construir uma nova igreja.

Mas todos permaneciam relutantes. Não queriam que ela fosse destruída: era muito antiga, tinha uma longa tradição, tinha se tornado parte de seus seres – destruí-la seria como se eles estivessem se destruindo. Relutantemente, convocaram um encontro de curadores e passaram três belas resoluções.

A primeira resolução – que a igreja, a velha igreja, tinha de ser destruída e uma nova igreja tinha de ser construída – passou por unanimidade. A segunda resolução – que, até que a nova igreja estivesse pronta, eles continuariam a fazer suas adorações na velha igreja – passou por unanimidade. E a terceira resolução – que a nova igreja deveria ser construída exatamente sobre o mesmo ponto onde a velha igreja estava e... com as pedras da velha igreja! – também passou por unanimidade.

É assim que a mente tradicional funciona. Ela vai se apegando, se apegando – mesmo que se torne contraditório, ela vai se apegando.

Ela evita ver a contradição. Ela evita ver a morte que já se consumou inteiramente. Ela evita ver que o corpo já não vive mais – um cadáver, fedendo, deteriorando-se.

Jesus tentou relacionar-se com a velha mente. Ele diz para João: Batize-me. Deixe que seja assim. "Permite que seja assim neste momento, pois cabe-nos cumprir tudo justamente." Então ele permitiu.

João compreendeu o que Jesus disse. Se assim não fosse, Jesus teria sido um estrangeiro desde o começo e as coisas se tornariam quase impossíveis.

Mesmo assim, as coisas foram impossíveis – mas ninguém pode dizer que Jesus não tentou; ninguém pode dizer que Buda não tentou. Da parte deles, fizeram tudo o que podiam fazer para tornarem-se um fluxo contínuo com o antigo, com o velho, com o tradicional. Eles não queriam uma revolução contra a tradição, mas *dentro* dela. Mas isso nunca aconteceu; a velha mente é realmente muito obstinada, teimosa.

E Jesus, depois de batizado, saiu da água, e eis que se lhe abriram os céus e ele viu o Espírito de Deus descendo na forma de uma pomba, vindo em sua direção e iluminando-o.

A iniciação pela água, o batismo pela água. Jesus viu Deus descendo: "E ele viu o Espírito de Deus descendo na forma de uma pomba, vindo em sua direção e iluminando-o".

E veio uma voz do céu que dizia: "Este é meu filho amado, em quem me comprazo".

Imediatamente após ser batizado por João, Jesus saiu do rio e já na margem aconteceu esta visão. A visão não era um sonho, pois João também foi uma testemunha daquilo – e não somente João, alguns outros discípulos que estavam presentes na margem do rio. Foi uma realidade objetiva. Todos viram algo descendo como uma pomba – muito pacífica, pura... um pássaro branco vindo do céu, descendo e brilhando sobre Jesus como se o céu tivesse se aberto. Acontece dessa forma. Quando você se torna aberto para o céu, o céu se abre para você.

Até então, Jesus tinha vivido uma vida fechada. Foi bom. Ele precisava disso, caso contrário estaria em perigo desde o começo. Os cristãos não têm nenhuma história sobre o que aconteceu na juventude de Jesus. Ele deve ter vivido absolutamente desconhecido. Ninguém sabia nada dele, um jovem comum, como qualquer outro. Seu trabalho durou apenas três anos – quando João o batizou, ele estava com 30 anos e, quando foi crucificado, estava com 33. O antigo, o velho, a mente tradicional não o pôde tolerar por mais de três anos: em três anos, ele foi crucificado. Essa foi a razão de ele ter vivido absolutamente desconhecido – um homem comum entre outros mortais comuns –, sem revelar sua identidade.

Imediatamente, assim que ele foi batizado, revelou quem era pela primeira vez. João foi testemunha, alguns outros discípulos na margem foram testemunhas. Mas a qualidade do ser de João e a do ser de Jesus eram muito diferentes. João era um profeta ígneo, e Jesus era um mensageiro da paz. Logo depois João foi jogado numa prisão, e Jesus começou a pregar.

Começaram a chegar a João notícias que ele não podia acreditar, porque esse homem estava dizendo outra coisa – algo que ele jamais tinha dito.

Aos poucos as diferenças ficaram tão grandes, que até mesmo João, que tinha iniciado Jesus e que tinha visto com seus próprios olhos a abertura do céu e a descida da pomba, até mesmo ele suspeitou.

Nos últimos dias de sua vida, antes de ser decapitado, ele enviou uma nota a Jesus, uma pequena mensagem perguntando: "Você é realmente aquele por quem estivemos esperando?" Ele suspeitou, porque esse homem estava dizendo outra coisa, absolutamente outra coisa: "Seja humilde. Abençoados são os humildes, porque eles herdarão a terra". João não era um homem humilde, era na verdade muito orgulhoso – um homem muito forte, acreditava que traria a revolução para o mundo todo, um homem quase louco em sua força. E Jesus estava dizendo: "Abençoados são os pobres..." João deve ter pensado: "Que absurdo é esse que este homem está falando?"

Jesus estava dizendo: "Se alguém bater em um lado do seu rosto, dê-lhe a outra face também" – absolutamente diferente de João. E Jesus dizia: "Se alguém pegar seu casaco, dê-lhe sua camisa também". Como este homem vai trazer a revolução? Esses não são ensinamentos revolucionários.

Esses são os *únicos* ensinamentos revolucionários. Mas João não os podia compreender; ele tinha suas próprias ideias sobre revolução. Ele teria compreendido Lênin, teria compreendido Trótski, teria compreendido Marx, mas ele não podia compreender Jesus, seu próprio discípulo. O problema estava numa espécie de revolução totalmente diferente. Uma é a revolução social, trazida pela violência, pela agressão – é, de certo modo, forçada. Outra é uma revolução que não é trazida pela força, nem mesmo pela disciplina; uma revolução que vem pela espontaneidade, pela compreensão – é do coração.

Jesus estava trazendo uma espécie de revolução totalmente nova para o mundo. Ninguém tinha falado sobre essa revolução antes. Eis por que eu digo que Jesus é o ponto de mutação na história da consciência humana – mais até que Buda, porque houve muitos outros como Buda, falando sobre as mesmas linhas; ele não era novo. Ele talvez tenha sido o fim de uma longa procissão de Budas, mas ele não foi o primeiro.

Jesus trouxe algo totalmente novo para a terra; ele foi o começo de uma nova linhagem, de uma nova busca, de uma nova pesquisa. João não podia compreender. Lao-Tsé, se tivesse estado ali, teria compreendido – mas não João. João era um tipo de homem totalmente diferente. Em seus últimos dias, ele estava muito preocupado, pois algo tinha saído errado: "Teria esse discípulo me traído?" Ele lhe mandou um bilhete: "Você é mesmo aquele que estivemos esperando ou algo saiu errado?" Quando se tem certa ideia sobre certa coisa, isso se torna uma barreira para a compreensão. O que dizer, então, sobre os outros? – nem mesmo João pôde compreender Jesus perfeitamente.

Ouvi contar uma história:

Havia um mercador muito famoso e rico, que vivia viajando pelo mundo para comprar seda, especiarias, perfumes. Nestas três coisas era um dos mercadores mais perfeitos: sabia onde encontrar as coisas com os menores preços, quais os melhores mercados do mundo, e onde vender as mercadorias com maior lucro. E tinha lucrado muito. Esse era seu único interesse: descobrir cada vez mais sobre perfumes e especiarias.

Um dia, passando por uma cidade, alguém lhe disse:

– Aqui vive um homem muito sábio. Seja o que for que se pergunte, ele sempre responde.

O mercador pensou: "Talvez ele saiba algo sobre seda, especiarias e perfume. Talvez possa ser útil em me mostrar algum mercado onde eu possa conseguir mercadorias a preços até mais baixos".

E foi até o sábio. Antes mesmo de ele perguntar, o sábio disse:

– Sim, eu sei. Vá para o norte, nos Himalaias – e lhe deu a indicação de um determinado morro. – Vá a esse morro e sente-se lá por três dias. Nesses três dias, você verá algo que jamais viu antes. Depois volte.

O homem apressou-se. Ele tinha o cavalo mais ligeiro do país. Foi correndo para as montanhas e encontrou o tal morro. Ele jejuou e orou, sentando-se lá por três dias, olhando ao redor e sonhando com seda, perfume e especiarias. E ficou esperando... – uma porta desconhecida se abriria e ele se tornaria o senhor de todas as sedas, todas as especiarias, todos os perfumes que existem no mundo.

A chave seria entregue em suas mãos dentro de três dias. Ele esperou, esperou, e fantasiou e sonhou. Não foi capaz nem mesmo de ver o belo vale que estava ao redor, ou o belo e silencioso rio que passava por ali sem fazer o menor ruído. Ele não podia ouvir os pássaros cantando na manhã, não podia ver o belo pôr do sol. Não podia ver nada, porque estava muito cheio de sonhos e muito tenso, esperando por alguma coisa.

Três dias se passaram e nada aconteceu. Ele ficou muito aborrecido e com raiva. Voltou correndo até o sábio e disse:

– Não aconteceu nada! Eu não pude ver nada que já não tivesse visto antes. O que fiz de errado?

O sábio riu e disse:

– Sua ideia de riqueza. – E acrescentou:

– Agora não volte àquele vale novamente, pois nunca mais o encontrará, mas por toda a margem do rio havia diamantes. Aquelas não eram pedras comuns, eram diamantes. Mas você os perdeu.

Então o homem se lembrou, como que em sonho, que tinha visto algo... – indistinto, vago, nublado, mas tinha visto algo. Sim, de manhã, sob os raios do sol, teve um vislumbre de muitas pedras brilhando. Mas ele tinha sua própria ideia de riqueza, e ela já era demais.

Até mesmo João tinha sua ideia de revolução, do que era religião. Ele suspeitou. Mas naquele dia, quando Jesus foi batizado, ele foi testemunha. Ele viu a abertura do céu.

E Jesus, depois de batizado, saiu da água, e eis que se lhe abriram os céus e ele viu o Espírito de Deus descendo na forma de uma pomba, vindo em sua direção e iluminando-o.

A pomba é um dos mais antigos símbolos de silêncio, paz, pureza e harmonia. Você já viu alguma pomba descendo? Observe uma pomba descendo... na própria descida, você sentirá um silêncio cercando a pomba. É por isso que ela se tornou um símbolo. E Jesus é paz, silêncio. Ele não é guerra, não é revolução no senso comum do mundo, não é violência. Ele é o homem mais humilde e mais puro que já viveu na terra.

O batismo por água sempre traz a descida do mais puro espírito, que está sempre sobre você... Basta estar pronto que ele desce sobre você. Na verdade ele está chovendo o tempo todo, só que seu pote está sempre virado para baixo. Você não pode recebê-lo, porque seu pote está virado para baixo. No momento em que seu pote estiver virado para cima, imediatamente você será preenchido. Na iniciação profunda, o mestre tenta colocar seu pote na posição certa.

No Ocidente, a ciência da iniciação foi completamente perdida. No Oriente está também quase perdida. No Ocidente, está perdida porque nunca existiu ali em sua totalidade, somente fragmentos do Oriente navegaram e chegaram ao Ocidente. No Oriente, está perdida porque quase já virou uma coisa morta: todos a conhecem... e ninguém a conhece. Virou uma coisa comercial: você pode ser iniciado por qualquer pessoa.

A iniciação não é tão fácil assim. Você pode ser iniciado somente por uma pessoa que tenha tido pelo menos o primeiro *satori*, o primeiro *samadhi*.

Há três *satoris*. O primeiro *satori* significa que você já teve um vislumbre distante: você viu o Himalaia lá longe, bem distante, brilhando ao sol. Esse é o primeiro *satori*. O segundo *satori* é aquele em que você chegou ao pico. Você alcançou. E o terceiro *satori* é aquele em que você e o pico se tornam um só. Este é o último, o supremo *samadhi*.

A pessoa que o inicia deve ter atingido pelo menos o primeiro. Se ela não atingiu o primeiro, a iniciação é falsa. Isto é necessário da parte do mestre: que ele tenha atingido o primeiro *satori*.

E muito mais é necessário da parte do discípulo, porque a menos que o discípulo esteja pronto – através de profunda meditação e purificação, através de profunda catarse e limpeza –, mesmo que o mestre esteja presente, ele não permitirá que seu pote seja virado para cima. Ele resistirá, não se entregará, não deixará acontecer. O discípulo precisa estar em profunda confiança, somente então o mestre pode fazer algo no íntimo do ser do discípulo. É uma grande mutação, uma conversão; assim, muito é preciso da parte do discípulo. Somente então, a iniciação é possível.

Eu estava lendo uma história sobre um buscador que foi ver Bayazid, um grande mestre. O buscador pediu:

– Por favor, permita-me fazer parte da sua família.

Bayazid disse:

– Mas há exigências a ser cumpridas. Se você realmente quer ser um discípulo, há muitos deveres que terá de cumprir.

O buscador perguntou:

– Quais são os deveres?

O mestre disse:

– Primeiro: o inverno está chegando e você terá de ir à floresta, rachar lenha e juntá-la para a estação. Então, você começa a trabalhar na cozinha. E depois disso, eu lhe mostrarei o que fazer.

O buscador continuou:

– Mas eu estou em busca da verdade. Como isso vai me ajudar, se eu trabalhar na floresta rachando lenha? Qual a relação entre rachar lenha e atingir a verdade? E trabalhar na cozinha!? O que pretende? Sou um buscador.

O mestre respondeu:

– Então, vá buscar em outro lugar, porque aqui você terá de me ouvir. E por mais absurda que seja uma exigência, terá de cumpri-la. Eis como você ficará pronto para deixar acontecer. Sei que rachar lenha não tem nada a ver com a verdade, mas estar pronto para cortá-la porque o mestre mandou tem algo a ver com a verdade. Sei que trabalhar na cozinha não tem nada a ver com a verdade: tantas pessoas fazem esse trabalho, toda dona de casa o faz – se esse fosse o meio para atingir a verdade, então todo mundo a atingiria. Não tem nada a ver com a verdade, mas quando *eu* digo que você tem de fazer isso, tem de fazê-lo em profundo amor e confiança. Isso o preparará; isso tem a ver com a verdade. Neste momento eu não posso revelá-la. Você terá de esperar.

Relutantemente, o buscador disse:

– Está bem, mas eu também gostaria de saber quais são os deveres de um mestre.

O mestre respondeu:

– O dever do mestre é sentar e ordenar.

O discípulo disse:

– Então, por favor, ajude-me a me tornar um mestre, treine-me para me tornar um mestre. Estou pronto.

O ego está sempre buscando seu engrandecimento. E o ego é a barreira; por causa do ego, seu pote está virado para baixo. A chuva continua caindo e você permanece vazio.

Da parte do discípulo, a iniciação significa permitir que o mestre faça *seja o que for* – incondicionalmente. E da parte do mestre, a iniciação é possível somente quando ele atingiu, pelo menos, o primeiro *satori*; caso contrário, você pode ser iniciado por mil e um mestres e não atingirá nada. Quando essas duas exigências são cumpridas, então, uma comunhão acontece entre o mestre e o discípulo.

Essa comunhão aconteceu naquele dia. Jesus estava "aberto", como eles dizem no Subud. Jesus foi aberto por João Batista, e o espírito de Deus desceu sobre ele como uma pomba:

E veio uma voz do céu que dizia: "Este é meu filho amado, em quem me comprazo".

Isso sempre acontece. Sempre que alguém se abre ao céu, isso é sempre ouvido no fundo do coração – isso ressoa: "Este é meu filho amado, em quem me comprazo". Isso foi mal compreendido no cristianismo. Eles pensam que Jesus é o único filho de Deus – tolice. Toda a existência vem de Deus, toda a existência está relacionada a Deus, como o filho ao pai.

Algumas coisas devem ser compreendidas. Teria sido melhor se pensássemos em Deus como mãe, porque o filho é mais profundamente relacionado à mãe. Ele vive no útero, faz parte da mãe – sangue e ossos e carne e tudo o mais. Mas há também um significado muito importante em se pensar Deus como pai. Não é sem base.

O pai é indireto, a mãe é direta. Você sabe quem é sua mãe; você simplesmente acredita quem é seu pai. Uma mãe sabe exatamente que você é filho dela, mas o pai acredita. O pai é indireto, a mãe é muito direta. E Deus não é tão direto, Deus é muito indireto. Ele o criou, e isso significa que você é relacionado a ele, mas o relacionamento é de confiança, uma crença, uma profunda fé. Você conhecerá seu pai somente se confiar.

A mãe é mais um fato empírico, científico; o pai é mais um fato poético, não tão empírico. A mãe está muito perto; na verdade, perto demais. O pai está muito distante, em algum lugar lá em cima. Sentir a mãe é instintivo; para sentir o pai, tem-se que aprender. A mãe já está ali. Deus tem de ser descoberto. Assim, o símbolo do pai também é muito significativo, leva em si algum significado oculto.

Mas sempre que acontece a alguém de o coração se abrir e a pomba descer, isto é sempre ouvido: "Este é meu filho amado, em quem me comprazo". Por que Deus se compraz? Você voltou para casa. Você se extraviou, fez toda sorte de coisas irrelevantes para seu ser. Você se arrependeu, você voltou.

Toda a existência se compraz – toda a existência se compraz sempre que alguém se torna um *Cristo*, um *Buda*; toda a existência celebra, porque, mesmo que apenas uma pessoa se torne um *Buda* ou um *Cristo*, toda a existência se torna, de certo modo, mais perceptiva e alerta.

Certamente, o mundo era diferente antes de Jesus. Depois dele as árvores ficaram mais alertas e as pedras ficaram mais vivas, porque sua consciência, a obtenção de sua consciência, se espalhou por toda a existência. Tem de ser assim. As flores florescem mais. Elas podem não ter ciência disso, mas a qualidade do todo mudou. Mesmo que uma só gota de consciência alcance Deus, o oceano todo não pode ser mais o mesmo. Aquela única gota elevou o ser do todo: a qualidade é diferente.

Vocês nem poderiam se conceber se não tivesse havido um Buda, um Cristo, um Krishna. Remova doze nomes da história e o todo da história desaparecerá. A humanidade deixará de existir. Na verdade, a existência que vocês conhecem ao seu redor não existiria. Vocês estariam muito mais adormecidos e inconscientes, teriam se extraviado muito mais. Vocês seriam muito mais violentos, agressivos; o lampejo de amor que bate no seu coração não estaria presente; a graça que às vezes aparece em seus olhos não existiria. Seus olhos seriam mais animalescos – ferozes, violentos.

Mas quando surge um Jesus, os olhos dele se tornam parte dos seus – uma parte diminuta, mas ainda assim às vezes acontece que aquela parte se espalha por seus olhos inteiros e você olha para a existência de um modo totalmente diferente. O mundo permanece o mesmo, mas seus olhos mudam, e com seus olhos o todo muda. Em seu coração uma parte muito diminuta tornou-se Buda, com Buda; Cristo, com Cristo; Krishna, com Krishna. Eu sei que é uma parte diminuta, mas a possibilidade de crescer existe com ela.

Olhe fundo para dentro de si, para a parte que recebeu a contribuição de Cristo ou de Buda. Proteja-a, ajude-a a crescer, sacrifique tudo que você tem para o crescimento dela, e você estará no caminho certo. Deixe esta parte vencer, deixe-a ser vitoriosa, deixe o Galileu dentro de você vencer, e imediatamente – sempre que ela sair vitoriosa – você também vai ouvir: "Este é meu filho amado, em quem me comprazo".

Basta por hoje.

4

Estou apenas espelhando Jesus

A PRIMEIRA PERGUNTA:

Osho, uma única sessão de sua Meditação Dinâmica deixou dentro de mim uma bênção e um senso de ser maiores do que vinte anos ouvindo as histórias do Novo Testamento e orando para um Deus onipotente e distante, que se tornou um inexperienciável Godot para mim. É possível que os ensinamentos de Jesus não sirvam para ajudar a todos os buscadores e que possam até ser venenosos para eles, ou para alguns?

O cristianismo e o Cristo não devem nunca ser confundidos. Cristo é totalmente diferente do cristianismo. Por isso, sempre que quiser compreender Cristo, vá diretamente, imediatamente – não via Roma, pois assim você jamais compreenderá Cristo. Cristo, ou Krishna, ou Buda não podem ser organizados: eles são tão vastos que nenhuma organização pode fazer justiça a eles. Os políticos podem ser organizados – não a religião. O nazismo pode ser organizado, o comunismo pode ser organizado – não Cristo, não Krishna. A vastidão é tamanha que, no momento em que você tenta forçá-la para dentro de um padrão, ela já está morta. É como se você estivesse tentando agarrar o céu com suas pequenas mãos – com os punhos fechados. Com as mãos abertas, o céu talvez possa ser tocável, talvez um pouquinho dele em suas mãos, mas, com os punhos fechados, ele já escapou de suas mãos.

Seja o que for que você tenha ouvido sobre Jesus não é sobre Jesus, o homem real: é sobre o Jesus que os cristãos inventaram, decoraram, para ser vendido no mercado. O Jesus cristão é uma mercadoria para ser vendida; o Cristo mesmo é uma revolução. Você terá de ser transformado através dele: ele é o batismo do fogo. Você pode ser um cristão convenientemente. Nunca se pode ser um cristão *verdadeiro* convenientemente.

Se você estiver *realmente* seguindo Jesus, fatalmente haverá problema. Ele mesmo acabou na cruz, você não pode acabar num trono. Mas, se você seguir o cristianismo, não haverá nenhum problema – é um modo muito conveniente de ajustar Cristo a você, ao invés de você se ajustar a Cristo. Se você se ajustar a Cristo, haverá uma transformação; se ajustar Cristo a você, não acontecerá nada. Então, o próprio Cristo vira parte da decoração da sua prisão, parte da sua mobília – seu carro, sua casa –, uma conveniência no máximo, mas você não está relacionado a ele. Eis por que vinte anos parecem ter sido desperdiçados.

O mesmo acontecerá comigo. Vocês são afortunados, pois estão fazendo meditação comigo. Uma vez que eu me vá, a meditação vai ser organizada – é impossível impedir isso: é assim que as coisas giram. Então você o fará durante vinte anos – ou duzentos anos... – e nada acontecerá. Não acontece nada através da técnica: a técnica simplesmente está morta. Acontece através do amor que vocês sentem por mim, que eu tenho por vocês. A técnica é apenas uma desculpa, não é a coisa mais importante. A coisa mais importante é seu amor, sua confiança. Nessa confiança, a técnica faz um trabalho em você e funciona, torna-se viva, cria raízes no seu coração.

Mais cedo ou mais tarde, tudo se torna organizado – a oração, a meditação, tudo. Então, a glória está perdida. Então, você pode continuar fazendo a técnica – pode ficar absolutamente perfeito, experiente. Isso pode também dar uma espécie de consolo, mas a mutação não acontecerá. Você permanecerá o mesmo, uma continuidade. Não será um batismo: você não morrerá e renascerá. Eis por que minha insistência está na busca por um mestre vivo.

Vocês têm as escrituras. Durante um tempo aqueles rios estiveram fluindo, mas agora estão congelados, estão perdidos nas terras desérticas das igrejas, dos templos e das organizações. A poesia não pulsa mais neles, eles se tornaram dogmas, velhos argumentos; o amor desapareceu. Lembrem-se disto sempre: se você puder encontrar um mestre vivo, esqueça todas as escrituras. O mestre vivo é a única escritura que está viva. Leia seu coração e permita que seu coração seja lido por ele.

Jesus trabalhou do mesmo modo como vocês sentem aqui comigo, mas vinte séculos se passaram. Os primeiros discípulos que se aproximaram dele arriscaram a vida, deixaram tudo que tinham, circularam com aquele homem, arriscaram tudo. Valeu a pena. Aquele homem era um tesouro do mundo, desconhecido. Eles faziam tudo o que lhes fosse pedido. Não achavam que nada era demasiado. E tiveram a oportunidade de andar com um deus sobre esta terra, de estarem em sintonia com a divindade. Os outros diziam: "Este homem está errado!" Mas os que estavam perto dele sabiam que somente aquele homem estava certo – e, se aquele homem não estivesse certo, então *nada* mais poderia estar certo; então o "certo" não poderia existir. Eles crucificaram aquele homem, mas os que estavam próximos sabiam que era impossível crucificá-lo. Aquele homem já tinha se tornado parte das almas imortais. Você pode matar o corpo, mas não o espírito.

Eles viveram com ele, andaram com ele, respiraram com ele, com o ser daquele homem; eles foram transformados. Não é uma questão de técnica. Eles oraram com aquele homem, mas a coisa verdadeira não era a oração, a coisa verdadeira era simplesmente estar na presença dele. Ele tinha uma presença.

Você já observou? Muito pouca gente tem o que chamamos de presença. Raramente se encontra uma pessoa que tem presença – algo indefinível em torno de si, algo que você de repente sente, mas não pode indicar, algo que o preenche, mas que é inefável, algo muito misterioso e desconhecido. Você não pode negá-lo, não pode prová-lo. Não é o corpo, porque todo mundo tem um corpo; não é a mente, porque todo mundo tem uma mente. Às vezes, você encontra um corpo muito belo, tremendamente belo, mas a presença não existe ali. Às vezes é uma mente genial, mas não há a presença; e às vezes você passa por um mendigo e fica preenchido, tocado, emocionado – há uma presença.

Aqueles que estiveram na presença de Jesus, aqueles que estiveram em seu *satsang* – os que viveram perto, que viveram no seu ambiente, que o respiraram... Se me permitem dizer isto: aqueles que se embebedaram dele e o comeram, aqueles que lhe permitiram entrar em seu santuário interior mais profundo... Isso os transformou, não a oração; a oração era apenas uma desculpa para estar com ele. Mesmo sem a oração teria acontecido, mas sem a oração podiam não ter encontrado uma desculpa para estar com ele.

Vocês estão aqui comigo. Eu continuo inventando meditações para vocês. Mas são apenas desculpas, para que você possa estar aqui um pouco mais, mais um pouquinho, para que você se deixe ficar à minha volta – porque ninguém sabe quando minha presença o tocará. Nada pode ser dito sobre isso; isso não pode ser manipulado. Acontece quando tiver que acontecer; nada pode ser feito diretamente para isso. Apenas ficar aqui. Mesmo sem meditação, acontecerá, mas sem meditação você não terá nenhuma desculpa para ficar aqui.

Eu continuo falando com vocês. Mesmo calado pode acontecer, acontecerá; mas, se eu não falar, aos poucos vocês deixam de vir, porque não terão uma desculpa. O que estariam fazendo aqui? Eu tenho que lhes dar algo para fazer, para que vocês possam ficar. Eu tenho que engajá-los em alguma coisa, mantê-los ocupados, para que vocês não fiquem inquietos. A coisa acontecerá em outra dimensão, mas, enquanto você está ocupado, essa dimensão permanece aberta. Se você não estiver ocupado, fica muito inquieto. Todas as meditações e todas as orações e todos os métodos são brinquedos inventados para crianças brincarem, mas isso é útil, muito significativo. Enquanto você está ocupado, seu santuário interior mais íntimo permanece aberto para mim – você não está inquieto, está fazendo meditação –, e então eu posso fazer *meu* trabalho, e a coisa começa a acontecer.

Você está certo: vinte anos de ensinamento cristão, ouvindo as histórias do Novo Testamento, talvez tenham sido inúteis. Não porque aquelas histórias sejam fúteis, elas são soberbas como histórias. A poesia do Novo Testamento, a poesia de toda a Bíblia, não é algo deste mundo. Há grandes poetas – Shakespeare e Milton e Dante... mas ninguém pode superar a Bíblia. A poesia é tremendamente simples, mas tem uma qualidade que a poesia comum não tem. Ela provoca um assombro: essa é a qualidade religiosa.

Você já reparou algumas vezes? Você vê uma linda flor. Você pode até gostar, ela tem uma qualidade estética. Você a aprecia e vai embora. Você pode ver um lindo rosto, o rosto de uma Cleópatra – as linhas, a proporção, o corpo escultural – mas isso também é estética. E às vezes você encontra algumas coisas, ou alguns seres, que inspiram não somente gosto estético, mas assombro. O que é esse assombro?

Diante de alguma coisa ou de algum ser, o pensamento para. Sua mente não pode acompanhar aquilo. Você pode acompanhar uma Cleópatra, até um Einstein você pode acompanhar – por mais abstruso, abstrato, difícil, você ainda pode acompanhá-lo. Um pouquinho de treinamento da mente talvez seja necessário. Mas, quando você se encontra com um Jesus ou um Buda, a mente fracassa, fica atolada. *Algo* é demasiado para ela. Você não consegue pensar em nada, fica como em estado de choque – e, contudo, esse choque é abençoado. Isso é assombro.

A Bíblia tem a qualidade do assombro – a qualidade de deixar sua mente completamente parada –, mas isso você terá de alcançar diretamente. O missionário, o sacerdote e o bispo destroem esse assombro, porque eles começam a interpretar. Eles trazem a mente para aquilo, e a mente deles é medíocre. É como se você estivesse olhando para uma coisa tremendamente bela a partir da mente de um homem muito estúpido. Ou você está olhando para um espelho que está quebrado, espatifado – cheio de ferrugem, que não pode refletir nada corretamente – e você olha para esse espelho e vê a lua distorcida. É isso o que tem acontecido.

A Bíblia é um dos maiores eventos no mundo – muito puro, mais puro que o Bhagavad Gita, porque o Bhagavad Gita é muito refinado. As pessoas que o criaram eram muito cultas e educadas e, é claro, sempre que uma coisa se torna muito refinada, ela se torna etérea, imaterial. A Bíblia está enraizada na terra. Todos os profetas da Bíblia são gente terrena. Até mesmo Jesus anda pela terra: ele é filho de um carpinteiro, sem educação, sem saber nada sobre estética, poética – nada. Se ele fala poesia, é porque ele *é*, sem absolutamente saber, um poeta. Sua poesia é tosca e selvagem. Jesus tem algo de camponês: sabedoria, mas não conhecimento. Ele não é um homem de conhecimento; nenhuma universidade gostaria de lhe conferir um grau honorífico, não. Ele não se ajustaria a Oxford ou Cambridge; ele pareceria muito tolo e meio palhaço sob a beca. Ele pareceria muito tolo, não se ajustaria. Ele pertence à terra, à aldeia, ao comum, à gente do povo.

Outra noite, eu estava lendo uma historieta, uma história árabe.

Um homem morreu. Ele tinha dezessete camelos e três filhos. Ele deixou um testamento, no qual dizia que metade dos camelos iria para o primeiro filho; um terço para o segundo; e um nono para o terceiro.

Os filhos ficaram atônitos – o que fazer? Dezessete camelos: metade vai para o primeiro filho – deve-se dividir um camelo em dois? E isso também não adiantará muito, porque um terço terá que ir para o segundo. E um nono terá que ir para o terceiro. Quase todos os camelos acabariam sendo mortos com as divisões.

É claro que eles procuraram o homem mais instruído na cidade: o mulá – o erudito, o professor, o matemático. Ele pensou muito, tentou arduamente, mas não conseguiu achar nenhuma solução, porque matemática é matemática. Então disse:

– Eu nunca dividi camelos na minha vida, esta coisa toda parece um absurdo. Mas vocês terão de cortá-los. Se o testamento é para ser seguido exatamente, então os camelos têm de ser cortados, têm de ser divididos.

Os filhos não estavam dispostos a cortar os camelos. Então, o que fazer? Alguém sugeriu:

– É melhor que vocês procurem alguém que saiba alguma coisa sobre camelos, não sobre matemática.

Assim, eles foram ao xeique da cidade, que era um velho, sem instrução, mas sábio pela experiência. Eles lhe contaram o problema. O velho riu e disse:

– Não se preocupem. É simples. – E então lhes emprestou um de seus próprios camelos – agora havia dezoito camelos –, e a divisão foi feita. Foram dados nove camelos ao primeiro e ele ficou satisfeito, perfeitamente satisfeito. Seis camelos foram dados ao segundo – um terço; este também ficou perfeitamente satisfeito. E dois camelos foram dados ao terceiro – um nono; ele também ficou satisfeito. Sobrou um camelo. Esse tinha sido emprestado. O xeique pegou seu camelo de volta e disse:

– Podem ir.

Sabedoria é prática, conhecimento é perícia. O conhecimento é abstrato, a sabedoria é material; conhecimento são palavras, sabedoria é experiência.

A Bíblia é muito simples. Não se engane com sua simplicidade. Em sua simplicidade, ela tem a sabedoria das eras. Ela é muito poética – jamais encontrei algum escrito mais poético que o da Bíblia. Pode-se simplesmente deliciar-se com ela, pode-se ir repetindo as palavras de Jesus. Elas vêm do coração e vão para o coração. Mas não através dos mediadores. Esses mediadores são batistas, eles destroem a coisa toda. Li muitos comentários sobre a Bíblia, mas jamais encontrei um único comentário inteligente. Todos eles destroem. Jamais vi um único comentário de qualquer teólogo que tenha acrescentado alguma coisa à Bíblia, que tenha de algum modo deixado sua glória mais manifesta. Eles a obscurecem. E está fadado a ser assim. Somente um homem da qualidade de Jesus pode revelar a verdade dela, somente um homem da qualidade de Jesus pode ampliar sua beleza. As pessoas que vivem nos vales escuros e as que vivem nos picos ensolarados dos Himalaias não compreendem a língua umas das outras. Quando o homem dos picos fala e o homem do vale interpreta, dá tudo errado.

Sim, está certo – seus vinte anos podem ter sido desperdiçados. Mas será uma total incompreensão se pensar que Jesus não é para você. Jesus é para todos; essa não é a questão. Mas vá direto a ele: torne-se mais meditativo, torne-se mais sensível à oração, e vá direto a ele. E esqueça tudo o que lhe disseram sobre a Bíblia; ela basta.

E, em certo sentido, se quiser compreender os Upanixades, pode ser difícil compreendê-los diretamente, porque eles são muito refinados. As pessoas que estavam falando nos Upanixades eram grandes filósofos; eles precisam de comentários. Mas Jesus é claro, sua verdade é evidente. Ele é um aldeão muito comum; nenhum comentário é necessário. Ele é sua própria luz. E, se você não consegue compreender Jesus, então, a quem estará apto a compreender? Jogue fora todos os comentários. Vá direto. Jesus é tão simples, você pode ter um contato direto.

Não estou comentando sobre Jesus, estou apenas respondendo. Não sou um comentarista. Ser comentarista é fazer um papel muito feio. Por que eu comentaria sobre Jesus? Ele é simples, absolutamente simples. Assim como dois mais dois fazem quatro; ele é simples assim. Assim como de manhã o sol surge e todos sabem que é de manhã. Eu não estou comentando sobre ele, estou respondendo. Eu leio suas palavras: algo ecoa em mim. Isso não é um comentário. Meu coração pulsa com ele, algo paralelo ecoa em mim, e eu lhes digo o que é.

Assim, não tomem minhas palavras como comentários. Eu não estou tentando explicar Jesus a vocês, não há nenhuma necessidade. Estou simplesmente espelhando – estou lhes falando do *meu* coração. Estou lhes dizendo o que acontece a mim quando estou ouvindo Jesus.

A SEGUNDA PERGUNTA:

Osho, frequentemente, durante o discurso, descubro uma parte minha esperando pelo encontro com o seu olhar. Quando finalmente você olha para mim, algo em mim sai correndo. A sensação é como estar num deserto, esperando há séculos a chegada de alguma água, e, quando finalmente chove, a boca instantaneamente se fecha. Por que é assim?

Nenhuma necessidade de pensar que há algum grande segredo nisso: é apenas a mulher, apenas a mulher dentro de você. Esse é o jeito da mulher. Ela espera por algo, ela atrai algo, ela pede, convida algo e, quando este chega, fica com medo e foge. Este é o jeito de todas as mulheres. E a menos que você compreenda isso e o abandone, toda a sua vida se tornará infeliz.

Primeiro você atrai e, quando a coisa que convidou chega até você, fica com medo e foge. E esse esconde-esconde continua. Esta tem sido minha observação: que a mente feminina pede por alguma coisa, mas, quando essa coisa chove, ela nunca está ali para recebê-la. Assim, a mente feminina se torna uma longa espera sem fim. A qualquer momento o preenchimento é possível, mas, sempre que ele se aproxima, a mulher fica com medo. Ela busca o amor e tem medo do amor, porque, quando o amor vem, traz a morte com ele. O amor tem de trazer a morte, porque somente então você renasce. Não há outro meio.

Lerei a pergunta novamente: "Frequentemente, durante o discurso, descubro uma parte minha esperando pelo encontro com o seu olhar. Quando finalmente você olha para mim, algo em mim sai correndo..."

Você espera pelo encontro com o meu olhar. Um grande amor surge em você, uma espera. Mas, quando o meu olhar chega a você, ele traz a morte. Então, você tem medo, foge, porque esteve esperando pelo amor e o olhar trouxe a morte também. Ele traz o amor também, mas amor e morte são dois aspectos do mesmo olhar. Se eu realmente o amo, eu tenho que ser a morte para você. Não há outro meio, o amor não pode acontecer de nenhum outro modo. E, quando o olhar o penetra, você treme, foge; algo sai correndo, tem medo. Então, o meu olhar vai adiante e você fica novamente à vontade, esperando por mim.

Não há nenhum segredo nisso: simplesmente a mulher. E quando eu digo "a mulher", não me compreenda mal. Muitos homens se comportam exatamente como uma mulher. No amor, todo mundo se comporta como uma mulher. Você gostaria de dar um salto no desconhecido, mas não quer renunciar ao conhecido. Você quer navegar em dois botes ao mesmo tempo e eles estão navegando em dimensões diferentes, diametralmente opostas. Você quer ser você mesmo, e gostaria de ter uma nova vida também.

Você pede o impossível. Quer se agarrar a qualquer coisa, mas gostaria de crescer também – e esse próprio agarrar-se o impede de crescer. Não, os dois juntos não é possível.

Quando você espera pelo encontro com o meu olhar, espera como você é, mas, quando eu chego e bato à sua porta, estou vindo para destruí-lo como você é, porque sei que somente então o escondido dentro de você será libertado. Então você tem medo.

As pessoas gostam da liberdade, mas têm medo também. Quando a liberdade não existe, pensam sobre ela, sonham com ela, fantasiam; mas quando a liberdade chega, ficam com medo, porque a liberdade traz consigo muito mais coisas, sobre as quais nunca haviam pensado a respeito. Liberdade traz insegurança. Liberdade traz aventura, mas insegurança também. A liberdade traz um céu maior, ela lhe dá asas, mas o céu maior pode ser perigoso também. A liberdade é muito perigosa. Viver em liberdade é viver perigosamente. Vocês vêm a mim; buscam liberdade, mas, lá no fundo, vejo que também estão dizendo: "Não nos torne livres, por favor, não nos empurre para dentro da liberdade. Permita que nos apeguemos a você, deixe-nos depender de você". E vão pedindo e orando: "Dê-nos liberdade". De um lado rogam, de outro negam; uma parte de vocês diz "sim", outra parte segue dizendo "não".

Vocês já olharam sua mente? Vocês dizem "sim" e "não" ao mesmo tempo. Talvez um seja um pouco mais alto e o outro não seja tão alto assim; talvez você seja muito esperto e não ouça um enquanto está dizendo o outro; mas seja um pouco mais observador. Sempre que disser "sim", bem ao lado subsiste o "não". Então você fica em constante conflito. Você gostaria que eu fosse até sua porta – mas então você fechará a porta, porque eu chegarei como sou, não como sua expectativa indica. Eu virei como sou, não de acordo com seus sonhos.

Lembrem-se sempre de encontrar as pequenas causas das coisas que acontecem em você e ao seu redor. Às vezes você começa buscando por coisas muito profundas e por grandes razões, que não existem – principalmente no Ocidente, em relação a tudo, devido a duzentos anos de psicologia e psiquiatria. O conhecimento da psicologia tornou-se conhecimento comum, todo mundo conhece. As pessoas vão escavando em pequenas coisas que não têm nada de mais nelas – são simples fatos – e não param de trazer coisas para cima, que absolutamente não estão conectadas.

Ainda hoje de manhã eu estava lendo uma historinha.

Um psicanalista e um amigo estavam olhando o céu pela janela e conversavam sobre alguma coisa.

O psicanalista disse:

– Notável! Olhe só!

Certo trabalho estava em andamento – uma construção estava sendo demolida e alguns trabalhadores estavam trabalhando com carrinhos de mão. Ele disse:

– Olhe só! Doze pessoas trabalhando com carrinhos de mão – onze estão empurrando-os diante de si e um deles está puxando o carrinho. Onze empurram e um puxa. Tem que haver uma explicação para isso. Deve haver uma profunda inibição enraizada naquele homem. Ou algo aconteceu na infância, com seus pais, algo a ver com o primal. Deve haver algum problema profundamente enraizado. Devemos ir lá e perguntar.

Então foram lá embaixo para pesquisar. Pararam o trabalhador que estava puxando o carrinho e o psicanalista disse:

– Por favor, ajude-me a descobrir algo que, suponho, está muito enraizado em você. Onze pessoas estão empurrando seus carrinhos; somente você está puxando seu carrinho atrás de si. Deve haver alguma explicação para isso. Algo tremendamente traumático deve ter acontecido a você na sua infância, uma grande repressão, uma obsessão, uma compulsão – algum complexo. Por favor, diga-nos algo sobre isso. O que você sente?

O trabalhador olhou para eles e disse:

– Ué, eu simplesmente não gosto da visão da coisa, só isso. É por isso que carrego atrás de mim. Simplesmente odeio a visão da coisa.

Não há nada a fazer, simplesmente você é uma mulher. Vá além disso. O homem tem de ir além de sua masculinidade e a mulher tem de ir além de sua feminilidade. E quando você não for mais nem homem nem mulher, será capaz de permitir que meu olhar atinja o âmago mais profundo do seu ser. Então, será capaz de abrir suas portas. Então, minha batida não ficará sem resposta.

A TERCEIRA PERGUNTA:

Osho, seguramente, aquilo que acontece no instante da morte por afogamento é a verdadeira explicação para o batismo de Jesus pelas mãos de João. Não seriam a perícia e a força de Batista que teriam levado um homem até aquele ponto, e também toda a preparação, de que você falou, para que um homem seja transformado pela experiência, em vez de ser aterrorizado por ela?

Sim, é exatamente isso. O batismo é possível somente quando você está pronto para morrer. Esse é o significado simbólico: João, o Batista, levava seus discípulos até o rio quando estavam prontos para morrer, quando estavam prontos para relaxar na entrega, quando estavam prontos para fluir com o rio. Quando a resistência tinha sido quebrada, quando eles não mais estavam lutando, quando toda a luta para sobreviver tinha desaparecido, somente então ele os levava até o rio. Eles estavam prontos para ser afogados por ele, para ser mortos por ele.

Há uma história sobre um místico sufi, xeique Farid, que gostaria de lhes contar.

Certo dia ele estava indo ao rio para tomar seu banho matinal. Um buscador seguiu-o e perguntou-lhe:

– Por favor, espere um minuto. Você parece tão pleno com o divino, e eu nem ao menos sinto um desejo por isso. Você parece tão louco, que só de olhar para você sinto que deve haver algo nisso. Você é tão feliz e tão cheio de graça! E eu sou tão miserável! Mas não existe em mim nem sequer o desejo de buscar o divino. Então, o que fazer? Como criar em mim esse desejo?

Farid olhou para o homem e disse:

– Venha comigo. Eu vou tomar meu banho matinal. Você também toma um banho comigo no rio e talvez, quem sabe, enquanto toma banho, a resposta possa lhe ser dada. Caso contrário, veremos depois do banho. Venha comigo.

O homem ficou um pouco confuso. Esse xeique Farid parecia meio louco. Como ele iria responder tomando banho? Mas como não se pode saber a forma de agir dos místicos, o homem o seguiu. Os dois entraram no rio e quando o homem estava dando um mergulho, Farid pulou sobre ele e pressionou-o para o fundo do rio. O homem começou a ficar agitado. Que tipo de resposta era essa? Primeiro, pensou que Farid estava brincando, mas depois aquilo ficou perigoso: ele não o soltava. O homem teve que lutar para se livrar.

Farid era muito pesado, forte, e o buscador era bem magrinho – como são os buscadores. Mas quando sua vida está em jogo... Até mesmo aquele homem magrinho conseguiu tirar Farid de cima de si, pulou em cima dele e disse:

– Você é um assassino!? O que está fazendo? Eu sou um homem pobre. Vim só para perguntar como o desejo de se buscar o divino pode surgir no coração de uma pessoa e você ia me matar!

Farid disse:

– Espere. Algumas perguntas antes. Quando eu o estava pressionando no rio e você estava ficando sufocado, quantos pensamentos estavam em sua mente?

O homem respondeu:

– Quantos? Somente um pensamento: como voltar ao ar livre para respirar.

Farid lhe perguntou:

– Quanto tempo durou esse pensamento?

O homem disse:

– Também não durou muito tempo, porque minha vida estava em risco. Você só se dá ao luxo de pensar quando nada está em perigo. Minha vida estava em risco, e até mesmo aquele pensamento desapareceu. Então, sair do rio deixou de ser um pensamento, tornou-se todo o meu ser.

Farid disse:

– Você compreendeu. Esta é a resposta. Se você está se sentindo sufocado neste mundo, pressionado de todos os lados, e se você sente que nada vai acontecer exceto a morte, então, o desejo de buscar a verdade, ou Deus, ou seja lá que nome você dê, surgirá. E ele também não vai demorar muito. Pouco a pouco esse desejo não mais é um desejo, torna-se seu ser. A própria sede se torna seu ser.

– Já lhe mostrei seu caminho – disse Farid. – Agora pode ir.

Tente compreender toda a sua situação no mundo: se ele já está destruindo você, salte fora. A questão verdadeira não é como buscar Deus, a questão verdadeira é como compreender que, onde você está pensando que a vida está, não há nenhuma vida, só morte.

João Batista, ou qualquer um que tenha batizado alguém, que tenha iniciado alguém, que tenha tirado alguém do mundo dos sonhos e trazido ao mundo da verdade, tem de prepará-lo para a morte. Sim, esse é o significado. Pelo batismo, ele está dizendo: "Seu velho eu foi embora com o rio; você não é mais o mesmo. Uma nova identidade surgiu: agora você tem um novo núcleo. Aja através dele e não através do passado".

O mesmo acontece com a iniciação pelo fogo. Na Índia, a iniciação pelo fogo, e não pela água, tem sido tradicionalmente usada. Alguns dissidentes têm usado o batismo pela água também, mas a corrente principal tem usado o fogo. Assim, em toda casa de mestre – que costumam chamar de *gurukul*, a família do mestre – havia um fogo queimando constantemente no meio da casa, um fogo queimando constantemente, 24 horas por dia. Todos os ensinamentos eram dados perto do fogo. Pouco a pouco, o símbolo do fogo ficou enraizado nos discípulos.

Há uma bela história nos velhos Upanixades, sobre quando Svetketu, um discípulo muito famoso, estava com seu mestre...

Doze anos já haviam se passado e o mestre não o iniciava nos mistérios. O discípulo prestou seu serviço todos aqueles anos, vigiando o fogo dentro da casa – durante vinte e quatro horas o fogo tinha de ser mantido vivo. Dizem que o próprio fogo ficou muito preocupado com este Svetketu. Durante doze anos ele tinha servido ao fogo, tomando conta dele, trazendo lenha da floresta. A história é bela. Dizem que o fogo ficou preocupado. Até o fogo começou a sentir que o mestre estava um pouquinho duro demais, um pouquinho injusto. O fogo começou a sentir compaixão por Svetketu.

O fogo falou com a esposa do mestre, quando ele estava fora, e disse:

– Isso está indo longe demais. Esse Svetketu tem servido tão silenciosamente durante doze anos... Ele já mereceu; o segredo tem de ser revelado a ele. Persuada seu marido.

– Mas – disse a esposa – ele não ouvirá. Se eu disser qualquer coisa, ele pode se tornar até mais rigoroso. Ele não é um homem que se possa persuadir. A pessoa tem de esperar. Ele sabe como trabalhar e como não trabalhar, o que fazer e o que não fazer; não posso dizer nada.

Dizem que o fogo ficou tão envolvido que ele mesmo revelou o segredo a Svetketu. E, quando o segredo foi revelado, o mestre dançou. Ele disse:

– Svetketu, eu estava esperando. Porque, quando o próprio fogo se revela, isso é realmente algo. Eu estava obrigando o próprio fogo a revelar o segredo, porque a compaixão *iria* surgir, a existência é compassiva. Eu podia ter dado o segredo a você a qualquer momento, mas isso não teria sido tão vital, teria vindo de mim. Mas agora as portas da existência lhe foram abertas pela própria existência. Agora você está em comunhão com o próprio fogo – você já foi iniciado pelo fogo.

Que segredo o fogo pode lhe dar? – o segredo da morte. Na Índia, costumamos queimar corpos mortos para deixar o fogo profundamente associado à morte. Mesmo aqueles que não são buscadores também sabem que o fogo é o símbolo da morte – a pessoa morre nele. Mas aqueles que sabem e que são buscadores no caminho também sabem que a pessoa é ressuscitada através dele: morre e renasce. Mas em ambos os casos, quer através da água ou do fogo, a morte é o ponto. A pessoa tem de morrer para alcançar vida abundante, é preciso carregar a própria cruz. Ninguém mais pode iniciá-los, somente a morte. A morte é o mestre. Ou: o mestre é a morte.

Se você estiver pronto para morrer, então ninguém pode impedi-lo de renascer. Mas esta morte não pode ser suicida. Muitas pessoas cometem suicídio. Estas não são ressuscitadas. Uma morte suicida não é uma morte através da compreensão; uma morte suicida é uma morte através da incompreensão. Você morre confuso, em agonia; morre obcecado com o mundo, morre preso ao mundo. Você morre como uma queixa.

Olhem para as pessoas que pensam em cometer suicídio. Elas não são contrárias à vida. Na verdade, são tão apegadas à vida que a vida não pode preenchê-las. Elas se vingam, reclamam, assassinam, se matam, só para cravar uma queixa contra toda a existência – de que ela não é um preenchimento. Estão rosnando, dizendo: "A vida não vale nada".

Mas por que a vida não vale a pena? Eles esperaram demais – eis por que ela não vale a pena. Eles pediram demais e não foram satisfeitos. Pediram demais e aquilo não foi dado. Ficaram frustrados.

A pessoa que está pronta para morrer *sem* frustração vê a verdade de que a vida é apenas um sonho, sabe que ela não pode preencher nada e não pode frustrar também. Preenchimento e frustração, ambos são parte da ilusão de que a vida é real. A pessoa que vê que a vida é irreal, exatamente como um sonho, torna-se desapegada. Surge, então, uma renúncia.

Nos Upanixades, há um ditado muito vital que diz: "Ten tykten bhunjithah" – aqueles que se satisfizeram na vida sempre renunciaram. Isso é muito revolucionário; as implicações são enormes. Diz: os que se satisfizeram na vida estão fadados a renunciar, porque viram a verdade – que a vida é falsa. Eles já olharam dentro dela e não viram nada. Não que estejam frustrados, porque, se você está frustrado, isso mostra apenas que você ainda estava com alguma expectativa. A frustração mostra uma profunda expectativa. A pessoa que se torna ciente de que a vida pode apenas prometer, mas jamais cumprir a promessa – ela é um sonho! –, não é nem frustrada nem plena na vida. Então, vem a renúncia. Renúncia não é abandonar a vida: renúncia é ver a vida como ela é. Então a pessoa está pronta para morrer, porque não há nada na vida.

Essa prontidão para a morte é o ponto para o qual João Batista estava conduzindo as pessoas. Quando elas estavam prontas, ele as levava ao rio Jordão e fazia o ritual, o toque final. Com a água escorrendo sobre a cabeça e rio abaixo, o ego, a velha personalidade, vai embora. Nasce a pura essência – banhada num novo senso de ser, com um novo mistério de estar vivo, com um novo senso de existência.

É claro, a morte pode ser uma experiência terrificante, ou uma experiência tremendamente bela. Depende da atitude. Se você se sentir terrificado na morte, então, você morrerá, mas não será ressuscitado. Se a morte se torna uma bela experiência, então, você está morrendo e ao mesmo tempo ressuscitando. A morte comum é um terror; eis por que você tem tanto medo de morrer. Na vida, nada belo acontece até você morrer, mas você fica terrificado. Um mestre tem de persuadi-lo, pouco a pouco, sobre a beleza da morte; tem de cantar as glórias da morte; tem, pouco a pouco, de convencê-lo e criar em você uma confiança na morte, de modo que você relaxe e se entregue. Uma vez que você relaxa e se entrega, nada morre, só o ego. Você permanece para todo o sempre.

Você é eternidade, não morre – o medo é absolutamente fútil e infundado – mas o ego tem de morrer. O ego é um fenômeno criado. Ele não estava lá quando você nasceu – a sociedade o criou. A sociedade lhe deu o ego, e esse ego pode ser retirado pela sociedade... e esse ego vai ser absolutamente tomado pela morte. Você irá assim como veio: de mãos vazias você veio, de mãos vazias irá. O ego é apenas uma ilusão nesse intervalo. O ego tem medo da morte. Uma vez que você compreenda que não vai morrer – apenas o ego, apenas a doença –, você está pronto. Você está pronto para o batismo.

A QUARTA PERGUNTA:

Osho, você diz que a seriedade é uma doença. Sempre que me lembro de mim, sinto-me sério; então, o que fazer?

Não fique sério em relação a isso. Deixe estar como está, e ria. Se puder rir de si mesmo, fica tudo bem. As pessoas riem dos outros, mas nunca riem de si mesmas. Isso tem de ser aprendido. Se você puder rir de si mesmo, a seriedade já se foi. Ela não pode fazer sua habitação dentro de você, se você for capaz de rir de si mesmo.

Nos mosteiros do zen, todo monge tem de rir. A primeira coisa a fazer de manhã é rir, a primeira coisa mesmo. No momento em que ele se torna ciente de que não está mais dormindo, o monge tem de sair da cama, ficar parado como um bufão, como um palhaço de circo, e começar a rir, rir dele mesmo.

Não pode haver começo de dia melhor. Rir de si mesmo mata o ego, e você se torna mais transparente, mais leve quando se move no mundo. E se você riu de si mesmo, então o riso dos outros em relação a você não o perturbará. De fato, eles estão simplesmente cooperando, estão fazendo a mesma coisa que você estava fazendo. Você ficará feliz.

Rir dos outros é egoístico. Rir de si mesmo é muita humildade. Aprenda a rir de si mesmo – rir de sua seriedade e coisas do tipo.

Mas você pode ficar sério em relação à seriedade. Então, em vez de uma, você criou duas doenças. Então, você pode ficar sério em função disso também, e assim por diante. Não há fim para isso. Pode continuar *ad nauseam*.

Assim, apodere-se disso desde o princípio: no momento em que sentir que está sério, ria disso e procure onde está a seriedade. Ria, dê uma boa risada, feche os olhos e procure onde ela está. Você não a encontrará. Ela só existe em um ser que não consegue rir. Não é possível conceber uma situação mais infeliz, não é possível conceber um ser mais pobre do que o do homem que não pode rir de si mesmo.

Assim, comece a manhã rindo de si mesmo. E, durante o dia, sempre que encontrar um momento em que não tenha nada a fazer, dê uma gargalhada sem nenhuma razão particular – só porque o mundo é tão absurdo, só porque o modo como você é, é tão absurdo... Não há necessidade de encontrar uma razão particular. A coisa toda é tal que é preciso rir mesmo.

E deixe que o riso seja um riso da barriga, não uma coisa da cabeça. Pode-se ter um riso que parte da cabeça, mas então ele é morto. Da cabeça, tudo é morto; a cabeça é mecânica. Você pode rir a partir da cabeça, então sua cabeça criará o riso, mas ele não irá fundo na barriga, até o *hara*. Não chegará até a ponta dos pés, não irá para todo o corpo. Um riso verdadeiro tem que ser como o riso de uma criança pequena. Observe o sacudir da barriga, todo o corpo da criança pulsando com o riso. Ela quer rolar no chão – não é? Porque é uma questão de totalidade... Ela ri tanto que começa a chorar; ri tão profundamente que o riso começa a virar lágrimas, e lágrimas começam a brotar. Uma risada deve ser profunda e total. Esse é o medicamento que prescrevo contra a seriedade.

Você gostaria que eu lhe desse um remédio mais sério. Mas isso não vai ajudar. Você tem que ser um pouco tolo. Na verdade, o maior pináculo de sabedoria sempre carrega a tolice nele, os maiores sábios do mundo foram também grandes tolos. É difícil compreender. Você não pode conceber que eles possam ser tolos, porque sua mente sempre divide: um homem sábio jamais pode ser tolo, e um tolo jamais pode ser sábio.

Antigamente, em toda a corte havia um grande tolo – o bobo da corte. Ele era uma força de equilíbrio, porque sabedoria demais pode se tornar insensatez, qualquer coisa em demasia pode se tornar insensatez. Era necessário alguém para trazer de volta as coisas à terra. Era necessário um tolo nas cortes dos reis, alguém que os ajudaria a rir; caso contrário, os sábios tendem a se tornar sérios, e a seriedade é uma doença. Com a seriedade, você perde proporção, perde perspectiva. Assim, em toda corte real tinha um tolo, um grande tolo, que diria coisas, faria coisas, traria as coisas de volta à terra.

Um imperador tinha um tolo. Um dia o imperador estava se olhando no espelho. O tolo veio, deu um salto e atingiu suas costas com os pés. O imperador caiu contra o espelho. Ele ficou, é claro, com muita raiva e disse:

– A menos que você me dê alguma razão que justifique seu ato tolo, que é mais criminoso que o ato em si, você será sentenciado à morte.

O tolo disse:

– Senhor, não imaginei que estavas aqui. Pensei que era a rainha que estava aqui.

Ele teve de ser perdoado porque tinha dado uma razão, que era ainda mais tola. Mas, para achar tal razão, o tolo tinha de ser muito sábio.

Todo grande sábio – Lao-Tsé, Jesus... – tem certa qualidade de sublime tolice. E tem de ser assim, porque, de outra forma, um sábio será um homem sem sal, terá um sabor horrível. Ele tem de ser um pouco tolo também. Então as coisas ficam equilibradas.

Olhe para Jesus – montado num burrinho e dizendo às pessoas: "Eu sou o filho de Deus". Olhe para isso! Ele deve ter sido ambos: tolo e sábio. As pessoas devem ter rido: "O que você está dizendo? Dizendo tais coisas e se comportando desse modo!"

Mas eu sei que é assim que a perfeita sabedoria aparece. Lao-Tsé diz: "Todo mundo é sábio, exceto eu. Eu pareço ser tolo. A mente de todo mundo é clara; só a minha parece ser turva e atrapalhada. Todo mundo sabe o que fazer e o que não fazer; só eu pareço ser confuso". O que ele quer dizer? Ele está dizendo que "em mim, a sabedoria e a tolice se encontram". E quando a sabedoria e a tolice se encontram, há uma transcendência.

Assim, não fique sério em relação à seriedade. Ria dela, seja um pouco tolo. Não condene a seriedade; ela tem suas próprias belezas. Se puder ser ambos, terá uma qualidade de transcendência em você.

O mundo vem se tornando cada vez mais sério. Daí tanto câncer, tantas doenças do coração, tanta pressão alta, tanta loucura. O mundo se moveu muito em direção a um extremo. Seja um pouco mais tolo também. Ria um pouco, seja como uma criança. Divirta-se um pouco, não carregue uma cara séria para todo canto e, de repente, verá uma saúde mais profunda surgindo em você – fontes mais profundas de sua saúde se tornam disponíveis.

Você já ouviu sobre algum tolo que tenha enlouquecido? Nunca aconteceu. Estive sempre procurando uma notícia de algum tolo que tivesse ficado louco. Não encontrei nenhum. Naturalmente, um tolo não pode enlouquecer, porque para enlouquecer você precisa ser sério.

Também sempre pesquisei para ver se os tolos são propensos a serem mais saudáveis do que os assim-chamados sábios. E é isso mesmo: os tolos são mais saudáveis do que os considerados sábios. Eles vivem o momento e sabem que são tolos; assim, não ficam preocupados com o que os outros pensam sobre eles. Essa preocupação se torna um câncer na mente e no corpo. Eles vivem muito e riem por último.

Lembre-se de que a vida deve ser um profundo equilíbrio, muito profundo mesmo. Então, exatamente no meio, você escapa. A energia aumenta repentinamente e você começa a se mover para cima. E isso vale para todos os opostos. Não seja um homem e não seja uma mulher: seja ambos, de modo que você possa ser nenhum dos dois. Não seja um sábio e não seja um tolo: seja ambos e, assim, você pode ir além dos dois.

A QUINTA PERGUNTA:

Osho, por favor, explique por que não sentimos o divino que está aqui e agora, dentro e fora, que está em mim, em você e em todos.

Isso vem de Swami Yoga Chinmaya.

É porque você é muito você, e pesa demais sobre si mesmo. Porque você não consegue rir, o divino fica oculto. Porque você é muito tenso, fica fechado. E essas coisas que você pensa – que o divino está aqui e agora, dentro e fora, em você e em mim – são apenas coisas da cabeça, não são seus sentimentos. São pensamentos, não realizações. E se você continuar pensando nessa linha, nada disso se tornará sua experiência. Você pode se convencer, através de mil e um argumentos, de que é isso mesmo, mas isso nunca se tornará sua experiência. Você continuará perdendo.

Não é uma questão de argumento, filosofia, pensamento, contemplação – não. É uma questão de mergulhar profundamente no sentimento do fenômeno. A pessoa tem que sentir, não pensar sobre. E para sentir esse fenômeno, a pessoa tem de desaparecer.

Você está tentando uma coisa absolutamente impossível: pensando, está tentando perceber Deus como realidade. Ele permanecerá uma filosofia, nunca se tornará sua experiência. E a menos que ele seja uma experiência, não será algo libertador. Vai se tornar um aprisionamento; você morrerá nesse aprisionamento de palavras.

Você é muito você – a cabeça de Yoga Chinmaya tem de ser cortada, completamente cortada. Você está muito na cabeça e é muito você. Deus não é o mais importante; *você* é mais importante. *Você* quer conhecer Deus. Ele não é a ênfase, *você* é a ênfase. *Você* quer alcançar Deus: não que ele seja importante, *você* é importante – e como pode viver sem alcançar Deus? Ele tem que ser possuído, mas a ênfase está em *você*. Eis por que você continua perdendo.

Abandone o "você". Então, não há necessidade de se preocupar com Deus – ele vem por conta própria. Uma vez que *você* desapareça, ele vem. Uma vez que *você* esteja ausente, sua presença é sentida. Uma vez que você esteja vazio, ele corre em sua direção.

Abandone todas as filosofias e tudo o que aprendeu, e todo o conhecimento que tomou emprestado, e tudo o que se tornou um peso na cabeça.

Abandone isso tudo. Fique limpo, tudo isso está podre. Uma vez que esteja limpo, nessa limpeza você começa a sentir algo surgindo. Nessa inocência está a virgindade. Deus está sempre disponível.

A ÚLTIMA PERGUNTA:

Osho, como é possível a mente ficar produzindo pensamentos constantemente, e como podemos parar com isso que não fomos nós que começamos?

Você não pode parar aquilo que não começou. Não tente, caso contrário, simplesmente desperdiçará tempo, energia, vida. Você não pode parar a mente, porque não foi você que começou. Você pode simplesmente observar e, com o observar, ela para. Não que você pare; com a observação, ela para. A parada acontece em função da observação, é uma consequência da observação. Não é você que faz isso; não há nenhum meio de parar a mente. Se tentar pará-la, ela ficará mais rápida; se tentar pará-la, ela lutará com você e lhe criará mil e um problemas. Nuca tente parar a mente. Esta é exatamente a verdade: você não começou a coisa; assim, quem é você para pará-la? Tudo surgiu através da sua inconsciência; irá embora com a sua consciência. Você não tem que fazer nada para pará-la. Torne-se mais e mais alerta.

Até mesmo a ideia de que é preciso parar a mente será uma barreira, porque você pode dizer: "Está certo, agora tentarei ficar consciente, de modo que eu possa pará-la". Então, você perdeu o ponto. Então, até mesmo sua consciência não será de muita ajuda, porque, novamente, a mesma ideia está presente – como parar a mente. Então, depois de alguns dias de esforço inútil – inútil porque não acontecerá, porque a ideia continuará presente –, você virá a mim e dirá: "Estou tentando ficar consciente, mas a mente não para".

Ela não pode ser parada; não existe nenhum método para pará-la. Mas ela para! Não que você a pare. Ela para por si mesma. Você simplesmente observa. Com a observação, você lhe retira a energia que a faz correr. Com a observação, a energia se torna o observador e os pensamentos automaticamente ficam mais frágeis, mais frágeis e mais frágeis. Os pensamentos estão lá, mas se tornam impotentes, porque a energia não está disponível. Eles estarão se movendo em torno de você, mas, pouco a pouco, mais e mais energia estará vindo para a consciência. Um dia, de repente, a energia não mais estará se movendo nos pensamentos. Eles desapareceram. Eles não podem existir sem energia. Assim, por favor, esqueça de querer pará-los. Isso não é da sua conta.

E a outra pergunta: "Como é possível a mente poder ficar produzindo pensamentos constantemente?" É apenas um processo natural. Assim como seu coração continua batendo constantemente, sua mente continua pensando constantemente; assim como seu corpo continua respirando constantemente, sua mente continua pensando constantemente; assim como seu sangue continua circulando constantemente e seu estômago continua digerindo constantemente, a mente continua pensando constantemente. Não há nenhum problema nisso, é simples. Mas você não está identificado com a circulação do sangue, não pensa que *você* está circulando. Na verdade, você não está nem mesmo consciente de que o sangue circula; ele continua circulando, você não tem nada a ver com isso. O coração continua batendo; você não pensa que *você* está batendo. Com a mente, o problema surge porque você pensa que *você* está pensando. A mente se torna um foco de identidade. Simplesmente a identidade tem que ser quebrada. Não é que quando a mente tiver parado, ela não pensará mais, para sempre, não. Ela pensará somente quando for necessário; não pensará quando não for necessário. O pensar existirá, mas então ele será natural: uma resposta, uma atividade espontânea, não uma obsessão.

Por exemplo, você come quando está com fome. Mas pode se tornar obsessivo e continuar comendo o dia inteiro. Então, você enlouquecerá; então, estará cometendo suicídio. Você caminha quando quer caminhar. Quando quer ir a algum lugar, você move suas pernas. Mas, se você permanecer movendo suas pernas quando estiver sentado na cadeira, as pessoas pensarão que está louco e que algo precisa ser feito para pará-lo. Se você perguntar como parar as pernas que estão se movendo e se alguém disser "pare-as segurando-as com suas mãos, force-as", você ficará diante de um problema ainda maior, pois as pernas estão se movendo e, agora, as mãos estão também engajadas. Agora sua energia está lutando contra você.

Você se tornou identificado com a mente, isso é tudo. Isso também é natural, porque a mente está tão próxima e você tem que usá-la tanto! Você fica constantemente sentado lá.

É como se um motorista estivesse dirigindo um carro há anos e nunca tivesse saído de dentro dele. Ele esqueceu que pode sair, que ele é um motorista. Ele se esqueceu completamente e pensa que ele é o carro. Ele não pode sair, porque quem está lá para sair? Ele esqueceu como abrir a porta, ou a porta está completamente bloqueada por não ter sido usada durante anos, acumulou ferrugem e não pode ser facilmente aberta. O motorista ficou tanto tempo no carro, que se tornou o carro, isso é tudo. Surgiu uma incompreensão. Agora ele não pode parar o carro, porque quem vai pará-lo?

Em relação à mente você é apenas o motorista. É um mecanismo em torno de você, sua consciência continua usando-o. Mas você nunca esteve fora de sua cabeça. Eis por que eu insisto: saia um pouco da sua cabeça, vá para o coração. Do coração você terá uma perspectiva melhor de que o carro está separado de você. Ou tente sair do corpo. Isso também é possível. Fora do corpo, você estará absolutamente fora do carro. Você será capaz de ver que você não é nem o corpo, nem o coração, nem a mente; você é separado.

A partir de então, continue a se lembrar de que você é separado. De tudo que o cerca, você é separado. O conhecedor não é o conhecido. Continue sentindo isso mais e mais, de modo que isso se torne uma cristalização substancial em você: que o conhecedor não é o conhecido. Você *conhece* o pensamento, vê o pensamento – então, como pode *ser* o pensamento? Você *conhece* a mente – como pode *ser* a mente? Simplesmente afaste-se; um pouco de distância é necessário. Um dia, quando estiver realmente distante, o pensamento para. Quando o motorista sai do carro, o carro para, porque não há ninguém para dirigi-lo agora. Então você dará uma boa risada, vendo que tudo foi apenas uma incompreensão. Então, quando você precisar, pense.

Você me faz uma pergunta. Eu respondo. A mente funciona. Eu tenho que falar com você através da mente; não há outro modo de falar. Mas quando eu estou só, a mente não funciona. A mente não perdeu a capacidade de funcionar. Na verdade, ela ganhou mais capacidade para funcionar, e funcionar corretamente; como ela não está constantemente funcionando, ela junta energia, se torna mais clara. Assim, "quando a mente parar", isso não significa que você não será mais capaz de pensar. Na realidade, somente depois disso você será capaz de pensar pela primeira vez. Estar engajado em pensamentos relevantes ou irrelevantes não é pensar. É uma coisa meio louca. Estar desanuviado, desobstruído, inocente, é estar no caminho certo para pensar. Então, surge um problema e você não fica confuso; você não olha para o problema através de pré-conceitos. Você o olha diretamente e nesse olhar direto o problema começa a se dissolver. Se o problema for um problema, ele se dissolverá e desaparecerá. Se o problema não for um problema, mas um mistério, ele se dissolverá e se aprofundará. Então você será capaz de ver o que é um problema. Um problema é aquilo que pode ser resolvido pela mente.

Um mistério é aquilo que não pode ser resolvido pela mente. Um mistério tem de ser vivido; um problema tem de ser resolvido. Quando você está muito nos pensamentos, não consegue distinguir o que é mistério e o que é problema. Algumas vezes você toma um mistério como um problema. Então você luta sua vida inteira e ele nunca é resolvido. E algumas vezes você toma um problema como se fosse um mistério e espera tolamente – ele podia ter sido resolvido.

Uma clareza, uma perspectiva, é necessária. Quando o pensar – essa constante conversa interna, esse constante tagarelar interno – para, e você se torna alerta e consciente, é capaz de ver as coisas como elas são, é capaz de distinguir o que é mistério. E quando você vem a sentir um mistério, sente reverência, sente um assombro. Esta é a qualidade religiosa do ser. Sentir reverência é ser religioso; sentir o assombro é ser religioso. Estar tão profundamente maravilhado por ter novamente se tornado uma criança é entrar no reino de Deus.

Basta por hoje.

5

O reino de Deus está próximo

Mateus 4

[...]
17 Desde então Jesus começou a pregar e a dizer: "Arrependei-vos,
pois o reino de Deus está próximo".
18 E, andando pelo mar da Galileia, viu dois companheiros: Simão,
chamado Pedro, e André, seu irmão, lançando redes ao mar, pois
eram pescadores.
19 E ele lhes disse: "Segui-me, e eu vos farei pescadores de homens".
20 E eles prontamente largaram suas redes e o seguiram.
[...]
23 E Jesus percorreu toda a Galileia, ensinando nas sinagogas, pre-
gando o evangelho do reino e curando toda espécie de males e de
doenças entre o povo.
24 E sua fama se espalhou por toda a Síria; levaram-lhe então to-
dos os enfermos tomados por diversas doenças e tormentos, os en-
demoniados, os lunáticos e os paralíticos; e ele os curou.
25 E foi seguido por grandes multidões da Galileia, das Dez Cida-
des, de Jerusalém, da Judeia e do além Jordão.

Uma vez pediram a um rabino que resumisse toda a mensagem da Bíblia. Ele respondeu que toda a mensagem é muito simples e curta. É Deus gritando para o homem: "Entronize-me!" Foi isso que aconteceu naquela manhã no rio Jordão. Jesus desapareceu, Deus foi entronizado. Jesus esvaziou a casa, Deus entrou. Ou você existe, ou Deus existe – os dois não podem coexistir. Se você insiste em existir, então, abandone a busca de Deus; ela não se realizará. Dessa forma a busca é impossível, absolutamente impossível. Se você estiver presente, então, Deus não pode estar: a sua própria existência, a sua própria presença, é a barreira. Você desaparece... e Deus está. Ele sempre esteve.

O homem vive como uma parte, separado do todo. Ao redor de si, ele cria ideias, sonhos, o ego, a personalidade, e pensa em si como uma ilha, desconectado do todo, sem relação com o todo. Você já conseguiu ver algum relacionamento entre você e as árvores? Já conseguiu ver algum relacionamento entre você e as pedras? Já conseguiu ver algum relacionamento entre você e o mar? Se não conseguiu, então jamais chegará a ver o que é Deus. Deus, a divindade, não é nada mais que o todo, a totalidade, a unidade. Se você existe como uma parte separada, desnecessariamente existe como um mendigo. Você poderia ter sido o todo. E mesmo quando pensa que é separado, você não é – isso é apenas um pensamento na mente. O pensamento não está enganando Deus: está enganando somente você. O pensamento é simplesmente uma barreira para seus olhos se abrirem.

Naquela manhã no rio Jordão, quando João Batista iniciou Jesus, ele matou Jesus completamente. Jesus desapareceu. E naquele momento de vazio – aquilo que Buda chama de *shunyata*, vacuidade – os céus se abriram e o espírito de Deus, como uma pomba, desceu sobre Jesus, iluminando-o. Isto é apenas simbólico: Jesus morreu, Deus foi entronizado. Isto é o que no zen se chama de uma *transmissão especial*, fora das escrituras. Nenhum conhecimento foi transmitido por João Batista a Jesus, nenhuma escritura foi transmitida – nem mesmo uma única palavra foi pronunciada. Nenhuma dependência de palavras ou letras, apenas um apontar direto para a alma do homem, uma penetração na natureza do homem – a obtenção do estado búdico.

Os cristãos perderam este pormenor: não foi conhecimento, aquilo que foi transferido de João Batista para Jesus; foi uma visão. Não foi verbal, foi existencial. Foi mais um *conhecer* do que um conhecimento. Os olhos foram transferidos: uma nova maneira de ver o mundo e estar no mundo foi transferida, uma transmissão especial, fora das escrituras. Eis por que Jesus imediatamente sentiu-se uno com Deus, mas banido dos judeus. Os judeus são "o povo do livro". "Bíblia" não quer dizer nada além disso; simplesmente significa "o livro". Os judeus são o povo do livro – o povo que tem acreditado tremendamente nas escrituras, que tem amado e confiado nas escrituras durante séculos.

Jesus tornou-se uno com Deus, mas imediatamente foi banido por sua própria tradição. Ele tentou de mil e uma maneiras permanecer parte da comunidade, mas foi impossível. Ele não podia fazer parte das escrituras, não podia fazer parte da tradição. Algo do além entrara nele e, quando Deus entra, todas as escrituras se tornam inúteis. Quando você mesmo vem a conhecer, todos os conhecimentos se tornam lixo.

Essa foi a luta entre Jesus e os rabinos. Eles tinham conhecimento, Jesus tinha o saber – e estes nunca se encontram. O homem do saber é rebelde, o homem do saber tem seus próprios olhos: ele diz o que quer que veja. O homem de conhecimento é cego: ele carrega a escritura, e nunca olha ao redor; segue apenas repetindo as escrituras. O homem de conhecimento é mecânico, não tem nenhum contato pessoal com a realidade.

Poucos dias atrás, eu estava lendo sobre um psiquiatra de muito prestígio em Nova York. Numa primeira consulta, ele disse ao novo paciente:

– Estou muito ocupado; na verdade, estou ocupadíssimo. Será que você pode me ajudar? A primeira entrevista é sempre de um lado só: você vai me dizer tudo que quiser me dizer. Temos aqui um gravador.

Se eu puder escutar e estudar todo o material mais tarde, num momento mais conveniente, será de grande ajuda. Você pode ligar o gravador e falar o que quiser... Diga tudo o que gostaria de dizer para mim e, mais tarde, eu escutarei.

O psiquiatra perguntou:

– Está disposto?

O homem disse:

– É claro. Está tudo perfeitamente certo.

O gravador foi ligado e o psiquiatra saiu da sala, mas dois minutos depois viu o homem deixando o consultório. Correu atrás dele e disse:

– Tão cedo!? Você não deve ter falado muito no gravador!

O homem respondeu:

– Olha, eu também sou um homem muito ocupado. Na verdade, mais ocupado que o senhor. E o senhor não é o primeiro psiquiatra que consulto. Quando o senhor voltar para a sala, verá bem ao lado do seu gravador meu pequeno ditafone falando com o seu gravador.

O conhecimento é exatamente assim. Ninguém está presente: ditafones falando a gravadores. Sua mente é apenas um gravador e as escrituras são os velhos ditafones – um antigo meio, mas ainda assim a mesma coisa. Alguém disse algo, ficou gravado ali. Mais tarde você lê e aquilo fica gravado no seu próprio gravador – mas não há nenhum toque pessoal.

O saber é pessoal, o conhecimento é mecânico. Através de uma abordagem mecânica, você nunca pode descobrir a realidade, a verdade. Será um caso morto. Você conseguirá muita informação, mas nunca atingirá a transformação. Você pode vir a saber muitas coisas, mas jamais saberá o principal: o ser que você é e o ser que o circunda – e o que o circunda é o mesmo que está dentro de você. Um profundo contato pessoal é necessário.

Naquela manhã no rio Jordão, Jesus entrou em contato pessoal com o divino. João Batista o iniciou para ser um *nada*.

Quando você vem a mim, não está vindo a um homem que sabe muito; está vindo a um homem que tem muito de *nada* dentro de si.

Eu posso compartilhar esse nada com você. No dia em que você se sentir pronto para compartilhar esse nada comigo, será iniciado.

Você pode estar aqui de dois modos. Você pode ser um estudante. Então, está relacionado comigo de um modo mecânico; você coletará informações de mim – o que nunca era para ser feito. A partir de mim, você começará a saber de muito mais coisas. Isso é um vício. O ego pode se sentir mais forte, mas a alma se tornará cada vez mais e mais empobrecida. Ou você pode ser um discípulo e não um estudante. Então, você compartilha do meu nada. Então, pouco a pouco, você desaparece completamente; não há *ninguém* dentro de você que saiba – e esse ser ninguém é o único modo de *conhecer*. Nesse nada, seu coração está aberto; nesse nada a ilha desaparece e você vira o continente. Nesse nada, a separação desaparece: você se torna o todo. Então, o todo existe através de você.

O rabino que disse "Deus gritando ao homem: 'Entronize-me!'" estava certo. Jesus, Krishna, Cristo, Maomé, Lao-Tsé, todos são gritos de Deus para o homem: "Entronize-me!"...

Imediatamente, Jesus começou a pregar.

Desde então Jesus começou a pregar...

Imediatamente: o conhecimento precisa de tempo, o saber é imediato. Se eu quiser compartilhar o meu conhecimento com vocês, levará muito tempo, mas se eu quiser compartilhar meu nada com você, o tempo não é necessário. Imediatamente, agora mesmo, é possível. O tempo não é uma exigência absolutamente, acontece numa fração de segundo.

Sempre que leio este Evangelho, a coisa que me atinge imediatamente é esta: no momento em que Jesus foi batizado e os céus se abriram e o espírito de Deus desceu como uma pomba, ele saiu do rio, foi para a margem – uma multidão estava se juntando – e ele começou a pregar. Antes disso, ele nunca havia pronunciado uma única palavra; antes disso, não tinha ensinado nada a ninguém.

É assim que deve ser. Um professor pode continuar ensinando sem saber, mas não um mestre. Professores há muitos; mestres há poucos. Um mestre é aquele que ensina através de seu saber e um professor ensina através de seu conhecimento. Um professor prepara-se durante anos, então ele pode ensinar. Mas um mestre, em um único momento de coragem, em um único momento de ousadia, em um único momento de salto para dentro do desconhecido, torna-se capaz de ensinar. Uma vez que você saiba em você, esse próprio saber quer ser compartilhado; uma vez que você esteja cheio de graça, essa própria graça começa a fluir, começa a buscar o coração. Uma vez que você seja, você já está no caminho a ser compartilhado por muitos.

Jesus saiu do rio:

Desde então Jesus começou a pregar e a dizer: "Arrependei-vos, pois o reino de Deus está próximo".

João Batista também estava dizendo a mesma coisa. Jesus podia ter dito a mesma coisa só por ter ouvido João Batista – ele era um pregador bastante conhecido, grandes multidões iam visitá-lo, um grande número de pessoas costumava esperar por ele, para ouvi-lo. Todo mundo sabia que sua mensagem era esta: "Arrependei-vos, pois o reino do céu está próximo". Jesus deve ter sabido disso, mas ele nunca havia pronunciado aquelas palavras antes.

Pronunciar palavras tão elevadas sem conhecer é sacrilégio, é uma traição. Jamais pronuncie tais palavras a menos que você mesmo *conheça*, porque você pode destruir a mente dos outros. Você pode encher a mente das pessoas com seu lixo... se você não conhece, e continua dizendo coisas às pessoas, como acontece em todo o mundo...

Vá e veja os sacerdotes nas igrejas, nos templos, nas mesquitas – eles continuam ensinando, continuam na pregação, sem conhecerem nada, seja o que for que estejam dizendo. Eles não estão cientes do que estão fazendo, absolutamente – ditafone! Eles aprenderam, mas não conheceram. Eles estudaram, mas não têm olhos próprios; seu coração está tão morto como o daqueles para quem estão pregando. Sua mente pode ser mais refinada, mas seu coração está tão doente quanto o de qualquer outra pessoa.

Jesus nunca pronunciara essas palavras antes. Ninguém tinha ouvido falar desse homem, Jesus, antes disto. Ele vivia na oficina de seu pai; ele trabalhava, ajudava seu pai. De repente, uma nova qualidade de homem, um novo homem, completamente novo, nasceu. O batismo é um nascimento.

Desde aquele exato momento ele "começou a pregar e a dizer: 'Arrependei-vos...'" – porque agora ele podia pronunciar aquelas palavras com autoridade. Não eram as palavras de João Batista que ele estava repetindo; eram suas próprias palavras. Ele se *arrependeu* e ficou sabendo o que elas queriam dizer. Não eram palavras fúteis, palavras de papagaio; eram palavras grávidas, vivas. Ele tocou a realidade daquelas palavras, viu o mistério delas.

A verdadeira palavra em hebraico para "arrepender" é *teshuvah*. *Teshuvah* significa "retornar", e também "responder". Ambos os significados são belos. Retornar a Deus é responder a ele. Esta é uma das coisas mais belas do judaísmo, uma das maiores contribuições do judaísmo ao mundo. Isto tem de ser compreendido, porque sem isto você jamais será capaz de compreender Jesus.

O judaísmo é a única religião do mundo que diz que não somente o homem está em busca de Deus, mas Deus também está em busca do homem. Ninguém mais no mundo acredita nisso. Há hindus, muçulmanos e outras religiões e elas todas acreditam que o homem está em busca de Deus. O judaísmo acredita que Deus também está em busca do homem. E deve ser assim mesmo, se ele é um pai. Deve ser assim. Ele é o todo, e, se uma parte se extraviou, o todo – por pura compaixão – deve procurar a parte.

O judaísmo tem uma beleza própria. O homem buscar Deus é apenas como tatear na escuridão. A menos que Deus o esteja procurando, não parece haver nenhuma possibilidade de algum encontro. Como você o buscará, ele que é completamente desconhecido? Você não sabe o endereço – para onde dirigirá suas preces? Aonde irá, o que fará? Você pode apenas tatear, rogar e chorar; as lágrimas podem ser sua única prece. Um profundo desejo – mas como realizá-lo? Você pode queimar com ele, mas como chegar lá? O judaísmo diz: o homem pode buscar, mas não encontrará, a menos que Deus assim queira.

Deus está ao alcance, mas você não pode agarrá-lo. Você pode estender suas mãos – ele está ao alcance, mas não pode ser agarrado. Ele está ao alcance, porque ele está também buscando por você. Ele pode encontrá-lo imediata e diretamente, ele sabe exatamente onde você está. Mas ele não pode buscá-lo, a menos que você esteja na busca. Ele só pode buscá-lo quando você está buscando, quando você está fazendo tudo que pode ser feito, quando você não está escondendo nada, quando sua busca é total. Quando sua busca é total, imediatamente o céu se abre e o espírito de Deus desce em você. Ele está esperando, esperando com uma profunda ânsia de encontrá-lo.

Isto deve ser assim, porque a existência é um caso de amor, uma brincadeira de esconde-esconde, um jogo. A mãe está brincando com o filho e se escondendo. A mãe está esperando e, se o filho não vier, a mãe começará a procurá-lo. Mas Deus lhe dá total liberdade. Se você não quiser buscá-lo, ele não interferirá, não será um intruso; se você quiser buscá-lo, somente então, ele baterá à sua porta. Se você tiver convidado, somente então, o convidado vem. O convidado pode estar apenas esperando para bater à porta; só é necessário seu convite. Caso contrário, ele pode esperar pela eternidade, não há pressa. Deus não tem nenhuma pressa.

"Arrependei-vos, pois o reino de Deus está próximo." Teria sido absolutamente diferente se a palavra não fosse traduzida como "arrepender", se fosse deixada de acordo com o termo original, "retornar". Como em Patanjali, quando se refere nos *Yoga Sutras* ao termo *pratyahar*, que significa "retornar para si mesmo". É também o que Mahavira quer dizer com *pratikraman*, "voltar-se para dentro".

A palavra *teshuvah* tem um significado totalmente diferente de "arrepender-se". No momento em que você diz "arrepender", parece que o homem é um pecador: implica uma profunda condenação. Mas se você diz "retornar", não há nenhuma questão de pecado, não entra nenhuma condenação. Simplesmente diz que você foi muito longe, foi brincar longe demais – por favor, volte. O filho está brincando fora de casa e a noite está descendo. O sol está se pondo e a mãe chama: "Por favor, volte para casa". Uma qualidade totalmente diferente, uma conotação totalmente diferente. Não há nenhuma condenação nisso, só um profundo amor que chama: "Retorne!"

Ouça a frase, quando eu digo assim: "Retorne, pois o reino dos céus está próximo". Toda condenação, todo pecado e todos os absurdos que criaram culpa no homem desaparecem: apenas com a mudança de uma única palavra traduzida corretamente. Uma única palavra pode ser significativa. Todo o cristianismo desaparecerá se, em vez de "arrepender", a tradução for "retornar". Todas as igrejas, o Vaticano, tudo desaparecerá, porque eles dependem do arrependimento.

Se é uma questão de "retornar" – e vocês não estão condenados e não cometeram nenhum pecado – então... a culpa desaparece. E, sem culpa, não pode haver igrejas; sem culpa, os padres não podem viver. Eles exploram a culpa, eles o fazem sentir-se culpado – este é o traçado secreto deles. Uma vez que você se sinta culpado, precisa buscar a ajuda deles, porque eles pedirão perdão por você, rezarão por você; eles sabem como rezar. Eles estão num relacionamento mais profundo com Deus. Eles o defenderão, persuadirão a Deus em seu favor e lhe mostrarão o caminho para não ser um pecador novamente, para ser virtuoso. Eles lhe darão os mandamentos: faça isso e não faça aquilo.

Todas as igrejas do mundo se fundamentam na palavra "arrependimento". Mas, se é somente uma questão de retornar, o padre não é necessário; você pode retornar para casa. Não é uma questão de condenação: não é preciso ninguém para purificá-lo; você nunca esteve errado. Você *tinha* ido um pouco longe demais, mas não há nada de errado nisso. Na verdade, não teria acontecido dessa forma, se Deus não estivesse querendo que você fosse tão longe assim. Deve haver algo nisso: esse afastar-se deve ser um modo de retornar. Porque quando você foi longe demais e depois volta para casa, pela primeira vez você percebe o que é o lar.

Dizem que os viajantes em terras estrangeiras percebem pela primeira vez – como vocês devem estar percebendo aqui em Puna – como é belo, o lar. É difícil perceber enquanto você está em casa: tudo é tomado como garantido. Mas quando você vai embora, agora, tudo se torna difícil. Você não está mais em casa, não pode tomar nada como garantido. Há mil e uma inconveniências, desconfortos – e não existe ninguém ali para cuidar de você, você tem de cuidar de si mesmo. Ninguém se importa: você anda num mundo estranho, é um estrangeiro.

Em contraste, de repente, pela primeira vez surge o significado do lar. Antes era só um lugar para se viver nele, agora é um lar. Agora você sabe que casas são diferentes de lares. Uma casa é apenas uma casa; um lar não é apenas uma casa, é algo mais – mais amor. Talvez seja necessário que o homem se extravie um pouco – saia da trilha, entre na vastidão do deserto. Desse modo, em contraste, voltar para casa torna-se significante, significativo.

Eu digo "retorne", não digo "arrependa-se". Jesus nunca disse "arrependa-se". Ele teria rido da palavra, porque a coisa toda foi corrompida por essa palavra. As igrejas sabem perfeitamente bem que a palavra é uma tradução errada, mas continuam insistindo nela, porque ela se tornou seu fundamento. Retornar é tão simples: depende de você e de seu Deus; nenhum mediador é necessário, nenhum agente é necessário.

> *Desde então Jesus começou a pregar e a dizer: "Arrependei-vos, pois o reino de Deus está próximo".*

Outro significado da palavra hebraica *teshuvah* é "responder". Seu retorno é sua resposta. Resposta a quê? Resposta ao grito "Entronize-me!". A resposta ao apelo que Deus está fazendo a você: "Retorne para casa".

Esta é novamente uma bela contribuição do judaísmo. Cada religião contribui com alguma coisa original. O judaísmo diz: "Deus faz o apelo, o homem responde".

Comumente, outras religiões dizem que o homem faz o apelo e Deus responde. O judaísmo diz: "Não, Deus faz o apelo, o homem responde".

No momento em que você responde, esse é o retorno. No momento em que o filho diz: "Sim, estou indo" – ele já está no caminho. Você ouviu o apelo? Se não o ouviu ainda, como será capaz de responder?

As pessoas vêm a mim e perguntam:

– Onde está Deus?

Eu digo:

– Esqueçam-se de Deus; vocês já ouviram o chamado?

Elas perguntam:

– Que chamado?

– O chamado que Deus faz!

Se você não ouviu o chamado, não pode saber onde Deus está. No momento em você ouve o chamado, a direção fica clara – no momento em que você ouve o chamado, que surge no seu ser, no âmago mais profundo do seu ser, ele se torna uma busca constante no seu coração: Quem é você? Por que está aqui? Por que continua existindo? Para quê?

Se o chamado surge no seu coração, você saberá que é Deus, porque quem está fazendo a pergunta? *Você* não pode fazê-la. Você está inconsciente, num sono profundo – não pode perguntar. Em algum lugar mais profundo dentro de você, Deus está fazendo a pergunta: "Quem é você?" Se você ouviu a pergunta, sabe a direção. E a resposta somente pode ser: "Retorne! Siga esta direção, volte para casa".

Só que suas perguntas têm sido falsas. Você não as ouviu dentro de si: outra pessoa as ensinou a você. Suas perguntas são falsas e, então, suas respostas ser tornam falsas. Você aprendeu a pergunta com os outros, aprendeu a resposta com os outros. E você mesmo permanece uma falsificação (*phony*).

A palavra *phony* vem de *telephone*. Você já observou isso, que ouvir um homem diretamente – ouvir sua esposa ou marido ou amigo diretamente, cara a cara – é uma realidade, porque existe um contato pessoal; mas, ao ouvi-los pelo telefone, tudo fica falsificado? Ninguém nunca sabe quem está do outro lado – se é a pessoa mesma ou se é um gravador, um ditafone. Ninguém sabe. E o som parece estar vindo de um mecanismo, não do coração. Alguma vez você reparou nas pessoas? Eu reparei em algumas, conheço algumas que colocam os óculos sempre que telefonam. Cheguei a ficar preocupado: O que é isso!? A outra pessoa não está presente, então quem é que você está tentando ver? É simplesmente uma profunda necessidade de ver a pessoa. Uma profunda urgência – caso contrário, a coisa parece ser falsa. Mas é dessa forma que a mente se corrompeu.

Certa vez fui com um amigo visitar o Taj Mahal. Ele era um bom fotógrafo. Não tinha tempo para ver o Taj Mahal, e o via através das lentes da câmera. Eu lhe disse:

– Nós viemos aqui para ver o Taj Mahal.

Ao que ele me respondeu:

– Esqueça isso. Ele é tão lindo que eu prefiro levar as imagens para vê-las em casa!

Mas aquelas figuras estão disponíveis em todo lugar – qual é a necessidade, então, de ir ao Taj Mahal? A visão direta é perdida.

O primeiro filho do mulá Nasruddin nasceu. O mulá estava sentado com o garoto, um menino pequeno – lindo. Eu lhe disse:

– Que lindo!

Ele me respondeu:

– Isto não é nada... você precisa ver as fotografias!

Falsificação... Tudo se torna cada vez mais e mais indireto. Então, perde-se o toque de realidade, a concretude, a clareza. E a coisa vai ficando distante, bem distante.

A resposta só pode ser verdadeira se a pergunta foi realmente ouvida. Todo dia encontro alguém que diz: "Quero meditar, quero buscar, mas nada acontece!" A pessoa reclama como se a existência não tivesse sido justa com ela – "Nada acontece!". Mas olho dentro dos olhos dela: seu desejo é falso. Em primeiro lugar, ela nunca quis meditar; veio como parte de um grupo. Alguém estava vindo, um amigo estava vindo, e ela veio também. Ou estava de férias e pensou: "Vamos ver o que há por lá". Não está acontecendo nada. Nada pode acontecer, porque meditação, oração, Deus, não são questões técnicas. Você pode aprender a técnica, mas nada acontecerá, a menos que o chamado tenha sido ouvido primeiro, a menos que tenha se tornado um profundo desejo em você, pelo qual pode arriscar a sua vida; a menos que tenha se tornado uma questão de vida e morte; a menos que tenha penetrado no centro do seu ser – a menos que tenha se tornado uma dor e uma angústia profundas. Se o chamado é ouvido, então a resposta...

Podemos traduzir esta frase de dois modos: "Desde então Jesus começou a pregar e a dizer: 'Arrependei-vos, pois o reino de Deus está próximo'". Ou podemos traduzir assim: "Retorne, pois o reino de Deus está próximo". Ou "Responda, pois o reino de Deus está próximo".

E o reino de Deus está sempre próximo, é da natureza dele. Não tem nada a ver com a época de Jesus: agora mesmo isso é verdade, exatamente como era então. Era verdadeiro antes de Jesus e será sempre verdadeiro. O reino de Deus está sempre à mão – tateie. As mãos dele estão sempre procurando por você, mas você não está tateando. Responda, retorne e o reino está disponível, só que você não está pronto para ir na direção dele. Você tem medo de perder algo que não tem, e por causa desse medo não pode atingir aquilo que tem estado sempre a seu dispor.

E, andando pelo mar da Galileia, viu dois companheiros: Simão, chamado Pedro, e André, seu irmão, lançando redes ao mar, pois eram pescadores.
E ele lhes disse: "Segui-me, e eu vos farei pescadores de homens".
E eles prontamente largaram suas redes e o seguiram.

Encontraremos isto muitas vezes na vida de Jesus. Vocês se surpreenderão com a qualidade das pessoas com as quais e para as quais ele se movia: gente simples – lavradores, aldeões, pescadores, carpinteiros –, mas gente real, não falsa. As pessoas que vivem com a natureza são reais, porque com a natureza você tem de ser real, caso contrário ela não lhe renderá nada. Com a natureza, você tem de estar vivo, caso contrário não poderá com ela. Quanto mais você se cerca de coisas não naturais, mais não natural se torna. Se você vive cercado de mecanismos, você mesmo vai se tornando um mecanismo.

Dizem que um homem é conhecido pela sua companhia. Eu lhes digo: um homem é *feito* por sua companhia. Se você vive cercado por engenhocas mecânicas, como o homem moderno vive, pouco a pouco você vai se tornando irreal. Se você vive com a natureza – com as árvores, as pedras e o mar e as estrelas e as nuvens e o sol –, você não pode ser irreal, não pode ser falso. Você *tem* de ser real, porque, quando está se defrontando com a natureza, a natureza cria algo em você que é natural. Respondendo à natureza continuamente, você se torna natural.

Um homem que vive com a natureza é sempre confiante. Um fazendeiro que vive plantando sementes tem de confiar. Se ele duvidar, nunca semeará – porque há mil e uma dúvidas possíveis: se neste ano a terra vai fazer o mesmo que fez no ano passado ou não. E quem sabe? A terra pode mudar de ideia. Quem sabe se as chuvas vão cair ou não? Quem sabe se o sol... – se ele vai brilhar amanhã de manhã ou não?

Sentado na sua espreguiçadeira, cercado por seus livros, você pode duvidar, não há nenhum risco. Mas, se um agricultor que trabalha nos campos duvidar, estará perdido; se um pescador duvidar, estará perdido.

Vivendo com a natureza, a confiança surge. A confiança é natural ao homem, do mesmo modo que a saúde é natural. A dúvida é antinatural. Uma criança nasce confiando. Não estou falando sobre a criança moderna – talvez uma criança moderna não nasça confiante, porque ela nasce num clima de ceticismo.

Certa vez eu li uma história:

Uma mãe estava contando uma história para sua filha – a filha estava inquieta e estava ficando tarde. A mãe estava lhe contando uma história para ver se ela dormia:

– Havia uma princesa muito charmosa, linda... e muito sábia, muito amorosa. Toda a corte do rei a amava e a respeitava. Ela era muito delicada, principalmente para com os animais. Um dia ela cruzou com um sapo no quintal; ficou com medo de que alguém pudesse pisar nele, então levou o sapo e o colocou em sua cama. De manhã, teve a maior surpresa: o sapo tinha virado um lindo príncipe! E o príncipe pediu-lhe a mão em casamento.

Neste ponto, a mãe olhou para a filha e sentiu que ela estava completamente cética. Seus olhos, seu jeito, seu rosto... – tudo dizia: "Não, não acredito nisso". Uma incredulidade completa estava em seu rosto. Então, a mãe lhe perguntou:

– O que é? Não está acreditando?

A menina disse:

– Não... e aposto que a mãe da princesa também não!

O clima hoje em dia é de ceticismo. Até mesmo uma criança duvida, é cética. Antigamente, até os velhos confiavam: todo o clima era de confiança, de fé. As pessoas eram mais saudáveis.

Observe em você mesmo: sempre que duvida, algo se encolhe em você; você fica menor, pequeno, enrijece e deixa de fluir – fica congelado. Sempre que surge a confiança, você começa a fluir novamente. Os bloqueios vão se dissolvendo e você se expande, se torna vasto. Sempre que você confia, chega ao pico da vida; sempre que você duvida, cai na morte.

Devido à falta de confiança do homem moderno as drogas começaram a exercer um grande apelo para ele. Parece não haver nenhum outro meio de ter a sensação de um ser expandindo em consciência. As drogas são métodos químicos para sentir, por alguns momentos ou algumas horas, uma expansão de consciência. A confiança lhe dá isso fácil e livremente. A confiança lhe dá isso não por alguns momentos – aquilo se torna uma eterna qualidade em você. E a confiança não tem efeitos colaterais!

Se você me perguntar, eu lhe direi que a confiança é a única droga confiável, se você quiser a expansão da consciência – e os que nunca conheceram o que é a expansão da consciência ainda não viveram. A consciência pode se expandir e continuar se expandindo... – ondas de suprema felicidade indo para todos os cantos da existência... expandindo-se com a infinitude da existência. Quando você se expande, você se torna parte do todo; quando se encolhe, você se torna uma ilha.

As pessoas eram realmente simples, confiantes:

E, andando pelo mar da Galileia, viu dois companheiros: Simão, chamado Pedro, e André, seu irmão, lançando redes ao mar, pois eram pescadores.
E ele lhes disse: "Segui-me, e eu vos farei pescadores de homens".

Não há nada de estranho quanto a ele ter dito isto. O estranho é isto:

E eles prontamente largaram suas redes e o seguiram.

Tamanha e tão profunda confiança! Nem por um único momento duvidaram, nem por um único momento disseram: "O que você quer dizer com 'pescadores de homens'?" Nem por um único momento eles perguntaram: "Quem é você? Com que autoridade está falando?" Não, isso não era necessário, porque eles eram simples pescadores. Eles devem ter olhado para Jesus – sua própria presença era a autoridade.

Se você tem olhos de confiança, ninguém pode enganá-lo. Você é enganado por causa de sua dúvida; e depois você pensa que precisa de mais dúvida, caso contrário as pessoas vão enganá-lo mais ainda. Então, você é enganado de novo e um círculo vicioso é criado. Você duvida, para que não seja enganado, mas você está sendo enganado por causa da dúvida. Se você confia, ninguém pode enganá-lo. O que quero dizer quando digo: "Se você confia, ninguém pode enganá-lo"? A sua confiança vai impedir alguém de enganar você? Não, mas quando confia, você tem olhos para ver, e o enganador será revelado imediatamente – desnudado.

Gostaria que vocês se lembrassem disto como um critério: que um homem que confia não pode ser enganado. Se ele for enganado, então deve ter algumas dúvidas dentro dele, porque somente quando os olhos estão cheios de nuvens de dúvidas não se consegue ver. Quando você é capaz de ver e sua visão é clara, a própria presença da pessoa diz se ela é uma enganadora ou não.

Eles devem ter visto. O sol devia estar surgindo no horizonte e eles estavam prontos para jogar a rede no mar. Eles devem ter olhado para trás e visto aquele homem: que espécie de homem é esse Jesus! Naquela manhã silenciosa, eles devem ter sentido a presença daquele homem, Jesus. A presença era a convicção, a presença era a prova. Eles largaram suas redes e imediatamente seguiram aquele homem. Em um único momento, toda a vida deles virou completamente de cabeça para baixo. Num único momento de visão, foram convertidos.

Jesus diz: "Venham e sigam-me, e eu farei de vocês pescadores de homens. Por quanto tempo vocês vão ficar jogando suas redes no mar? Por quanto tempo mais vão ficar por aí pegando peixes? Eu farei de vocês pescadores de homens". E ele realmente fez isso.

Era quase inacreditável naqueles dias – é quase inacreditável até hoje – como Jesus transformou gente comum em seres extraordinários. Buda transformou Mahakashyapa, Sariputta, Mandgalyan, Ananda, mas o crédito vai mais para Mahakashyapa, Sariputta, Ananda e Mandgalyan e menos para Buda, porque eram seres raros. Se Mahavira transformou Gautam e Sudharma, o crédito vai mais para seus discípulos, porque eram seres raros.

Mas Jesus era fantasticamente poderoso. Pedro, um pescador sem instrução, ou André, ou Mateus, ou Tomé, ou João – todos pobres, sem instrução, que poderiam ter ficado perdidos no meio de qualquer multidão e ninguém seria capaz de distingui-los; eram simples pedras, seixos comuns no caminho, e Jesus os transformou em *kohinoors*.

Mahakashyapa era um ser raro por direito próprio: existe toda possibilidade de que mesmo sem Buda ele teria se tornado um Brahma. Teria levado um pouco mais de tempo, talvez ele gastasse um pouco mais de tempo, mas parece quase certo que teria se tornado um Brahma, mesmo sem Buda. Mas pensem em Simão, chamado de Pedro, ou seu irmão, André. Ninguém pode conceber que sem Jesus eles teriam se tornado alguma coisa, fosse o que fosse.

Ele não somente prometeu, ele *fez* o milagre. "Sigam-me, e eu farei de vocês pescadores de homens" – e, certamente, mais homens foram apanhados pela rede que Jesus jogou no mar da humanidade, do que por qualquer outra rede. Metade do mundo foi apanhada na rede. Todos os apóstolos, todos os doze apóstolos, eram muito simples, sem instrução, gente comum, e sobre eles ele construiu toda a estrutura.

Simão, chamado Pedro... – Jesus fez dele a própria rocha sobre a qual todo o cristianismo se ergueu. "Pedro" significa "pedra". Sobre a pedra de Pedro ergue-se e apoia-se toda a cristandade. Sim, Jesus realmente os tornou pescadores de homens – e não somente pescadores de homens. Fez mais do que prometeu: ele os fez pescadores de Deus. "E eles prontamente largaram suas redes e o seguiram."

Quando Mahakashyapa foi a Buda, ele argumentou. Ele já tinha cinco mil discípulos seus; era um grande professor por seus próprios méritos. Quando Sariputta chegou, tinha milhares de discípulos próprios; era um grande erudito. Durante anos ele esperou e argumentou. Não eram homens de fé, mas de dúvida e ceticismo – mentes muito cultas, mentes cultivadas, de certo modo gênios.

Mas Jesus trabalhou com barro bruto e o transformou em ouro. Não se pode encontrar maior alquimista do que Jesus. "E eles prontamente largaram suas redes e o seguiram" – este é o milagre.

As pessoas foram a Mahavira e argumentaram, pessoas foram a Buda e argumentaram, porque todo o continente indiano tem estado argumentando e contra-argumentando há milênios. As pessoas tornaram-se treinadas aqui, já nasceram com filosofias. As pessoas vêm a mim, gente comum, mas nunca descem abaixo do nível de Brahma, o supremo: elas falam sobre Brahma. Isso já se tornou parte de seu próprio sangue.

Mas Jesus trabalhou com gente muito simples. Sua própria presença já servia como prova. Em religião, a presença vem antes, a prova é secundária. Na filosofia, a prova vem antes, a presença é secundária. Sariputta só abriria seus olhos para Buda quando este lhe desse provas de si mesmo, contra-argumentasse e tivesse derrotado Sariputta e sua mente totalmente. Então, ele abriria os olhos. Primeiro a prova, a presença era secundária.

Mas com Jesus e as pessoas com quem ele trabalhou, não – eles não eram teólogos, não eram filósofos, nem argumentativos. Eram pessoas simples, gente comum da natureza, como as árvores e as pedras e os rios – para estes, a presença vem antes, a prova vem depois. Na verdade, a presença é a prova. Eles se apaixonaram – eis a única maneira de expressar corretamente. Eles olharam para Jesus: apaixonaram-se. Quando você se apaixona, você segue. Então, não há nenhuma questão, você simplesmente segue, porque seu coração sabe melhor do que sua mente pode provar. Seu coração sentiu algo, algo do mistério, algo de Deus. Seu coração sentiu a presença de algo que não é desta terra. Isso basta. Você provou algo... e simplesmente segue. "E eles prontamente largaram suas redes e o seguiram."

E Jesus percorreu toda a Galileia, ensinando nas sinagogas, pregando o evangelho do reino e curando toda espécie de males e de doenças entre o povo.

Isto tem de ser compreendido sob uma luz totalmente nova – não do jeito que os cristãos tentaram, mas sob uma luz totalmente nova, a nova luz que a ciência moderna trouxe para o fenômeno da enfermidade.

Uma doença, qualquer enfermidade, surge primeiro na mente e depois se dirige para o corpo. Pode levar um longo tempo para chegar ao corpo – trata-se de uma longa distância. Você não tem consciência dela quando ela está na mente; você só se torna ciente dela quando ela explode nas raízes do corpo. Você sempre sente a doença no corpo, mas ela se origina sempre na mente. Você não está ciente dela então; assim, não pode fazer nada quanto a isso. Mas, quando ela vem para o corpo, então, naturalmente, você começa a procurar um médico, vai em busca de auxílio. O médico, vendo-a no corpo, começa a tratá-la no corpo. Ela pode ser tratada no corpo – mas então alguma outra doença surgirá, porque o tratamento não atingiu a fonte. Você muda o efeito e não a causa.

Se a mudança puder acontecer na mente, então, a doença desaparecerá do corpo imediatamente. É isso que a moderna pesquisa sobre hipnose prova: que toda doença, pelo menos no princípio, pode ser transformada, mudada, pode sumir, se a mente for mudada. E o inverso também é verdadeiro: se a mente for convencida pela hipnose, então a doença pode ser criada também.

Dois ou três dias atrás, alguém me enviou um artigo de profunda significância. Um homem – um médico, um médico na Califórnia – tratou muitos pacientes de câncer apenas através da imaginação. Esta é a primeira chave que abre a porta... E não só um paciente, muitos.

O que ele faz: ele simplesmente pede aos pacientes que imaginem. Se eles têm câncer de garganta, ele lhes diz para relaxar e imaginar que toda a energia do corpo se move para a garganta e o tumor vai sendo atacado pela própria energia deles, exatamente como flechas vindas de algum lugar, de todo lado, movendo-se em direção à garganta e atacando a doença. Dentro de três, quatro ou seis semanas o tumor simplesmente desaparece sem deixar um traço atrás. E o câncer é considerado incurável!

O câncer é uma doença moderna: ele se deve ao estresse, à tensão e à ansiedade da vida. Não há, na verdade, até agora, nenhuma cura para ele através do corpo. Mas se o câncer pode ser tratado através da mente, então tudo pode ser tratado através da mente.

Os milagres de Jesus aconteceram porque as pessoas confiavam muito. Uma vez, enquanto Jesus caminhava, uma mulher, uma mulher muito pobre, tentava se aproximar dele, e estava muito apreensiva, temendo que Jesus não a pudesse tratar, porque ele estava, como sempre, cercado por uma pequena multidão... A mulher pensou consigo mesma: "Basta um toque na roupa de Jesus, por trás..." E ela se curou.

Jesus olhou para trás e a mulher começou a agradecê-lo. Ela caiu a seus pés, em gratidão. Ele disse: "Não seja grata a mim, seja grata a Deus. Sua fé a curou, não eu".

O mundo era cheio de confiança; as pessoas estavam enraizadas na fé. Então, apenas a ideia de que "se Jesus tocar em meus olhos eles serão curados", e a própria ideia se torna a raiz causal da cura. Não é que Jesus cure: se você for cético, então Jesus não pode fazer nada, ele não será capaz de curá-lo.

Eu estive lendo uma história.

Um dia Jesus estava fugindo de uma cidade. Um camponês o viu correndo e lhe perguntou:

– O que houve? Para onde o senhor está indo?

Mas Jesus estava com tanta pressa que foi adiante sem responder. Então o camponês o seguiu, conseguiu pará-lo por um instante e disse:

– Por favor, me diga, pois fiquei muito curioso. Se não me disser, vou segui-lo sem parar. Por que está correndo? Para onde? De quem o senhor está fugindo?

Jesus respondeu-lhe:

– De um tolo.

O camponês começou a rir e disse:

– O que o senhor está dizendo!? Eu sei que o senhor já curou gente cega, já curou gente que estava morrendo. Já ouvi até dizer que o senhor curou gente que estava morta! O senhor não pode curar um tolo?

E Jesus respondeu:

– Não. Eu tentei, mas não posso, porque ele é um tolo e não acredita. Já curei todos os tipos de doença e nunca falhei, mas com esse tolo não foi possível. Ele vive o tempo todo atrás de mim dizendo: "Cure-me!" Tentei de todas as formas possíveis e não adianta. É por isso que estou fugindo da cidade.

Um tolo não pode ser curado... e um tolo não pode ser hipnotizado. De modo geral acredita-se que pessoas muito inteligentes não podem ser hipnotizadas. Isso é absolutamente errado. Somente os tolos, os idiotas, os loucos não podem ser hipnotizados. Quanto maior a inteligência, maior é a possibilidade de ir fundo na hipnose – porque na hipnose sua confiança é necessária; o requisito básico é a sua confiança, o requisito básico é a sua cooperação, e um idiota, um louco, não coopera nem confia.

Jesus podia fazer milagres. Esses milagres eram simples; aconteciam porque as pessoas confiavam. Se você confia, o interior da mente começa a funcionar, espalha-se por todo o corpo e muda tudo. Mas, se você não confia, então nada acontece. Até mesmo a medicina comum o ajuda porque você confia nela. Já se observou que, sempre que um novo medicamento é criado, ele funciona muito bem de seis meses a dois anos – as pessoas são afetadas por ele. Mas depois de seis, oito, dez meses, ele não funciona tão bem. Os médicos têm se interrogado – o que acontece?

Sempre que um novo remédio é inventado, você acredita nele mais do que no velho medicamento. Agora você sabe que a panaceia está ali e "ela vai resolver". E ela resolve!

A confiança num novo medicamento, numa nova descoberta, ajuda. Eles falam sobre o medicamento no rádio, na TV, nos jornais, e cria-se um clima de confiança e esperança. Mas depois de alguns meses, depois que muitos já tomaram aquele remédio – e alguns tolos também o tomaram e não puderam ser ajudados –, a suspeita surge, "porque aquele homem tomou o remédio e nada aconteceu!". Esses tolos, então, criam o anticlímax, e depois de algum tempo o remédio perde seu efeito.

Ainda mais do que o remédio, o médico ajuda se você confia nele. Você já observou que quando está doente e o médico chega, se você confia nele, sente um alívio só com a sua chegada? Ele ainda não lhe deu nenhum remédio, apenas examinou o seu corpo – tirou a pressão, isso e aquilo – e você já se sente 50% melhor. Chegou um homem em quem você confia. Agora você não precisa carregar o peso sozinho; pode deixá-lo com ele e ele verá o que fazer. Se você não confiar no médico, ele não poderá fazer nada.

Na medicina, eles dão o nome de placebo a um certo remédio. É só água ou algo que não tem nada a ver com a doença. Mas, se ele for dado a você por um médico em quem você confia, aquilo ajuda tanto quanto o remédio real; não há diferença.

A mente é mais poderosa do que a matéria; a mente é mais poderosa do que o corpo.

E Jesus percorreu toda a Galileia, ensinando nas sinagogas, pregando o evangelho do reino e curando toda espécie de males e de doenças entre o povo.
E sua fama se espalhou por toda a Síria; levaram-lhe então todos os enfermos tomados por diversas doenças e tormentos, os endemoniados, os lunáticos e os paralíticos; e ele os curou.
E foi seguido por grandes multidões da Galileia, das Dez Cidades, de Jerusalém, da Judeia e do além Jordão.

Jesus era mais um curandeiro que um professor. Um curandeiro não apenas do corpo, não apenas da mente, mas da alma também. Ele era um médico, um médico da alma. É como todo mestre tem de ser.

Você está dividido interiormente, está fragmentado, não é um todo. Se você se tornar inteiro, estará curado. Se as tensões em relação ao futuro e as tensões acumuladas do passado desaparecerem de dentro de você, você será curado, suas feridas desaparecerão. Se você puder estar no presente, estará inteiro, completamente vivo, totalmente vivo, e um profundo regozijo acontecerá em você.

Jesus não é um filósofo transmitindo algum dogma para as pessoas. Ele está tentando ensinar confiança, e, se a confiança acontece, tudo se torna possível. E ele diz: "A fé remove montanhas". Pode não ser as montanhas que existem no exterior, mas as montanhas de ignorância, as montanhas de feiura, as montanhas de inconsciência que existem no seu interior. Ele não tem um credo, um dogma. Ele está, na verdade, desprendendo de si uma força curativa. Todo seu esforço é para ajudá-lo a retornar para Deus. Eis por que ele disse: "Não agradeça a mim. Agradeça a Deus".

E ele também diz: "Foi a sua fé que o curou". Nem mesmo Deus pode curar você – só a sua fé. A insistência de Jesus é na fé. E lembre-se da diferença entre fé e crença: crença é uma ideia; fé é uma realidade total, uma reverência pelo todo. Crença é da mente; fé é da sua totalidade.

Quando você acredita em Deus, você acredita num Deus dos filósofos. Quando você acredita em Deus, Deus é uma ideia, uma doutrina. Ele pode ser provado e contestado, sem nunca o transformar. Mas, se você tem fé, isso já o transforma. Eu não direi que a fé *vai* transformá-lo. Se você tem fé, ela *já* o transformou. A fé não conhece nenhum futuro, ela é imediatamente efetiva. Mas a fé não é da cabeça. Quando você tem fé, você tem fé em seu sangue, em seus ossos, em sua medula, em seu coração. Você tem fé em todo o seu ser. Um homem de fé é um homem de Deus.

Todo o esforço de Jesus é para trazê-lo de volta para casa. Sim, Deus está gritando através dele: "Entronize-me!" Se você tiver fé, se tornará disponível e Deus será entronizado em você. Esse é o único modo de se estar cheio de graça. A menos que Deus seja entronizado em você, você permanecerá um mendigo, permanecerá pobre, permanecerá doente. Você nunca será inteiro e saudável, nunca conhecerá o êxtase da existência, nunca será capaz de dançar e rir e cantar e simplesmente ser... – somente se Deus for entronizado em você, e isso significa que você foi destronado e Deus ficou no seu lugar.

Assim, esta é a escolha, a maior escolha com a qual o homem se depara: ou ele continua no trono... ou deixa o trono e permite a Deus entrar.

Basta por hoje.

6
A luxúria divina

A PRIMEIRA PERGUNTA:

Osho, qual é a necessidade de sigilo nos relacionamentos entre mestre e discípulo e também nos relacionamentos dos seres humanos comuns?

O ser tem dois lados, o exterior e o interior. O exterior pode ser público, mas o interior não. Se você tornar o interior público, perderá sua alma, perderá sua face original. Então, viverá como se não tivesse ser interior. A vida se tornará insípida, fútil. Isso acontece com os que vivem uma vida pública: políticos, astros de cinema. Eles se tornam públicos, perdem seu ser interior completamente, não sabem quem são, exceto o que o público diz sobre eles. Eles dependem da opinião dos outros, não têm um senso de seu ser.

Uma das mais famosas atrizes, Marilyn Monroe, cometeu suicídio, e os psicanalistas ficaram ruminando sobre a razão de tal ato. Ela era uma das mulheres mais belas que já existiram, uma das mais bem-sucedidas. Até o presidente dos Estados Unidos se apaixonou por ela, e ela teve milhares de amantes. Não se pode imaginar o que mais se poderia ter. Ela tinha tudo. Mas era pública e sabia disso. Mesmo no seu quarto, quando o presidente Kennedy estava lá, ela o chamava de "Sr. Presidente" – como se estivesse fazendo amor não com um homem, mas com uma instituição. Ela era uma instituição. Pouco a pouco, foi percebendo que não tinha nada particular. Certa vez, após ter posado para um calendário de fotos de nudez, alguém lhe perguntou:

– Você usou alguma coisa enquanto posava para a foto?

Ao que ela respondeu:

– Sim, usei. O rádio.

Exposta, nua, nenhum "eu" particular. Minha sensação é de que ela cometeu suicídio porque essa foi a única coisa que lhe restou para fazer privadamente. Tudo era público, aquela era a única coisa que ela podia fazer por conta própria, sozinha – algo absolutamente íntimo e secreto. Figuras públicas são sempre tentadas na direção do suicídio, porque somente através do suicídio podem ter um vislumbre de quem são.

Tudo que é belo é interno, e o interno significa privacidade. Você já observou as mulheres fazendo amor? Elas sempre fecham os olhos. Elas sabem algo. Um homem faz amor com os olhos abertos, ele permanece um observador também. Ele não está completamente no ato, não está totalmente naquilo. Ele permanece um *voyeur*, como se alguém estivesse fazendo amor e ele estivesse olhando, como se o ato de fazer amor estivesse passando na tela da TV ou num cinema. Mas uma mulher sabe melhor, porque ela está mais delicadamente sintonizada com o interior. Ela sempre fecha os olhos. Então, o amor tem uma fragrância totalmente diferente.

Faça uma coisa, um dia: vá ao banheiro e depois acenda e apague a luz. Enquanto houver escuridão, você ouvirá a água caindo mais claramente, o som vai ser preciso. Quando a luz estiver acesa, o som não será tão límpido. O que aconteceu na escuridão? Na escuridão, tudo o mais desaparece, porque você não pode ver. Somente você e o som estão ali. Eis por que a luz, em todos os bons restaurantes, é evitada; a luz clara é evitada. Eles usam luz de velas, e o paladar fica mais apurado... Você come bem e saboreia mais, sente os aromas. Se a luz for muito clara, o sabor quase desaparece. Os olhos tornam tudo público.

Bem na primeira frase do seu livro *Metafísica*, Aristóteles diz que a visão é o sentido mais elevado do homem. Não, não é. Na verdade, a visão tornou-se demasiadamente dominante. Ela mobilizou todo o "eu" e destruiu todos os outros sentidos. O mestre de Aristóteles, Platão, diz que há uma hierarquia nos sentidos: a visão no topo, o toque no fundo. Ele está absolutamente errado. Não há nenhuma hierarquização.

Todos os sentidos são do mesmo nível, e não deveria haver nenhuma hierarquização. Mas vocês vivem através dos olhos: 80% da vida é orientada pelos olhos. Não deveria ser assim: um equilíbrio precisa ser restaurado. Você deve tocar também, porque o toque tem algo que os olhos não podem dar.

Experimente: toque a mulher que você ama ou o homem que você ama, com a luz acesa e depois no escuro. No escuro, o corpo se revela, na luz acesa ele se esconde.

Já viu alguma pintura de corpos femininos de Renoir? Eles têm algo de miraculoso. Muitos pintores pintaram corpos femininos, mas não há comparação com Renoir. Qual é a diferença? Todos os outros pintores pintaram o corpo feminino como ele parece aos olhos. Renoir pintou-o como é sentido com as mãos; por isso sua pintura tem uma intimidade e um calor, uma vivacidade.

Quando você toca, algo muito perto acontece. Quando você vê, aquilo está mais distante. No escuro, em segredo, na privacidade, algo é revelado, algo que não pode ser revelado abertamente, no mercado. Os outros estão vendo e observando; algo profundo dentro de você se retrai, não pode florescer. É como se você colocasse as sementes no chão aberto para todos olharem para elas. Elas nunca brotarão, pois precisam ser jogadas no útero da terra, em profunda escuridão, onde ninguém possa vê-las. Lá elas começam a brotar e pode nascer uma grande árvore. Assim como as sementes precisam da escuridão e da privacidade dentro da terra, todos os relacionamentos que são profundos e íntimos permanecem no interior. Eles precisam de privacidade, eles precisam de um lugar onde somente existam dois. E chega um momento em que até os dois se dissolvem e passa a existir apenas um. Dois amantes em profunda sintonia um com o outro se dissolvem. Somente um existe. Eles respiram juntos, eles *são* juntos; existe uma fusão. Isso não teria sido possível se houvesse observadores. Eles nunca seriam capazes de relaxar e se entregar, se outros estivessem olhando. O próprio olhar dos outros seria a barreira. Assim, tudo o que é belo, tudo o que é profundo, acontece na escuridão.

Nos relacionamentos humanos comuns, a privacidade é necessária. E quando você pergunta sobre o relacionamento de um mestre e um discípulo, até mais privacidade é necessária, porque ali se dá uma transmissão da mais alta energia possível ao homem. Trata-se do maior pico de amor, onde um homem derrama-se num outro e o outro se torna um útero receptivo. Até mesmo uma pequena perturbação – alguém olhando – será barreira suficiente.

O sigilo tem sua razão de ser. Lembre-se disto, e lembre-se sempre de que você se comportará muito tolamente na vida se se tornar completamente público. Será como se alguém tivesse virado os bolsos para fora. Essa será sua forma – bolsos virados para fora. Não há nada errado em ser extrovertido, mas lembre-se de que aquilo é somente parte da vida. Não deve se tornar o todo.

Não estou dizendo para viver na escuridão para sempre. A luz tem sua própria beleza e sua própria razão. Se a semente permanecer na escuridão para sempre e sempre, e nunca vier para fora para receber o sol na manhã, ela morrerá. Ela tem de entrar na escuridão para brotar, para ganhar força, para tornar-se vital, para renascer. E, então, ela tem de sair e encarar o mundo e a luz e as tormentas e as chuvas. Ela tem de aceitar o desafio do exterior. Mas esse desafio só pode ser aceito se você estiver profundamente enraizado em seu interior.

Não estou dizendo para se tornar um escapista, não estou dizendo para fechar os olhos, ir para dentro e nunca mais sair. Estou simplesmente dizendo: entre, de modo que possa sair com energia, com amor, com compaixão. Entre, de modo que, quando sair, você não seja um mendigo, mas um rei. Entre, de modo que, quando sair, você tenha algo a compartilhar – as flores, as folhas. Entre, de modo que sua saída se torne enriquecida, e não empobrecida. E lembre-se sempre: quando se sentir exaurido, a fonte de energia estará lá dentro. Feche os olhos e entre.

Faça relacionamentos exteriores; faça relacionamentos interiores também. É claro que você está fadado a ter relacionamentos externos – você vive no mundo, há relacionamentos comerciais –, mas eles não devem ser tudo. Eles têm seu papel, mas deve haver algo absolutamente secreto e privado, algo que você chame de seu. Era disso que Marilyn Monroe sentia falta. Ela era uma mulher pública – bem-sucedida, contudo completamente fracassada. No auge de seu sucesso e fama, cometeu suicídio. Por que cometeu suicídio permanece um enigma. Ela tinha tudo para viver; não se pode conceber maior fama, maior sucesso, maior saúde. Tudo estava ali, nada podia ser melhorado e, contudo, algo estava faltando. O lado de dentro, o interior, estava vazio. Então, o suicídio é o único caminho.

Talvez você não ouse o bastante para cometer suicídio como Marilyn Monroe. Você pode ser muito covarde e ir cometendo suicídio muito lentamente – pode levar setenta anos para completá-lo. Mas ainda assim será um suicídio. A menos que você tenha algo dentro de você, que não seja dependente de nada do exterior, que seja apenas seu mesmo – um mundo, um espaço só seu, onde você possa fechar os olhos e se mover internamente, esquecendo tudo mais que existe –, você estará cometendo suicídio.

A vida surge dessa fonte interna e espalha-se no céu exterior. Tem de haver um equilíbrio – eu sou sempre pelo equilíbrio. Assim, eu não diria, como Mahatma Gandhi, que sua vida deva ser um livro aberto – não. Alguns capítulos abertos, tudo bem. E alguns capítulos completamente fechados, completamente um mistério. Se você for somente um livro aberto, será um prostituto, ficará nu em praça pública, só com o rádio. Não, isso não serve para nada.

Se todo o livro estiver aberto, você simplesmente será um dia sem nenhuma noite, apenas um verão e nenhum inverno. Então, onde você descansará, onde colocará seu próprio centro, onde se refugiará? Para onde irá quando o mundo for demasiado para você? Onde irá orar e meditar? Não, meio a meio está perfeito. Deixe metade do livro aberto – abra para todo mundo, disponibilize a todos. Deixe a outra metade do seu livro ser tão secreto que somente raros convidados sejam permitidos lá. Só raramente alguém deve ter permissão para mover-se dentro do seu templo. Se a multidão estiver entrando e saindo, então o templo não é mais um templo; pode ser um saguão de aeroporto, mas não um templo. Só raramente, muito raramente, permita que alguém entre no seu Eu. O amor é isso.

A SEGUNDA PERGUNTA:

Osho, às vezes fico imaginando o que estou fazendo aqui, sentado diante de você. E então, de repente, você é demais para mim, demasiada luz e amor, e quero ir embora. Você pode me explicar isso?

Sim, a questão está fadada a acontecer a todo mundo, um dia ou outro. O que você está fazendo aqui? A questão surge porque minha ênfase não está no fazer: eu estou lhes ensinando o *não fazer*. A questão é relevante. Se eu estivesse lhes ensinando a fazer algo, a questão não surgiria, porque você estaria ocupado. Se você for a outro lugar – há mil e um *ashrams* no mundo, onde eles ensinam algo a fazer. Eles não o deixarão desocupado de forma alguma, porque acreditam que uma mente desocupada é a oficina do diabo.

Minha compreensão é total e transversalmente oposta. Quando você está absolutamente vazio, Deus o preenche; quando você está desocupado, somente então você pode *ser*. Enquanto você está fazendo algo, fica apenas na periferia. Todos os atos estão na periferia – bons e maus, todos. Seja um pecador – você está na periferia; seja um santo – você está na periferia. Para fazer o mal, você tem de sair de si mesmo; para fazer o bem, você também tem de sair de si mesmo.

O fazer sempre é externo, o não fazer é interno. Não fazer é o seu Eu particular, fazer é o seu Eu público. Não estou lhes ensinando a se tornarem santos; caso contrário, teria sido muito fácil: não faça isto, faça aquilo; mude a aparência, mude seus atos. Estou tentando uma coisa totalmente diferente, uma mutação – não uma mudança de uma parte da periferia para outra parte da periferia, mas uma transmutação da periferia para o centro. O centro é vazio, absolutamente vazio. Lá, você *é*. Lá existe o ser, não o fazer.

Está fadado a acontecer que, algumas vezes, sentado diante de mim, você imagine o que está fazendo aqui. Nada – você não está fazendo nada aqui. Você está aprendendo a simplesmente ser, a não fazer; aprendendo como não fazer nada – nenhuma ação, nenhum movimento... como se tudo parasse, o tempo parasse. E, neste momento sem movimento, está em sintonia com o presente, em sintonia com Deus.

As ações se tornam parte do passado. As ações podem estar no futuro, podem estar no passado. Deus está sempre no presente. Deus não tem passado e nenhum futuro. E Deus não fez coisa alguma. Quando você pensa que ele criou o mundo, você está criando imagens dele à sua semelhança. Vocês não conseguem permanecer sem fazer nada – ficam demasiadamente inquietos e isto os torna demasiadamente tensos –, então vocês concebem Deus também como um criador... Os cristãos dizem que durante seis dias ele criou e no sétimo dia, no domingo, ele descansou – um dia santo.

A Bíblia diz que Deus criou o homem segundo sua própria imagem. O contrário parece ser o caso: o homem criou Deus segundo sua própria imagem. Como você não consegue permanecer desocupado, você pensa: o que Deus faria, se não estivesse criando o mundo? E como você fica cansado quando faz, pensa que Deus deve ter ficado cansado depois dos seis dias – então, no sétimo, descansou. Isso é puramente antropomórfico. Você está pensando sobre Deus simplesmente como pensaria sobre si mesmo. Não, Deus não criou o mundo; o mundo surgiu da sua não atividade, o mundo saiu do seu não fazer. O mundo é um florescimento de Deus, exatamente como uma árvore.

Você acha que uma árvore está criando as flores – fazendo muito esforço, fazendo exercícios, planejando, perguntando a especialistas? A árvore não está fazendo nada absolutamente. A árvore está simplesmente ali, absolutamente desocupada. Nesse estado desocupado, a flor floresce por si mesma. E lembrem-se: se algum dia as árvores ficarem tolas – tolas como os homens – e começarem a tentar produzir as flores, então, as flores pararão de vir. Elas não virão mais, porque sempre vêm sem esforço. Observe uma flor. Você consegue ver algo de esforço nela? O próprio ser de uma flor é tão relaxado, ela simplesmente se abre. Mas nós não podemos conceber isso. Os pássaros cantam de manhã... – você pensa que eles vão ao Ravi Shankar para aprender? Vocês acham que eles estão fazendo alguma coisa de manhã quando começam a cantar? Não, nada parecido com isso. O sol surge, e do espaço vazio que existe neles surge a canção. O maior milagre do mundo é que Deus criou sem fazer nada. Vem tudo do nada.

Andei lendo sobre a vida de Wagner, o compositor alemão, um grande músico. Alguém perguntou a ele:

– Pode dizer alguma coisa sobre o segredo de você ter criado tão belas músicas, e como?

Wagner disse:

– Porque eu era infeliz. Se tivesse sido feliz, não teria escrito uma única nota. As pessoas infelizes têm de preencher a vida com imaginação, porque sua realidade tem falta de algo.

E ele está certo de muitos modos. Pessoas que nunca amaram escrevem poesia sobre o amor. É um substituto. Se o amor tiver realmente acontecido na vida, quem se importa de escrever poesia sobre ele? A pessoa, ela mesma, teria sido poesia; não teria havido nenhuma necessidade de escrevê-la.

Wagner disse: "Poetas escrevem sobre o amor porque perderam o amor". E então fez uma afirmação que é tremendamente significativa. Ele disse: "Penso que Deus criou o mundo porque estava infeliz".

Um grande *insight* – mas o *insight* é relevante para o homem, não para Deus. Se você me perguntar se Deus criou o mundo... – em primeiro lugar, ele não é "um criador", mas "uma criatividade". Mas, para usar a velha expressão, Deus criou o mundo não porque estivesse infeliz, mas porque estava tão feliz que transbordou; ele tinha demais.

A árvore está florescendo lá no jardim não porque esteja infeliz. As flores vêm somente quando a árvore tem tanto para compartilhar e não sabe o que fazer com aquilo. A flor é um transbordamento. Quando a árvore não está muito bem alimentada, bem irrigada, se não tiver recebido a quantidade certa de sol, de cuidado e amor, ela não floresce, porque o florescimento é um luxo. Acontece somente quando você tem demasiado, mais do que precisa. Sempre que você tem demasiado, o que fazer? Aquilo se tornará um peso, uma carga, que precisará ser liberada. A árvore irrompe e floresce, ela chegou ao seu momento luxuriante.

O mundo é a luxúria de Deus, um florescimento. Ele tem tanto – o que fazer com aquilo? Ele compartilha, deixa sair, começa a expandir, começa a criar. Mas lembre-se sempre: Ele não é um criador como um pintor que pinta. O pintor é separado da pintura. Se o pintor morrer, a pintura ainda viverá. Deus é um criador como um dançarino: a dança e o dançarino são um. Se o dançarino para, a dança para.

Você não pode separar a dança do dançarino, você não pode dizer ao dançarino: "Me dê sua dança, vou levá-la para casa. Estou pronto para comprá-la". A dança não pode ser comprada. Ela é uma das coisas mais espirituais do mundo, porque não pode ser comprada. Você não pode levá-la por aí, não pode fazer dela uma mercadoria. Quando o dançarino está dançando, ela está presente; quando o dançarino para, ela desaparece como se nunca tivesse existido.

Deus é *criatividade*. Não é que ele tenha criado algo no passado e depois parado e descansado – e desde então, o que tem ele tem feito? Não, ele está criando continuamente. Deus não é um evento, é um processo. Ele não criou e depois parou – então, o mundo estaria morto. Ele está continuamente criando, assim como os pássaros estão cantando e as árvores estão florindo e as nuvens estão se movendo no céu. Ele está criando... e ele não precisa de nenhum repouso, porque a criatividade não é um ato: você não pode cansar. Ela vem da vacuidade.

Este é o significado no Oriente, quando dizemos que Deus é a vacuidade. Somente a vacuidade pode ser infinita; "algo" fatalmente é finito. Somente a partir do nada é possível uma infinita expansão de vida, de existência – não a partir de alguma coisa. Deus não é alguém, é ninguém. Deus não é algo, ele é nada ou, mais corretamente, é "vacuidade". Ele é um vazio criativo – aquilo que Buda chamou de *shunya*.

O que estou ensinando a vocês? Estou lhes ensinando o mesmo: a tornarem-se vazios, não fazedores, encantados por simplesmente serem.

Eis por que essa questão está fadada a vir à mente de todo mundo, uma hora ou outra. Você pergunta: "Às vezes fico imaginando o que estou fazendo aqui". Você imagina corretamente – não está fazendo nada aqui. Sua mente pode suprir as respostas, mas não as ouça. Ouça a minha resposta. Você não está fazendo nada aqui: não estou lhe ensinando a fazer alguma coisa. Sua mente talvez diga que você está aprendendo meditação, ioga, isto, aquilo, ou que você está tentando alcançar a iluminação, o *satori*, o *samadhi* – tudo disparate.

Isto é sua mente subsidiando, porque a mente é uma conquistadora, a mente não pode permanecer sem atividade. A mente vai criando uma atividade e depois outra. Ganhe dinheiro; se você já conseguiu isso, então, ganhe meditação – mas ganhe. Alcançar alguma coisa, fazer alguma coisa.

Você fica com medo quando não está fazendo alguma coisa, porque então, de repente, está face a face com o vazio criativo. Esta é a face de Deus: quando você está num caos e caindo num abismo infinito sem poder ver o fundo – não há nenhum.

Sentado diante de mim, o que você está fazendo? Apenas sentado. Este é o significado de *zazen*. No zen, eles chamam "meditação" de *zazen*. *Zazen* significa isto: sentar sem fazer nada. Se você puder sentar-se, simplesmente sentar-se perto de mim, isso basta, é mais que bastante: nada mais é preciso. Se você puder simplesmente sentar-se sem fazer nada – sem nem mesmo um pensamento, sem pensar ou sonhar –, se você puder simplesmente sentar-se perto de mim, isso fará tudo.

Você diz: "De repente, você é demais para mim". Sim, se você simplesmente se sentar, eu serei demais; se você simplesmente permanecer sentado, de repente começarei a fluir para dentro de você. Se você simplesmente permanecer sentado, imediatamente perceberá a luz e o amor. E então você diz "eu quero ir embora", porque tem medo do amor e da luz.

Você se tornou um *denizen* da escuridão – um habitante. Você viveu na escuridão por tanto tempo que seus olhos têm medo. Não importa o que você diga – que gostaria de viver na luz –, seus hábitos profundamente enraizados se encolhem e dizem: "Aonde você está indo!?" Você tem um grande investimento na escuridão. Todos os seus conhecimentos estão relacionados à escuridão. Na luz você seria absolutamente ignorante. Toda a sua sabedoria e experiência vêm da escuridão: na luz, você se verá como um bebê inocente, uma criança pequena que não sabe nada.

Você tem vivido no cativeiro e agora tem medo de ser livre. Você vive falando sobre liberdade e *moksha* – absoluta liberdade –, mas, se observar a si mesmo, saberá que, sempre que a liberdade chega em seu caminho, você foge. Você tem medo. Talvez você fale sobre liberdade só para enganar a si mesmo; talvez isso seja um substituto, o substituto de que fala Wagner. Você está em cativeiro: nunca conheceu a liberdade. Você fala sobre liberdade, canta canções de liberdade e, através dessas canções, tem uma satisfação vicária – como se tivesse se tornado livre. Trata-se de uma liberdade "como se". Mas comigo não vai ser "como se", vai ser uma realidade.

Você está sempre pedindo amor, mas, quando ele chega, você foge, porque o amor é perigoso. Um dos maiores perigos na vida é o amor. A mente pode se estabelecer no casamento, mas não no amor. A mente sempre quer a lei, não o amor. A mente sempre ama a ordem, não o caos que é o amor. A mente quer permanecer na segurança, e o amor é a maior insegurança com que se pode cruzar. Sempre que o amor vem, você fica com medo até as raízes, você balança e treme, porque esse amor, se tiver permissão de entrar em você, destruirá sua mente. A mente diz: "Fuja! Fuja imediatamente!" A mente fica tentando se salvar.

Você tem vivido muito profundamente em contato com a mente e ficou bastante apegado. Você acha que tudo o que a mente diz é certo; você pensa que tudo o que é seguro para a mente é seguro para você. Aí está todo o mal-entendido. A morte da mente será vida para você, e a vida da mente não é nada mais do que morte para você. A identidade tem de ser quebrada. Você tem de se tornar ciente de que você não é a mente. Somente então poderá estar perto de mim, somente então o esforço para ir embora e fugir se dissolverá. Caso contrário, você poderá descobrir razões para ir embora, mas essas razões serão todas falsas. A razão verdadeira será esta: que você não foi capaz de deixar a luz entrar, não foi capaz de deixar o amor entrar e destruir seu ego, dando-lhe um renascimento.

A TERCEIRA PERGUNTA:

Osho, seu ensinamento parece ser: seja absolutamente você mesmo. Isso está além de mim. Como a pessoa pode ser ela mesma, se a pessoa não é ela mesma?

Deixe-me lhe fazer outra pergunta: como você pode não ser você mesmo? Você pode acreditar nisso, mas não pode ser outra coisa que não você mesmo. Você pode pensar que é outra pessoa, pode imaginar que é outra pessoa, mas o tempo todo é apenas você, nada mais. Quer você acredite que é você mesmo ou não, isso é irrelevante. Você permanece, o tempo todo, você mesmo. Você pode sair correndo e perseguindo sombras, mas um dia ou outro terá de perceber que esteve fazendo uma coisa absurda.

Como você pode ser outro que não você mesmo? Como? Você me pergunta como a pessoa pode ser ela mesma. Eu lhe pergunto: como a pessoa pode ser outra além dela mesma? – e no meu questionamento está a resposta. Ninguém é outro que não ele mesmo; ninguém pode ser outro que não ele mesmo. Ser você mesmo é o único meio de ser, nada pode ser feito quanto a isto.

Pode acreditar... é como você dormindo à noite em Puna e sonhando que está na Filadélfia. Isso não muda nada na realidade. Você permanece em Puna – aqui, em algum lugar, no Mobo's. Você permanece em Puna; a Filadélfia permanece só um sonho. De manhã, você não acordará na Filadélfia; acordará no Mobo's, em Puna. Por mais triste que seja, é o caso! Nada pode ser feito a respeito: no máximo, você pode sonhar novamente com a Filadélfia.

Vocês são deuses. Esta é a sua realidade. Você pode acreditar... você tem acreditado em muitas coisas. Algumas vezes você acreditou que era uma árvore – muitas árvores ainda estão acreditando nisso. Algumas vezes você acreditou que era um animal... um tigre, um leão. Há algumas pessoas que pertencem ao Lions Club – Lion Bhabhutmal Sanghvi. Não estão satisfeitos em ser homens – são leões! Algumas vezes você acreditou que era um leão, e então você *era* um leão: um sonho. Algumas vezes você acreditou que era uma pedra e você *era* uma pedra: um sonho. Você vai mudando de sonhos.

Agora chegou a hora. Acorde! Eu não estou lhe dando outro sonho, lembre-se disto. Você anseia por isso, você gostaria que eu lhe desse outro sonho, mas eu não vou lhe dar outro sonho. Eis por que ficar comigo é difícil e árduo – porque estou insistindo para que você acorde. Já basta. Você já sonhou muito; tem estado sonhando desde a eternidade. Você esteve apenas mudando de sonho. Quando você fica cheio de um sonho, muda de sonho: sonha outro sonho. Todo meu esforço é para sacudi-lo, chocá-lo – para acordá-lo.

Não é uma questão de alcançar alguma coisa nova; já é o seu ser. Basta abrir os olhos, abandonar os sonhos, abandonar as nuvens e a visão – é uma questão de clareza e compreensão, eis tudo. Entre você e Jesus, entre mim e você, entre você e Buda, não há nenhuma diferença de ser – nada. Você é exatamente o mesmo. A diferença, no máximo, é que você está dormindo e Jesus não está dormindo, eis tudo.

Assim, não me pergunte como ser você mesmo; você não pode ser diferente. Pergunte-me apenas como acordar. Você é você mesmo *o tempo todo*! Torne-se um pouco mais alerta, traga uma nova qualidade de consciência acordada – e basta observar. Não tente ser alguma coisa, porque isso novamente será um sonho. Apenas observe: seja você quem for, observe e seja... permita-se ser isso. Então, o acontecimento, o súbito acontecimento, pode vir a qualquer momento. Os céus podem se abrir, e o espírito de Deus, como uma pomba, pode entrar em você.

Na verdade, este é apenas um jeito de dizer algo que não pode ser dito. Pode também ser dito em termos opostos. Deixe-me dizê-lo, então: que quando João Batista iniciou, batizou Jesus, Jesus se abriu e o espírito de Deus, como uma pomba, foi liberado de seu interior e voou para o céu infinito. Isto é também exatamente a mesma verdade. É um modo de dizê-la a partir de duas polaridades.

Vocês são deuses e nunca foram outra coisa. Eis por que eu não estou preocupado se você quer dormir um pouco mais. Não há nada de errado; a escolha é por sua conta. Você pode ter um pouco mais de sono – vire-se na cama e durma um pouco mais, ronque um pouco mais –, nada há de errado. Mas não tente se melhorar, não tente alcançar nada. Não tente se tornar alguma coisa, porque você já é o que quer se tornar! O ser é seu único tornar-se, você carrega seu destino dentro de si mesmo. Relaxe... e seja.

A QUARTA PERGUNTA:

Osho, você ainda está aprendendo também?

Sim, porque, se o aprendizado para, você está morto. Aprender é vida. Você pode me perguntar: "Você ainda está vivo?" – e será a mesma pergunta.

O ego é perfeccionista e pensa que, quando você tiver atingido, quando tiver se tornado iluminado, então não haverá mais aprendizado, pois você já sabe tudo. Mas, se você sabe tudo, esse "tudo" será finito. Simplesmente por ser conhecido, torna-se finito. Você não pode conhecer o infinito. O infinito simplesmente significa que você pode continuar aprendendo e que o fim jamais chega, é uma eterna jornada. Começa, mas nunca termina. Mas então o ego pensa: então qual é a diferença quando nós também estamos aprendendo? A diferença é que você está aprendendo dormindo, inconsciente, e um homem iluminado aprende conscientemente. Seu aprendizado não é o saber: seu aprendizado é conhecimento, são informações mortas. Um homem que está acordado – seu aprendizado não é como conhecimento, seu aprendizado é puramente saber.

Ele é como um espelho. O espelho vai espelhando. Um pássaro voa diante de um espelho e o espelho o espelha. Pode-se chegar a um ponto em que você diga que agora o espelho está perfeito, pois ele não espelha mais? Quando o espelho está perfeito, ele espelhará *perfeitamente*, só isso.

Quando você está acordado, você aprende perfeitamente. Não que você pare de aprender, não que você tenha se tornado perfeito e agora não haja mais nada a aprender – exatamente ao contrário. Quanto mais você sabe, mais há a saber; quanto mais você abre seus olhos, mais o infinito o cerca. Trata-se de uma jornada infinita. Eu ainda estou aprendendo. E estou feliz; não gostaria que fosse de outro jeito. Não gostaria de chegar a um ponto em que eu pudesse dizer: "Já aprendi tudo" – porque isso seria a morte. E então? Então o rio estaria congelado e não fluiria mais. Não, um rio perfeito está sempre fluindo. Eu continuarei aprendendo, Buda e Jesus ainda estão aprendendo. Tem de ser assim.

Mahavira ainda está aprendendo, a despeito do que dizem os jainistas. Eles dizem que ele já sabe tudo, que se tornou conhecedor de tudo – mas isso é porque o ego deles está envolvido. O mestre deles: como ele poderia ainda estar aprendendo? Isso significa que ele ainda não é perfeito? Então, os jainistas dizem que Mahavira aprendeu tudo, que se tornou um *sarvagya* – conhecedor de tudo, onisciente. Isso é o ego deles, não Mahavira.

Se você disser aos cristãos que Jesus ainda está aprendendo, eles ficarão com muita raiva. O filho de Deus, o único filho de Deus – como pode ele ainda estar aprendendo!? Ele sabe tudo! Mas eu lhes digo: ele ainda está aprendendo, porque ele ainda está vivo, vivo com o infinito – aprendendo infinitamente, e é claro, aprendendo perfeitamente.

Isto é muito difícil de ser compreendido, porque seu ego sempre busca metas e, se o aprendizado continua para sempre e sempre, então, não há nenhuma meta. Mas eu lhes digo: é assim que a vida é. A vida não tem nenhuma meta, ela é um rio sempre fluindo: sempre alcançando, sem nunca alcançar; sempre chegando, sem nunca chegar – em cada chegada uma nova partida.

Vá aos Himalaias. Você anda, anda, escala, vai alto até o pico. O tempo todo que você esteve subindo, não havia nenhum pico além daquele. Então você chega ao pico, e muitos mais picos são revelados. Você continua e continua e continua... – é um processo sucessivo.

Deus é o processo. Até mesmo Deus está aprendendo. Tem de ser assim, caso contrário ele seria estúpido. Ele não é estúpido, está aprendendo, está evoluindo – e isso é lindo. Nada é estático, tudo é dinâmico. Eis o que quero dizer quando falo: "Não diga 'Deus existe', sempre diga 'Deus está acontecendo'". Não use termos estáticos; não use um nome para ele – use um verbo. Diga "Ele está acontecendo", "Ele está aprendendo", "Ele está evoluindo", "Ele é um processo", "Ele é um rio" e você terá alcançado a verdade.

Sim, eu estou continuamente aprendendo. A cada momento a vida é tão tremendamente vasta, tão tremendamente infinita e tão tremendamente misteriosa... Dizer que a pessoa sabe tudo é um sacrilégio.

A QUINTA PERGUNTA:

Osho, por que Jesus fala constantemente por meio de parábolas obscuras, que frustram até seus discípulos na maioria das vezes? Essa é uma técnica deliberada? Por que ele não pôde ser mais direto, como você?

Quem foi que lhe disse que eu sou direto? Enquanto me ouve, você pode ter essa impressão. Pense e medite sobre isso mais tarde: você me achará mais frustrante que Jesus. Pelo menos ele é consistente!

E nunca faça tais perguntas, porque essas perguntas mostram que você está sentado como um juiz. Por que Jesus faz isto ou aquilo? Se você não pode livrar nem Jesus do seu julgamento, como será capaz de livrar qualquer outra pessoa? Por que não pode aceitar as coisas como elas são? Por que esta flor é branca e não vermelha? Isso não é uma pergunta tola? Esta flor é vermelha, aquela flor é branca – por quê?

Uma criança pequena estava andando com D. H. Lawrence num jardim e lhe perguntou:

– Por que as árvores são verdes?

D. H. Lawrence olhou para a criança e disse:

– Elas são verdes porque são verdes!

Jesus é Jesus, eu sou eu. Jesus não existe para me seguir, nem eu existo para segui-lo. E é bom que todos sejamos únicos; caso contrário, a vida seria um tédio, uma monotonia. Mas as pessoas são tolas – elas continuam vindo a mim e perguntando: "Por que Buda disse isto, por que Mahavira nunca disse isto?" Mas Mahavira é Mahavira, Buda é Buda. O Ganges flui para a direção leste e o Narmada flui para a direção oeste – o que fazer? Se todos os rios estivessem fluindo para a direção leste, você pensa que o mundo seria melhor? Pense num mundo com quatro milhões de Budas – você consegue pensar alguma coisa mais entediante? Eles começariam a cometer suicídio: aonde quer que você fosse, encontraria sua réplica; para onde quer que olhasse, seria sempre como se estivesse olhando no espelho – só pessoas exatamente iguais.

Não, é bom que todo mundo seja único. Por que você anseia por tais coisas? Jesus é belo em suas parábolas: sem parábolas ele não teria sido belo, sem parábolas algo seria perdido. Ele é um dos mais belos contadores de histórias.

E, naturalmente, a beleza de uma parábola é que ela desconcerta a razão. Mas vocês são infantis: vocês acham que a história é perfeita quando ela lhes dá a conclusão, o moto. Vocês são bem iguais a crianças de escola, que não podem ficar satisfeitas a menos que a história chegue a uma conclusão e tenha um fechamento matemático exato. Aí elas ficam satisfeitas, mas então a história está morta. Uma história perfeitamente concluída está morta.

Uma parábola tenta mostrar algo, não dizê-lo. Ela indica muito indiretamente; a conclusão tem de ser suprida por você. Ela deixa uma brecha, ela lhe dá algum espaço para descobrir a conclusão. Uma parábola é criativa. Quando uma história está totalmente completa – como dois mais dois são quatro –, ela não lhe dá nenhum campo para sua imaginação, nenhum campo para sua meditação. Então, tudo é simplesmente matemático. Não é mais poético, é algo morto.

Você gostaria de alguém para dizer de forma absoluta, exata, o que ele quer comunicar, mas então aquilo que é o significado final não lhe pode ser mostrado. O significado final será sempre indireto, indicado – dito, e contudo não dito. Você sente algo impreciso, nunca é concreto. Se fosse concreto, seria deste mundo. Se permanece impreciso e você o segue, e tenta descobrir a chave, você se eleva acima daquilo – você já entrou num outro mundo.

Uma parábola não é uma história comum; ela é simbólica, é criativa. Se você a ouve, se tenta compreendê-la, sua compreensão se tornará mais elevada do que era antes de ouvi-la. Uma história comum permanece abaixo da sua compreensão; você pode compreendê-la perfeitamente, porque ela não tem nada além dela mesma. As parábolas são do além: um passo dentro da sua mente, um passo fora, um outro passo além. Trata-se de uma persuasão.

Jesus constantemente fala por meio de parábolas. Ele realmente quer desconcertá-lo, porque ele está falando sobre algo que é inefável, evasivo – *misterium*. Ele está falando sobre o misterioso. Brechas têm de ser deixadas para que você as preencha. As parábolas devem ser como quebra-cabeças que o desafiam e, através do desafio, você cresce.

E nunca compare: Por que Jesus é assim? As árvores são verdes porque são verdes. Jesus é simplesmente como Jesus, não como qualquer outro.

E é nisso que venho insistindo continuamente: para você ser você também – seja você mesmo, nunca seja qualquer outra pessoa. Nunca seja um cristão, nunca seja um hindu, nunca seja um jainista, porque, então, você estará seguindo um padrão e perderá sua alma. A alma é sua – individual, única – e o padrão é público, coletivo, social. Nunca tente ser outra pessoa. Apenas tente descobrir quem você é, e permita-se ser, aceite isso, dê-lhe as boas-vindas, deleite-se nisso, aprecie, de modo que seu ser seja nutrido, de modo que ele cresça. Através de você, Deus está tentando se tornar alguém que ele nunca tentou antes.

Deus não é repetitivo; sua criatividade é infinita. Ele nunca dirige o mesmo modelo novamente – ele não é um Henry Ford. Ele é absolutamente inventivo: todos os dias vai tentando o novo, o fresco, nunca tem o incômodo de repetir um modelo novamente, vai sempre aperfeiçoando; é um grande inovador. É isso que é criatividade. Assim, não tente se tornar um Jesus – porque então Deus não o receberá.

Um hassídico estava morrendo. Seu nome era Josias. Alguém lhe perguntou:

– Você orou a Deus, já fez a sua paz com Deus? Tem certeza de que Moisés será uma testemunha sua?

Josias olhou para o questionador e respondeu:

– Não estou preocupado com Moisés, porque, quando estiver frente a frente com Deus, sei perfeitamente bem que ele não me perguntará: "Josias, por que você não foi um Moisés?" Ele me perguntará: "Josias, por que você não foi um Josias?" Assim, estou preocupado comigo. Parem de falar absurdos! Moisés – o que eu vou fazer com Moisés? Toda a minha vida foi um desperdício nisso. Agora estou morrendo e encarando a verdadeira questão que ele me perguntará: "Você foi um Josias ou não? Eu o fiz para você ser alguém especial, alguém único. Você alcançou esse pico ou não? Você perdeu a oportunidade?"

Deus lhe perguntará certamente: "Você foi capaz de ser você mesmo?" Nenhuma outra pergunta pode ser feita.

Não faça tais perguntas, como: "Por que Jesus está sempre falando através de obscuras parábolas?" Ele gosta disso assim! E uma parábola tem de ser obscura, tênue, como luz de vela. A luz muito clara mata uma parábola, demasiada análise a mata também. Ela é poesia.

"Era uma técnica deliberada?" Você não consegue ir além da técnica, você é muito obcecado com a técnica. Tudo se torna uma técnica para você. É assim que Jesus é. Não se trata de técnica. Ele não está seguindo certa técnica – ele não é um seguidor de Dale Carnegie. Ele nunca leu *Como fazer amigos e influenciar pessoas*. Ele não está seguindo uma técnica, ele não era norte-americano.

Nos Estados Unidos tudo se tornou técnica. Até mesmo se você quiser fazer amor, vai aprender a técnica. Você pode imaginar um dia mais desgraçado para a humanidade? Nenhum animal pede isso. Eles sabem perfeitamente bem como fazer amor, não vão a um especialista para aprender a técnica. Mas nos Estados Unidos tudo se tornou uma técnica. Como ser amigável – até isso tem de ser aprendido. O homem está tão perdido assim, que até a amizade tem de ser aprendida?

As pessoas vêm a mim e eu continuo dizendo a elas: "Riam!" Elas me perguntam como rir. Como rir? Aprenda com Swami Sardar Gurudayal Singh, ele é um perfeito mestre! Mas tenho encontrado rumores de que as pessoas não estão lhe permitindo rir. Elas dizem: "Nossa meditação está perturbada pelas suas risadas". Sua meditação é perturbada pelo riso? Então ela não vale nada.

Vocês têm de aprender *tudo*. Penso que mais cedo ou mais tarde terão de aprender como respirar. É possível, porque acontece o mesmo com muitas outras coisas: vocês precisam perguntar como dormir, como relaxar... Houve um tempo em que essas coisas eram naturais, assim como respirar.

Vá e pergunte a um primitivo. Ele simplesmente rirá se você lhe perguntar como ele faz para dormir profundamente.

Ele lhe dirá:

– Que pergunta boba! Eu simplesmente ponho minha cabeça no travesseiro e durmo. Não há nenhum "como" nisso.

Mas você dirá:

– Deve haver um truque, porque eu tento arduamente e nada acontece. Você deve saber um segredo que está escondendo.

Ele não está escondendo nada; é assim que acontece. Ele simplesmente põe a cabeça no travesseiro e dorme. Não há nenhuma lacuna entre esses dois estados.

Qualquer dia alguém vai lhe perguntar como respirar, e então, se você disser: "Respire; não há nenhum 'como' nisso", ele não acreditará em você. Como amar, como viver, como rir, como ser feliz – são todas coisas simples, nenhum *como* é necessário. Essas coisas são naturais, não são técnicas.

É assim que Jesus é. Ele ama o modo como diz suas parábolas, ele ama isso! Ele sabe que ele tem um jeito intrínseco de contar uma parábola.

Uma parábola não é aritmética. Ela não poderia ser tão clara; caso contrário, o pormenor seria perdido. Ela deve ser uma persuasão, não deve ser um anúncio publicitário. Ela não deve ser um argumento, porque então o pormenor é perdido. Ela não tem de dar provas, ela deve apenas suprir indícios, e isso, também, não completamente. Apenas alguns indícios, de modo que seu ser seja desafiado, que você fique alerta.

Ouvi contar que Chuang Tzu estava falando a seus discípulos e, do jeito que são os discípulos, muitos deles dormiam a sono solto. Devia ser tarde da noite e eles estavam cansados, e Chuang Tzu estava falando de coisas difíceis, que estavam além deles. Quando algo é além de você, parece melhor descansar e dormir do que se incomodar com aquilo. De repente, Chuang Tzu percebeu que muitos deles estavam dormindo mesmo e que aquilo era inútil. Estavam até roncando e perturbando-o. Então ele começou a contar uma parábola:

"Certa vez aconteceu de um homem que tinha um cavalo viajar numa peregrinação a um lugar sagrado. Mas ele era muito pobre e, com o passar do tempo, ficou com muita fome. Não tinha nenhum dinheiro consigo e, então, vendeu o cavalo em que viajava para outro viajante, que era rico. Mas na tarde seguinte, quando o sol estava muito quente, o primeiro proprietário descansou na sombra ao lado do cavalo.

O segundo proprietário disse:

– Isso não está certo. Você me vendeu o cavalo.

O primeiro respondeu:

– Eu vendi o cavalo, não a sombra."

Todo mundo ficou alerta – ninguém estava dormindo, ninguém estava roncando. Quando você fala sobre cavalos, os cavalos ouvem imediatamente! Chuang Tzu disse:

– Já acabei a história. Agora eu cheguei aonde queria.

Mas todos eles disseram:

– Espere! Por favor, termine a história.

Chuang Tzu entrão retrucou:

– Era uma parábola, não uma história. Vocês estão mais interessados em cavalos do que em mim.

Agora, todo mundo estava pulsando de excitação:

– O que aconteceu? O que aconteceu? – mas Chuang Tzu deixou aquilo ali, nunca completou a coisa. Não era para ser completada. Era apenas uma indicação de que a mente humana está mais interessada em coisas estúpidas do que em altos valores e coisas, está mais interessada em tolices.

Mas eu adorei aquilo. Foi bonito da parte dele. Ele trouxe todas as mentes estúpidas a um certo ponto – a uma indicação, a uma instigação.

Jesus fala por meio de parábolas por muitas razões. Mas essas razões não são técnicas. Você pode pensar sobre elas, mas elas não são técnicas. Simplesmente aconteceu naturalmente a ele; ele é um bom contador de histórias. Mas você pode pensar sobre as razões que o levaram a falar através de parábolas. A primeira: grandes coisas podem ser ditas se você cria um drama em torno delas. Se você as disser sem um drama, elas ficam sem gás.

Eis por que as histórias tendem a viver para sempre. Os Vedas podem desaparecer, mas o Ramayana, a história de Rama, não desaparecerá. É uma história; será preservada. Os Upanixades podem desaparecer, mas as parábolas de Jesus permanecerão. Elas pairam em torno de você, elas se tornam um clima.

Você nunca esquece uma bela história. É exatamente como... – se você cantar uma bela canção, você se lembrará dela melhor do que se ela fosse uma prosa. Se for poesia, é lembrada melhor. De alguma forma se ajusta com a qualidade mais profunda da sua mente. Se for uma parábola, se houver um drama na história, ela tem uma tendência de se ligar a você. Ela voltará e voltará, repetidamente; ela se tornará um clima interior.

Princípios simples são logo esquecidos. E no tempo de Jesus não se escreviam livros. Tudo que Jesus disse só foi registrado muitos, muitos anos depois. Durante todo esse tempo ficou apenas na memória das pessoas que o tinham ouvido.

Uma parábola pode ser facilmente lembrada. Você esquecerá o que eu disser, mas nunca esquecerá as parábolas, as historietas, as anedotas. Você pode esquecer Mahavira e Moisés, mas não esquecerá mulá Nasruddin. Mahavira está muito distante. Mulá é seu vizinho. Mahavira pode estar em algum lugar em *moksha*, mulá está bem dentro de você. Ele é você, você pode se reconhecer nele.

Assim, há muitas razões, mas não se incomode com elas. É a maneira de Jesus, e é bom que ele nunca tenha tentado a maneira de um outro qualquer. No judaísmo havia profetas, grandes profetas: Jeremias, Ezequiel... Eles tinham sua própria maneira. Mesmo João Batista nunca usou uma parábola.

Isto deve ser compreendido. Os profetas são algo especial no judaísmo. Eles não existem em nenhum outro lugar. Os místicos existem em todos os lugares: Buda é um místico, não um profeta; Mahavira é um místico, não um profeta. Um místico é aquele que chegou a Deus; um profeta é alguém para quem Deus veio. Isso só existe no judaísmo – o conceito de profeta – porque somente no judaísmo Deus procura o homem. Em todas as outras religiões, o homem procura Deus.

Quando um homem procura Deus e o encontra, ele é um místico. Quando Deus procura o homem e o encontra, ele é um profeta. Quando um homem chega a Deus, ele é um místico; quando Deus chega a um homem, ele é um profeta. Quando a gota cai no oceano, ele é um místico. Quando o oceano cai dentro da gota, então ele é um profeta.

Um profeta é um homem muito louco e impetuoso. É claro, ele tem de sê-lo: o oceano veio até ele. Jeremias, Ezequiel, João Batista – são profetas, homens loucos, homens loucos de Deus. Eles falam fogo, não falam por parábolas. Suas frases são ácidas; elas o queimarão. Elas não podem acalmá-lo.

Buda é muito suave, Krishna é quase como uma cantiga de ninar que o envolve, que o acalma, o consola, o cura. Um profeta simplesmente o queima com um desejo desconhecido, o deixa enlouquecido. Jesus é ambos: um profeta e um místico – alguém que chegou a Deus e para quem Deus também veio. Algumas vezes ele fala como João Batista, outras, como Krishna. Às vezes, acalma, e às vezes fere. Ele é um fenômeno equilibrador muito profundo: um profeta e um místico, ambos. Eis por que você encontrará uma síntese nele. Você encontrará nele tudo que está no judaísmo – tudo que é bonito e elevado – e encontrará nele, também, tudo que é bonito em Krishna, em Buda, em Mahavira; no jainismo, no hinduísmo, no budismo.

Jesus é um ponto de culminância, como se todas as religiões do mundo se encontrassem nele e alcançassem um crescendo. Ele algumas vezes fala como profeta: invocando, provocando, chamando por você. Mas esta não é sua única qualidade. Ele acalma; ele conta parábolas, ele consola, ele canta uma canção de ninar. Ele o acorda e o ajuda a dormir também. Mas este é seu jeito de ser. Todas as explicações são explanações pós-fato, lembre-se. A coisa básica é que essa é sua maneira de ser, e não há outro modo possível para ele.

Sócrates foi envenenado. O tribunal decidiu que ele deveria morrer, mas as pessoas o amavam muito – quase metade do tribunal estava a favor dele. Assim, eles lhe deram uma oportunidade. Eles lhe disseram:

– Se você parar de falar sobre a verdade, se ficar quieto, poderá ser perdoado e não morrerá.

Sócrates então lhes respondeu:

– Isso será impossível. Isso será mais mortal do que a própria morte, porque falar sobre a verdade é a única forma de ser que conheço. Isso será pior do que a morte. Assim, por favor, matem-me, porque se me libertarem com a condição de eu ficar quieto, isso será impossível. Essa não é minha maneira de ser. Falar sobre a verdade é a única coisa que sei – o *único* assunto que conheço. Não posso prometer que pararei de falar a verdade, porque, mesmo que eu pare, mesmo no meu silêncio, apenas a verdade será falada. Assim, não posso prometer isso. É melhor me matarem.

E o mataram.

Isso é muito significativo. Um Sócrates é um Sócrates, e não há nenhum outro jeito. Todas as explicações são explanações pós-fato. Mas não se importe com elas. Ame se você puder – e, se não pode amar Jesus, esqueça-se dele e encontre alguém que você possa amar. Não se importe com explicações, arrazoados e provas.

Somente o amor o ajudará a compreender, nada mais. Quando você ama uma pessoa – não importa quem seja, Jesus ou Krishna –, quando você ama uma pessoa, imediatamente a compreende, compreende que aquela é a maneira dela de ser. Então, você não quer que ela seja diferente. O amor nunca quer mudar ninguém. O amor aceita, compreende.

A ÚLTIMA PERGUNTA:

Osho, há algum mistério por trás de sua resposta, quando você também diz o nome de quem fez a pergunta? Por favor, explique – mas, por favor, não diga o meu nome, porque às vezes é pesado demais.

Esta pergunta é de uma saniássin... Não lhes direi o nome, porque no fundo ela quer que seu nome seja dito. Esta não é a primeira vez que ela faz tal pergunta. Eu já evitei esta pergunta algumas vezes.

No fundo ela quer que seu nome seja revelado, de modo que ele se torne parte da história, parte do registro. Este é seu último esforço agora. Ela está tentando um truque, dizendo "Por favor, não diga meu nome", para me provocar.

Mas vocês não podem me provocar...

Basta por hoje.

7

Misericórdia e não sacrifício

Mateus 9

[...]
9 E quando Jesus foi adiante, viu um homem chamado Mateus sentado no posto de cobrança de impostos, e disse-lhe: "Segue-me". Ele se levantou e o seguiu.
10 E sucedeu que, um dia em que Jesus estava à mesa na casa de Mateus, muitos publicanos e pecadores vieram sentar-se com ele e seus discípulos.
11 E quando os fariseus viram aquilo, disseram aos discípulos: "Por que é que vosso Mestre come com publicanos e pecadores?"
12 Mas, quando Jesus ouviu aquilo, disse: "Os que estão sãos não precisam de médico, e sim os que estão doentes".
13 "Ide aprender o que isto significa: Trago misericórdia e não sacrifício, pois não vim para chamar os justos, mas os pecadores ao arrependimento."
[...]

Lucas 9

> [...]
> 23 *E disse a eles todos: "Se alguém quer me seguir, renuncie a si*
> *mesmo, tome sua cruz a cada dia e siga-me".*
> 24 *"Pois quem quiser salvar sua vida perdê-la-á; mas quem per-*
> *der sua vida por amor a mim salvá-la-á."*
> 25 *"Pois qual a vantagem de se ganhar o mundo todo e perder a*
> *si mesmo, ou causar a própria ruína?"*
> [...]

Religião é, básica e essencialmente, uma rebelião. Não se trata de conformidade, não se trata de pertencer a qualquer organização, sociedade, igreja, pois todos esses pertencimentos vêm do medo – e religião vem da liberdade. Mas há o medo de estar sozinho. As pessoas gostam de pertencer – a uma nação, a uma igreja, a uma sociedade, porque, quando você pertence a uma multidão, você se esquece da sua solidão. Ela não desaparece, mas você se esquece dela. Você se engana, cria um sonho ao seu redor, como se não estivesse sozinho. Você permanece sozinho do mesmo jeito; isso é apenas um tóxico.

Religião não é um tóxico. Ela não lhe dá inconsciência, ela lhe dá consciência. E a consciência é rebelião. Quando você se torna consciente, não pode mais pertencer a nenhuma sociedade, a nenhuma nação, a nenhuma igreja, porque, quando se torna consciente, você se torna consciente da austera beleza da solidão. Você se torna ciente da música que está continuamente acontecendo dentro da sua alma... mas nunca se permitiu estar só para ouvi-la, para estar em sintonia com ela, e ser um com ela.

Religião não é conformidade, porque toda conformidade é mecânica. Você faz certas coisas, porque se espera que você as faça. Você as faz porque tem de viver com pessoas e tem de seguir suas regras; você as faz porque você tem sido condicionado a fazê-las. Você vai à igreja, vai ao templo, ora, segue rituais, mas tudo é vazio. A menos que seu coração esteja naquilo, tudo é morto e mecânico. Você pode fazer tudo exatamente como está prescrito, sem erro – pode até ser perfeito – mas, mesmo assim, aquilo está morto.

Ouvi contar que o presidente Kennedy teve de assinar tantas cartas, autógrafos e retratos personalizados que inventaram para ele um pequeno mecanismo. A máquina assinava para ele, e a assinatura era tão perfeita que nenhum perito era capaz de dizer qual era a mecânica e qual era a verdadeira – nem o próprio presidente Kennedy foi capaz de dizer qual era a falsa e qual era a verdadeira. Malcolm Muggeridge relata que quando Kennedy foi morto eles se esqueceram de desligar a máquina, e ela continuou... O presidente continuou a assinar cartas personalizadas mesmo depois de morto. Um mecanismo é um mecanismo.

Você se torna um cristão: então, você se torna um mecanismo. Você vai se comportando como se realmente amasse Cristo, mas esse "como se" tem de ser lembrado. Você se torna um budista: você vai se comportando como se você seguisse Buda, mas esse "como se" não pode ser esquecido. Sua assinatura pode estar perfeita, mas está saindo de um mecanismo morto.

Religião não é conformidade. Conformidade está entre o indivíduo e o passado, e religião é algo entre o indivíduo e o presente – a poesia é algo entre o indivíduo e o futuro. Conformidade significa estar conforme àquelas pessoas que não existem mais, os mortos – conforme a Moisés ou a Mahavira. Ora, ser conforme a Jesus é uma coisa morta; você está conforme ao passado. Se você se relaciona com o presente, é totalmente diferente. Isso faz uma revolução em você: dá-lhe novo renascimento.

Conformidade é entre o indivíduo e a sociedade. Religião é algo entre o indivíduo e a própria existência. A sociedade é nossa criação. Deus criou Adão – não a humanidade; Deus criou Eva – não a humanidade. Deus cria indivíduos; a humanidade é nossa ficção. Mas a ficção pode tomar conta de você, e você pode esquecer o real, pode agarrar-se à ficção. Conheço pessoas que pretendem amar a humanidade e não podem amar um ser humano. Onde está a humanidade e como você vai amar a humanidade? Você pode apenas fazer gestos vazios no ar. A humanidade está em lugar nenhum. Onde quer que você cruze com ela, cruzará com seres humanos reais, seres humanos concretos. A humanidade é uma abstração, uma simples palavra. Não tem realidade em si – uma bolha de sabão, nada mais. Amar um ser humano real é muito difícil, mas amar a humanidade é muito fácil. É quase como se você amasse ninguém. Amar a humanidade é igual amar ninguém. Não há nenhum problema, nenhuma dificuldade.

Religião é algo que acontece entre você e a existência concreta. Não se trata de ficção. Religião não diz respeito à tradição, também. A tradição pertence ao tempo; a religião pertence à eternidade. Para andar dentro da religião, você tem de andar no eterno agora. Religião não tem história – nesse ponto, o Ocidente tem algo a aprender com o Oriente.

No Oriente, nunca nos incomodamos com a história. A razão? A razão é simples. Toda história é sobre o tempo; aquilo que acontece no tempo é registrado pela história. História é um livro morto. Nós nunca nos incomodamos com a história, porque a religião pertence à eternidade: você não pode registrá-la como um evento; trata-se de um processo eterno. Você pode apenas registrar o fato essencial, a verdade essencial dela, não as ondulações que se formam no rio do tempo. Eis por que, se você for a um templo jainista e vir os 24 *tirtânkaras*, ficará confuso sobre quem é quem. Eles todos se parecem. Você não será capaz de tirar nenhum sentido daquilo – por que esses 24 *tirtânkaras* dos jainistas se parecem todos? Eles não podem ser parecidos... Eles existiram em eras diferentes, eram indivíduos diferentes. Mas nós não nos incomodamos com os eventos do tempo. O corpo é um evento no tempo. A diferença nos corpos é história passada, mas o ser interno, que está na eternidade, é o mesmo dentro de mim, dentro de você, dentro de todo mundo. A forma difere, mas o centro interno é o mesmo. Esses 24 *tirtânkaras* nos templos jainistas dizem algo sobre o ser interior. Eis por que eles foram esculpidos para ser parecidos. Olhe para Buda. Ele também se parece com Mahavira – não há diferença. Eles não são fatos, são verdades.

A religião não está interessada em fatos, está interessada na verdade. Os fatos podem ser aprendidos dos livros – a verdade, nunca. Se você se tornar envolvido demais com os fatos, seus olhos ficarão anuviados e confusos e você não será capaz de saber a verdade. Cuidado com os fatos! – eles podem conduzi-lo ao extravio. Descubra a verdade. Sempre tente descobrir a verdade; não se incomode com os fatos. Os fatos são irrelevantes. Aquilo que muda é o fato e aquilo que permanece sempre o mesmo é a verdade. Seu corpo é um fato: um dia você foi criança, agora é jovem ou velho; um dia você nasceu, um dia morrerá – o corpo muda. Mas o ser que habita dentro do seu corpo, que fez dele uma habitação temporária – esse ser é eterno, essa é a verdade. Ela é sem forma e sem qualidades. É imortal, é eternidade.

Religião não é uma tradição; assim, não pode ser emprestada. Você terá de se arriscar, terá de merecê-la, terá de arriscar sua vida por ela; esse é o único jeito que há. Você não pode consegui-la barato. Se você quiser consegui-la barato, conseguirá uma falsificação.

Religião não é consolo. Ao contrário, é um desafio: Deus desafia o homem, Deus assombra o homem, Deus continua bradando: "Volte! Entronize-me". Ele não lhe dará sossego. Ele continuará batendo à sua porta, continuará criando tormentos no seu ser, no seu espírito. Ele continuará excitando-o; não permitirá que você se estabeleça por menos. A não ser que você atinja o supremo, não terá sossego. Religião é um desafio, é uma grande tormenta. É como a morte. Ela não é um consolo.

Mas as supostas religiões, as religiões organizadas, são consolos. Elas o consolam, escondem suas feridas. Elas não o excitam, não o chamam nem o invocam, não lhe pedem para ser aventureiro, não lhe pedem para ousar, não lhe atraem para mover-se numa vida perigosa. Elas são como lubrificantes.

Numa sociedade com tantas pessoas, precisa-se de lubrificantes ao redor, de modo que não haja tanto conflito. Você pode se mover mais facilmente, o movimento não fica muito difícil, e você não se atrita contra os vizinhos. Não surge nenhum conflito – o lubrificante vai fluindo ao seu redor.

Você faz uso da igreja como lubrificante. Ajuda, ajuda socialmente: é uma formalidade. Preenchida essa formalidade, você se torna respeitável. É como tornar-se membro do Rotary Club – é respeitável, ajuda. Você se torna um membro de uma igreja, isso também ajuda. Você se torna um membro de uma religião, isso também ajuda. As pessoas pensam que você é religioso; e, quando as pessoas acreditam que você é, você pode enganá-las mais facilmente. Quando você tem uma aparência de que é religioso, você tem uma arma potencial com você. Sua religião é um consolo para você e uma respeitabilidade. Na verdade, isso é política, uma diplomacia – faz parte da sua luta para sobreviver, faz parte da sua ambição, faz parte de toda a política do ego. É poder político.

Essas coisas têm de ser lembradas quando você tenta compreender Jesus.

Religião também não é moralidade. Moralidade, novamente, simplesmente faz parte das regras do jogo. Os que querem jogar o jogo da sociedade têm de seguir as regras – exatamente como quando num jogo de cartas você segue certas regras. Não que essas regras tenham algo de supremo, não que tenham vindo de Deus. Você cria o jogo, cria as regras, segue as regras. Se quiser jogar, tem de seguir as regras.

A moralidade não tem nada de supremo em si. Eis por que cada sociedade tem sua própria moralidade, cada cultura tem sua própria moralidade. Uma coisa pode ser moral na Índia e imoral nos Estados Unidos; outra coisa pode ser moral nos Estados Unidos e imoral na Índia. Se a moralidade fosse realmente real, não poderia diferir.

Na Índia, divorciar uma mulher e um homem é imoral. Nem se imagina que seja algo de bom. Uma vez que você está casado, ou casada, tem de viver com seu parceiro. Mas, nos Estados Unidos, se você vive com uma mulher a quem não ama, isso será visto como imoral. Se você não a ama, então é imoral dormir com essa mulher. Somente o amor, somente um profundo amor, permite-lhe estar com a mulher. Caso contrário, deixe-a, não a engane, não desperdice a vida dela.

Moralidade é um jogo; ela muda. De uma sociedade para outra, de uma era para outra, de um período para outro, ela vai mudando. Depende; não há nada de supremo nela.

Mas a religião é o supremo. Ela não tem nada a ver com Estados Unidos ou Índia. Tem algo a ver com uma nova consciência dentro do indivíduo. É um alvorecer no indivíduo, é um novo ser surgindo e se expandindo no indivíduo. Você tem, então, novos olhos, você ganha um novo olhar através dela. Você pode ver os velhos problemas, mas eles desaparecem. Não que tenham sido resolvidos – eles simplesmente desaparecem, se dissolvem. Com um novo olhar, eles não podem existir. Você tem uma nova visão, uma nova dimensão. Essas coisas têm de ser lembradas, porque, quando um Jesus – um homem como Jesus – vem, essas coisas se tornam o problema.

Existe um provérbio árabe que diz: "Mostre a um homem muitos ossos de camelo, ou mostre-os com muita frequência, e ele não será capaz de reconhecer um camelo quando tiver um diante de si".

Isso acontece quando vem um Jesus ao mundo. Vocês devem ter visto tantos padres falsos, tantos pregadores enganosos, tantos sábios que não sabem nada, mas que fazem muito estardalhaço, que, quando um Jesus vem, vocês não podem reconhecê-lo. Sempre que um Jesus ou um Buda vem, fica quase impossível reconhecê-lo. Para a maioria, é quase impossível. Somente alguns raros seres que têm a mesma potencialidade, ou que já estão um pouco alertas, somente estes podem ter alguns vislumbres.

Reconhecer um Jesus é uma grande realização, porque significa que você tem certa consciência que pode se relacionar com Jesus. Você tem certa qualidade que pode se relacionar com Jesus: você já está no caminho de se tornar um Jesus você mesmo. Você só pode reconhecer aquilo que já tem dentro de si mesmo – abertura, florescimento. Pode ser apenas um botão, mas você pode reconhecer um pouquinho, seus olhos não estão completamente fechados.

Há sacerdotes que são fingidores. Para eles, a religião é um comércio. É um meio de vida, não a vida deles. Para Jesus, religião é vida; para os rabinos, para os sacerdotes, é meio de vida. Há, então, os eruditos que vivem falando sobre nada – e eles podem falar tanto, são tão articulados, que você jamais será capaz de reconhecer o fato de que lá no fundo eles são vazios.

Ouvi contar sobre uma competição internacional com ensaios sobre o tema "o elefante". Participaram dela pessoas de muitos países. O candidato inglês foi ao sul da África com câmeras e um grupo de auxiliares e investigou a coisa toda. Voltou depois de seis meses e escreveu um livro – bem impresso, ilustrado. O título do livro era *Caçando o elefante no sul da África*.

O concorrente francês nunca foi a lugar nenhum. Todos os dias ele simplesmente ia visitar a casa do elefante no zoológico de Paris. Depois de duas, três semanas, começou a escrever um livro – com uma impressão muito descuidada, nem mesmo com capa-dura, uma simples brochura. O título do livro era *A vida amorosa do elefante*.

O indiano, que tinha sido indicado pelo governo indiano, era um homem que nunca tinha visto um elefante, porque sempre vivera nos Himalaias. Era um grande iogue, poeta e erudito em sânscrito. Nunca tinha ido ao zoológico. Escreveu um grande livro, um grande tratado. O título era *O divino elefante*. Estava escrito em forma de poesia e com citações de grandes livros sânscritos, desde os Vedas até Shree Aurobindo. Qualquer um que lesse o livro perceberia que aquele homem nunca tinha visto um elefante: era um poeta, podia ter visto um nos seus sonhos. Ele falou sobre o elefante que foi visto pela mãe de Buda, antes de concebê-lo... – mitologia, um elefante branco.

E, finalmente, os alemães. Eles indicaram seis professores de filosofia para escrever o livro. Foram a todos os museus e livrarias, por todo o mundo, para estudar tudo que tivesse sido escrito sobre o elefante. Não foram nem ao zoológico para ver um elefante – só a museus e livrarias. Buscaram por todo canto, levaram quase seis anos fazendo isso, e escreveram um livro – doze volumes, quase uma *Enciclopédia britânica*. O título do livro era *Uma curta introdução ao estudo do elefante*. Professores de filosofia – o que eles têm a ver com elefantes? E, além disso, uma curta introdução – um prólogo! Ainda não era nem sobre o elefante! Era apenas uma introdução ao estudo do elefante...

Quando um Jesus vem, vocês já estão demasiadamente envolvidos com conhecimentos. Vocês leram os livros, ouviram os eruditos, ouviram os sacerdotes; estão cheios de ideias e, quando Jesus ou um homem como Jesus chega, vocês simplesmente não podem reconhecê-lo. O animal vivo está ali... E vocês se tornaram muito viciados nos ossos mortos. Reconhecer Jesus significa que vocês têm de pôr de lado tudo o que já sabem.

Jesus não foi assassinado por homens maus, não foi assassinado por criminosos; foi assassinado por rabinos muito respeitáveis. Na verdade, pessoas religiosas o mataram. A religião nunca está em perigo com pessoas irreligiosas, porque elas não se preocupam com isso. A religião está sempre em perigo com os supostos religiosos, porque toda a vida deles está ameaçada. Se Jesus está certo, então, todos os rabinos estão errados. Se Jesus está certo, então, toda a igreja está errada.

Todos ficam contra Jesus. Jesus está sempre sozinho, muito sozinho. Você não pode compreender a solidão dele. Seja o que for que você conheça sobre solidão, trata-se de solidão física. Às vezes ninguém está em casa, a casa está às escuras e você está sozinho. A eletricidade também apagou. Então, você não pode acender a luz, não pode ligar o rádio ou a TV. De repente, você é jogado na solidão. Mas esta é uma sensação física de solidão: você não sabe o que Jesus sente.

Ele está espiritualmente só, no meio de estranhos, onde é muito difícil encontrar um amigo que o reconheça. Ele vai percebendo cada um que encontra no caminho, penetrando, fitando-o profundamente nos olhos. Ninguém o reconhece, ninguém o compreende. Ao contrário, todos o desentendem. Estão todos prontos para cair na incompreensão, mas ninguém está pronto para compreendê-lo.

Sempre que há um ser religioso, os supostos religiosos são contra ele. Eles gostariam de matá-lo imediatamente, para evitar o perigo e garantir novamente sua segurança.

Lembrem-se: ele foi morto por gente muito boa! Ainda é o mesmo hoje. Vão aos arredores de Puna e perguntem às pessoas consideradas boas: vocês sempre as encontrarão contra mim. Elas têm de ser – todo o modo de vida delas está em perigo! Elas têm medo até de me ouvir, porque... – quem sabe? – uma verdade pode atingir seu lar. Elas não querem chegar perto de mim, não querem ler meus livros; não se arriscam tanto; elas sempre têm suas próprias opiniões.

Um dia aconteceu de eu testemunhar uma linda cena.

Um homem estava falando com o mulá Nasruddin. O homem disse:

– Por que você é tão miserável e ofende tanto sua mulher?

O mulá disse:

– Você deve ter ouvido algo errado sobre mim, porque, tanto quanto saiba, sou geralmente um homem generoso.

O homem ficou com raiva, porque, sempre que você desafia a opinião de alguém, o outro fica com raiva. Ele disse:

– Pare de se defender! Todos na cidade sabem que você é muito duro com sua mulher. Até mesmo para as despesas do dia a dia ela tem de mendigar como uma pedinte. E pare de se defender! Todos sabem disso!

Nasruddin respondeu:

– Tudo bem, se você está com tanta raiva, eu não me defenderei. Mas posso dizer uma coisa, só uma coisa?

O homem disse alto:

– O quê?

Nasruddin disse:

– Pois eu não sou casado.

Desde esse dia, aquele homem é contrário a Nasruddin.

Uma vez o encontrei e lhe disse que, já que o mulá Nasruddin não é casado, a coisa toda não tem fundamento.

– Todo seu argumento é sem base. Por que você ainda está com raiva?

Ele disse:

– Não faz nenhuma diferença, é somente uma questão de tempo. Espere. Mais cedo ou mais tarde, ele se casará e então estarei certo! Eu ainda estou dizendo a verdade. É somente uma questão de tempo. Espere, minha opinião não pode estar errada.

As pessoas se agarram a suas opiniões – sem base nenhuma, mas ainda assim elas se agarram. Quanto mais sem base é a opinião, mais as pessoas se agarram a ela. Quando a coisa é fundamentada em base sólida, não há nenhuma necessidade de se agarrar; ela é verdadeira por si mesma. Quando é sem base, seu apego é necessário porque somente seu apego pode servir como base. Lembre-se disso, se você sabe que algo é verdadeiro, você nunca fica com raiva se alguém o contradiz. Você fica com raiva na mesma proporção que você sabe que não é verdade. A raiva mostra que você tem meras opiniões, nenhum conhecimento.

As pessoas se voltaram muito contra Jesus, porque ele estava arruinando todas as suas construções. Elas pensavam que suas casas estavam construídas sobre pedras e apenas sua presença mostrou-lhes que suas casas estavam construídas sobre areia, elas já estavam caindo. Elas pularam sobre Jesus e o mataram. Ele não foi morto pelo poder político, ele foi morto pelo poder pseudorreligioso, pelos sacerdotes.

Essa é minha compreensão: que se a religião desapareceu no mundo atual, não é devido à ciência – não, não é por causa dos ateus. Não, não são causas racionalistas, não. É devido à pseudorreligião. Há muitas pseudorreligiões e elas são tão enganosas, tão falsificadas, que somente pessoas falsificadas podem se interessar por religião. As pessoas que têm pelo menos um *i* de realidade estarão contra ela, serão rebeldes.

Pessoas reais sempre são rebeldes, porque a realidade precisa afirmar seu ser, expressar sua liberdade. Pessoas reais não são escravas. Lembre-se disto. Então, entraremos nos sutras.

E quando Jesus foi adiante, viu um homem chamado Mateus sentado no posto de cobrança de impostos, e disse-lhe: "Segue-me". Ele se levantou e o seguiu.

A coisa toda parece ser um pouco irreal. O mundo mudou tanto que parece mais com uma peça de teatro do que com a vida real. Chega Jesus e fala a um homem que estava sentado na banca de cobranças, trabalhando ali – um escrevente ou coisa do gênero. Jesus simplesmente olha para ele e diz: "Segue-me". E ele se levanta e o segue. Parece uma peça de teatro, não a realidade, porque a realidade que conhecemos atualmente é absolutamente diferente. O mundo mudou, a mente humana mudou.

Nos últimos três séculos, a mente tem sido treinada para duvidar. Antes de Jesus, durante séculos contínuos, a mente viveu na confiança, viveu na simplicidade do coração. Os olhos das pessoas eram límpidos. Esse Mateus, um homem comum, deve ter olhado dentro dos olhos de Jesus... O jeito como ele andava, a presença que ele trazia consigo, o olhar penetrante que agita o coração – ele tocou algo profundo.

Isso é raro de acontecer hoje em dia. Tenho me encontrado com muita gente, mas raramente vejo uma pessoa tão aberta que sinta o coração tocado com qualquer coisa que eu lhe diga e, sem perda de tempo, se torne imediatamente uma semente. Ao contrário, as pessoas estão autoprotegidas. Elas vêm a mim e dizem que gostariam de se entregar, gostariam de me seguir, mas eu vejo uma grande armadura à volta delas – muito sutil, mas estão se autoprotegendo por todos os lados. Não permitem nenhum espaço para que eu possa entrar nelas. Se eu insistir, elas se tornam ainda mais superprotegidas. Elas continuam dizendo que gostariam de relaxar, e deixar que as coisas aconteçam: suas bocas dizem algo, seus corpos mostram outra coisa. Seus pensamentos são algo, mas sua realidade é simplesmente contraditória.

As pessoas eram simples no tempo de Jesus. Elas devem ter apenas olhado, e quando Jesus disse "Sigam-me", elas simplesmente o seguiram. Era natural. Quando esses evangelhos foram escritos, aqueles que os escreveram não tinham ideia de que um dia essas coisas pareceriam ficção. Era tão natural, naqueles dias, que os autores dos evangelhos não podiam nem imaginar que algum dia a coisa pareceria falsa, que não soaria real. É o que acontece agora no mundo todo.

Ande com Buda: uma qualidade diferente de humanidade o cerca.

Prasanjita, um rei, foi procurar Buda. Ele era amigo do pai de Buda – os dois eram reis – e quando ele ouviu dizer que o filho de seu amigo tinha renunciado ao mundo, ficou muito preocupado. Quando Buda voltou à sua cidade natal, ele foi lá para vê-lo e dissuadi-lo.

Ele disse a Buda:

– O que você fez? Se você não é feliz com seu pai, venha ficar no meu palácio. Case-se com minha filha, só tenho uma filha, e este reino será seu. Mas não ande por aí como um mendigo: isso machuca. Você é o único filho de seu pai; o que você está fazendo? Estes dois reinos serão seus. Venha para minha casa.

Buda olhou nos olhos de Prasanjita e disse:

– Só uma pergunta: você alcançou a felicidade através do seu reino? Simplesmente diga sim ou não. Se disser sim, eu o sigo. Se disser não, então você tem de me seguir.

Prasanjita caiu aos pés de Buda e disse:

– Não. Eu renuncio. Inicie-me. Eu abandono tudo isso.

Uma qualidade muito diferente de imediação.

A mesma coisa aconteceu comigo, o mesmo. Um dos amigos do meu pai era advogado, um advogado muito esperto. Quando eu voltei da universidade, é claro que meus pais ficaram preocupados. Eles queriam que eu me casasse e me assentasse, mas não queriam dizer isso diretamente a mim, pois sabiam que fazer isso seria como interferir na minha vida, e eles eram muito antiagressivos, silenciosos, simples. Então, pensaram no amigo e pediram-lhe para vir.

Ele veio com todos os seus argumentos preparados – era um advogado! E disse:

– Se eu lhe convencer de que o casamento é um dever, você se casará?

Eu disse:

– É claro! Mas, se o senhor não conseguir, então está pronto para deixar sua esposa e filhos?

O homem não tinha pensado nisso! Ele disse:

– Então terei de pensar.

E nunca voltou. A qualidade da mente mudou. Se assim não fosse, haveria uma oportunidade para ele, uma abertura do céu. Esperei, esperei, mas ele nunca mais voltou. Ficou com medo, porque todos sabem que a vida como vocês a têm vivido não lhes deu nada. Mas a pessoa precisa de coragem para dizer isso, porque só em admitir isso, uma profunda renúncia acontece. Você já está se movendo em outro caminho quando percebe o fato de que a vida como você a viveu foi inútil, infrutífera, irrelevante.

E Jesus disse a Mateus: "Segue-me". E ele se levantou e o seguiu. Que lindo mundo, que bela consciência! Você pode ter esta consciência e, através dela, tudo se torna possível, até mesmo o impossível se torna possível.

Tente. Abandone as dúvidas, porque, sempre que você duvida, você é destrutivo. A dúvida é destrutiva; a confiança é criativa. A dúvida mata, a dúvida é veneno. A confiança lhe dá vida, vida abundante, vida infinita, porque, quando você confia, você relaxa.

Na confiança, não há nenhum medo, na confiança não há nenhuma necessidade de se defender, na confiança não há luta. Você relaxa e se entrega, você flui com o rio. Você nem mesmo nada, o rio o leva para o oceano. Ele já está indo para o oceano. Você luta desnecessariamente, e através da luta destrói sua energia; através da luta você fica frustrado; através da luta é perdida toda a oportunidade na qual você poderia ter dançado, ter celebrado. A mesma energia se torna uma batalha... a mesma energia pode se tornar uma entrega.

E sucedeu que, um dia em que Jesus estava à mesa na casa de Mateus, muitos publicanos e pecadores vieram sentar-se com ele e seus discípulos.

Isto tem de ser compreendido. É um ponto muito delicado. Sempre que um homem como Jesus está na terra, os pecadores o reconhecem antes das supostas pessoas corretas – porque os pecadores não têm nada a perder exceto seus pecados. Os pecadores não têm a mente opinativa: não têm teologias e escrituras. Os pecadores têm a sensação de que sua vida foi inútil, os pecadores têm uma urgência de se arrepender e retornar.

Mas as pessoas consideradas respeitáveis – curadores dos templos e igrejas, prefeitos, políticos, líderes, eruditos – têm muito a perder e nenhuma urgência de ser, nenhuma intensidade no desejo de se transformar, nenhum desejo de fato. São pessoas obtusas e mortas. Os pecadores são mais vivos do que seus supostos santos. Para chegar perto, se aproximar de Jesus, precisa-se de coragem.

Já reparou que seus supostos santos não são realmente religiosos, mas simplesmente gente com medo? Com medo do inferno, com medo das punições de Deus... ou avarentos, avarentos e ambiciosos na ânsia pelo céu: a recompensa e as bênçãos de Deus. Eles não são realmente religiosos. Quando você é realmente religioso, você não está preocupado com inferno e céu, não está preocupado com nada. No momento presente você já se sente profundamente no céu – quem se incomoda em saber sobre o céu que vem depois da morte?

Os pecadores são mais corajosos, eles arriscam tudo.

[...] muitos publicanos e pecadores vieram sentar-se com ele e seus discípulos.
E quando os fariseus – as pessoas respeitáveis, os corretos – *viram aquilo, disseram aos discípulos: "Por que é que vosso Mestre come com publicanos e pecadores?"*

A mente deles está sempre interessada em coisas tolas: com quem você está comendo, com quem você está sentado. Eles não olham diretamente para Jesus; estão mais interessados em com quem ele está sentado. Ele está sentado com pecadores – ora, esse é o problema deles. Jesus não cria nem uma ondulação sequer em seus seres, mas os pecadores provocam a ansiedade. Como eles podem vir e se sentar ao lado desse mestre?

Os pecadores estão ali. Os condenados, para quem eles inventaram o inferno, estão sentados ali. Seus supostos santos não permitirão que esses pecadores fiquem tão perto – nunca. Não querem, absolutamente, estar na companhia deles. Por quê? Por que seus santos têm tanto medo dos pecadores? Eles têm medo de seus próprios medos internos, medo de que, se ficarem com pecadores, é mais possível que estes os convertam do que os pecadores sejam convertidos em santos. Eles têm medo. Têm medo do próprio pecador que existe dentro deles. Eis a razão do medo dos pecadores exteriores. Lembre-se sempre que seja a que for que você se refira, em última instância, estará se referindo a si mesmo, não a outra coisa. Se você tem medo de ir a um lugar onde bêbados se reúnem, isso simplesmente mostra que você tem certa tendência ao álcool, a intoxicantes, e você tem medo. Caso contrário, por que o medo? Você pode ficar à vontade lá – ninguém pode corrompê-lo, exceto você mesmo.

"Eles disseram aos discípulos..." Isto também tem de ser lembrado: eles não falaram aquilo com ele. Conheço bem esses fariseus que vivem à volta. Eles dirão para vocês, não virão dizê-lo a mim. Eles dizem para os discípulos – porque aproximar-se de Jesus, mesmo que seja para perguntar aquilo, é perigoso. Ele pode hipnotizar você, é arriscado – mais seguro falar com os discípulos. E pessoas tão impotentes se tornaram tão importantes! Elas ocupam todos os postos-chaves do mundo; elas detêm todo o poder e são absolutamente impotentes. Não estão nem mesmo prontas para encarar Jesus.

"Por que é que vosso Mestre come com publicanos e pecadores?" – como se pecadores não fossem seres humanos. Como se eles mesmos não fossem pecadores. Quem pode se arvorar em dizer: "Eu não sou um pecador"? Estar aqui neste mundo é, de alguma forma, estar envolvido em pecado. Ninguém pode clamar o contrário.

Quando toda a humanidade está envolvida em pecado, como você pode estar fora dele? Você faz parte. Se o pecado está acontecendo em algum lugar, eu faço parte dele, porque eu faço parte da humanidade. Eu crio o clima – talvez uma parte muito ínfima dele, mas eu também faço parte da criação do clima. Acontece um Vietnã: eu, eu sou responsável também; eu sou o pecador. Como posso me considerar fora disso? O que quer que qualquer ser humano faça em algum lugar, ele é parte de mim e eu sou parte dele. Somos membros uns dos outros.

Um santo verdadeiro sempre é humilde porque sabe que ele também é um pecador. Somente um falso santo se sente orgulhoso e pensa que está acima. Ninguém está acima. Se existe algum Deus, ele deve fazer parte de seu pecado também. E ele sabe disso, porque ele está envolvido com você. Ele pulsa em seu coração, ele respira em você, e se você comete pecado, ele também faz parte disso. Somente os pretensos santos – simulacros, não reais – podem pensar de outra forma e se orgulharem.

Mas, quando Jesus ouviu aquilo, disse: "Os que estão sãos não precisam de médico, e sim os que estão doentes".

Ele simplesmente disse: "Aqueles que estão doentes precisam de médico. Eu sou o médico. Assim, as pessoas doentes têm de vir a mim". Este deve ser o critério: ao redor de um santo, os pecadores se reunirão. Este é o critério. Se você vir um santo e ao redor dele só houver pessoas respeitáveis, ele não é, absolutamente, um santo. O médico é falso, porque sempre que um grande médico vem ao mundo, pessoas que estão doentes estão fadadas a vir até ele. Fatalmente irão rodear o homem, porque precisam dele. Elas querem se curar e ficar sadias, e o médico apareceu.

"Os que estão sãos não precisam de médico, e sim os que estão doentes." Mas lembre-se, o inverso não é verdadeiro. Um pecador precisa de um santo, mas se você pensa que não precisa de um santo, isso não quer dizer que você não é um pecador. Um homem doente procura um médico e não há nenhuma necessidade de um homem saudável procurar um médico, mas só por não procurar um médico, não se engane achando que você é saudável. Lembre-se de que o inverso não é verdadeiro. É por isso que na frase seguinte Jesus diz: "Ide aprender o que isto significa".

Jesus está dizendo: "Esta é a verdade: os pecadores, os doentes, estão fadados a me procurar. Eu sou um médico para suas almas. Aqueles que estão saudáveis, eu não estou aqui para eles; eles não precisam vir. Mas 'ide aprender o que isto significa...' – não é simples. Vá e medite sobre isto. Você mesmo pode estar doente e precisando de mim, mas estar pensando que não está doente".

A maior doença que pode acontecer ao homem é quando ele está doente e pensa que não está. Então, ninguém pode curá-lo; então, nenhum remédio poderá ajudá-lo; então o médico pode estar na porta ao lado, mas ao homem morrerá incurado. Este é o maior infortúnio que pode ocorrer a um homem: estar doente e pensar que está saudável.

> *"Ide aprender o que isto significa: Trago misericórdia e não sacrifício..."*

Esta é uma das frases mais significativas dentre as que Jesus já pronunciou. Este é todo o seu segredo: "Trago misericórdia e não sacrifício". Mahavira não é tão misericordioso; Maomé não é tão misericordioso; até mesmo o compassivo Buda não é tão misericordioso quanto Jesus. Todos eles dizem que você terá de se sacrificar, de mudar e de prestar conta de seus carmas passados.

Na Índia já se falou muito sobre compaixão, mas continuamente permanecemos falando sobre o carma. Tem-se que prestar conta de todos os maus atos praticados, cancelá-los através de boas ações. Você terá que alcançar um equilíbrio, só então as contas estarão saldadas. Isto é o que Jesus quer dizer por sacrifício.

Ele diz: "Serei misericordioso". Este é seu segredo. O que ele quer dizer com isso? Ele quer dizer que é quase impossível para você anular todos os maus atos que você possa ter cometido, porque a coisa toda é tremenda, vasta. Por milhões de vidas você andou fazendo coisas e tudo o que você fez foi errado, tinha de ser errado, porque você estava inconsciente. Como você pode fazer algo bom quando está inconsciente? Você fez milhares de coisas, mas tudo errado.

Enquanto se está inconsciente, não se pode fazer nada de bom. A virtude é impossível na inconsciência, só o pecado é possível. A inconsciência é a fonte do pecado. Você cometeu tantos pecados que é quase impossível: como se livrará disso? O próprio esforço parece ser irrealizável, o próprio esforço parece sem esperança. Jesus diz: "A misericórdia resolverá. Simplesmente se renda e eu serei misericordioso". O que ele quer dizer? Ele simplesmente quer dizer que "se você confiar em mim e confiar que foi perdoado, você está perdoado" – porque todos esses carmas foram cometidos num sono inconsciente. Você não é responsável por eles.

Esta é a mensagem-chave de Jesus: que o homem não é responsável a menos que ele esteja alerta. É como se uma criança tivesse cometido um pecado. Nenhum tribunal punirá a criança, porque dirão que ela não sabe, que fez aquilo inconscientemente. Não tinha intenção de fazer aquilo, simplesmente aconteceu, ela não é responsável. Ou um louco que tenha cometido um crime, um assassinato. O júri, uma vez comprovado que o homem é louco, tem que perdoar, porque um louco não pode ser responsável. Ou um bêbado que tenha feito algo e foi provado que ele estava bêbado, absolutamente bêbado. Você pode, no máximo, puni-lo por sua embriaguez. Não pode puni-lo pelo ato.

Jesus diz: "Eu vim. Eu trago misericórdia". Isso não significa que cabe a Jesus perdoá-lo, lembre-se. Este é um grande erro. Os cristãos têm pensado que, se Jesus é o único filho de Deus, e ele é misericordioso, nada mais é necessário. Basta orar a ele, confessar seu pecado. Ele é misericordioso, ele o perdoará.

Na verdade, Jesus é apenas uma desculpa. O que ele está dizendo é: se você se tornou alerta e consciente de que estava inconsciente no que quer que tenha estado fazendo até aqui, até agora, a própria consciência de que você estava inconsciente, a própria percepção disso, perdoa, transforma-se em perdão. Não que Jesus esteja fazendo alguma coisa.

É exatamente como quando eu lhe prometo que se você se render a mim, eu o transformarei. Não há nenhuma promessa e não vou fazer nada. Você se entrega, isso é tudo, e a transformação acontece. Mas será difícil para você se entregar se não há ninguém a quem se render. Então você dirá: "A quem me entregar?" Será quase impossível, absurdo. Apenas a entrega, sem ninguém a quem se entregar? Você se sentirá absurdo: o que é isso? – é necessário alguém a quem se render. Esse alguém é apenas uma desculpa.

Quando eu digo: "Prometo que o transformarei", não vou fazer nada, porque ninguém pode transformá-lo. Mas se você se entregar... no próprio esforço.... Quando você se rende, o ego se rende e a transformação acontece, porque o ego é a única barreira. É por causa do ego que você não está mudando; é por causa do ego que seu coração está tão cheio de pedras e não está pulsando bem. Uma vez que as pedras sejam removidas...

Você se tornou tão habituado às pedras, que diz: "A menos que encontre pés de lótus de ouro, não vou entregar essas pedras". Então, eu digo: "Está bem. Deixe que meus pés sejam a desculpa". Você ficou tão apegado às pedras que pensa que a menos que encontre pés de lótus, pés dourados, a menos que encontre um deus, você não vai se render, porque essas pedras são muito valiosas. É por causa da sua tolice que tenho de brincar de deus. Assim, eu digo: "Está certo. Deixe-me ser o deus. Mas, por favor, entregue suas pedras, de forma que seu coração comece a pulsar bem – e você comece a sentir, amar, ser".

Quando Jesus diz: "Serei misericordioso", ele está dizendo a mesma coisa. Ele está dizendo: "Estou aqui para perdoá-lo. Renda-se. Venha, siga-me pois..."

"... Trago misericórdia e não sacrifício, pois não vim para chamar os justos, mas os pecadores ao arrependimento."

Isso é tremendamente belo. Toda vez que um Buda, um Jesus ou um Krishna acontece, é para isso que vêm.

"Não vim para chamar os justos..." Em primeiro lugar, eles nunca ouvem o chamado. Os "justos" são pessoas mortas; são surdas, estão cheias demais de seu próprio ruído. Estão tão certas de suas virtudes... Não têm terra sobre a qual pisar, mas em suas crenças, em sua imaginação, pensam que estão pisando em solo firme. Mas não têm nenhum alicerce – seu edifício é como um castelo de cartas de uma criança: uma pequena brisa e o edifício vai embora. Mas elas creditam no edifício. O edifício existe apenas em sua imaginação.

Em primeiro lugar, elas não ouvirão o chamado. Em segundo lugar, se você insistir muito, elas ficarão furiosas. Em terceiro lugar, se você for obstinado, como Jesus era, elas o matarão. E, em quarto lugar, quando você estiver morto, elas o adorarão. É assim que as coisas funcionam.

"Pois não vim para chamar os justos, mas os pecadores ao arrependimento." De fato, ter consciência de que você é um pecador já é uma transformação. No momento em que você reconhece que é um pecador, você se arrependeu. Não existe outro arrependimento.

Olhe para isso deste modo: durante a noite você está dormido e sonhando. Se você se torna consciente de que está sonhando, o que isso significa? Significa que agora não está mais dormindo. Uma vez que você se torna consciente de que está sonhando, você já está acordado, não está mais dormindo. O sono já o deixou.

Para permanecer um pecador precisa-se continuamente pensar que não se é um pecador, que se é um homem virtuoso. Para esconder o pecado, precisa-se acreditar que se é justo, não um pecador. Muitas vezes as pessoas que se dizem justas pensam que, mesmo que cometam alguns pecados, pecam para proteger sua virtude, para proteger sua correção.

Isso aconteceu: a Índia e o Paquistão estavam em guerra. Até mesmo os santos jainistas estavam num humor de guerra. Pelo menos *eles* não deveriam estar, pois durante séculos estiveram pregando a não violência. De repente me deparei com a notícia de que Acharya Tulsi, um dos maiores monges jainistas, tinha dado suas bênçãos à guerra. O que ele disse?

Ele disse que era para "proteger o país da não violência. Mesmo que se tivesse de fazer uso da violência, ela tinha que ser usada – para proteger o país de Buda, Mahavira, Gandhi".

Você vê o ardil? A não violência tem que ser protegida pela violência. Tem-se que ir à guerra para que reine a paz. Tenho que matá-lo, porque o amo; estou fazendo isso por sua causa.

Um homem que se reconhece um pecador já se rendeu. Ele ganhou consciência de que "eu sou um pecador e não tenho feito nada mais do que pecado além de pecado. Não é que algumas vezes eu tenha cometido um pecado. Bem ao contrário, eu *sou* um pecador. Não é uma questão de atos; é uma continuidade de inconsciência. Eu sou um pecador e se fiz algo errado ou não, é irrelevante. Algumas vezes não faço nada de errado, mas ainda assim sou um pecador".

O "pecador" é uma qualidade da inconsciência. Não tem nada a ver com atos. Por 24 horas você pode não ter feito nada de errado – pode ter permanecido em casa, jejuando, sentado em silêncio, meditando; você não fez nada de errado – mas, ainda assim, permanece um pecador. Se você está inconsciente, é um pecador.

O fato de você ser um pecador não é resultante de pecados que você tenha cometido. Ser um pecador é simplesmente um estado de inconsciência – um *continuum*, sem nenhum intervalo. Uma vez que essa consciência se torne uma realidade para você, essa própria consciência é um despertar. Amanheceu, o sol bateu à sua porta: você está acordado. Ainda é uma consciência frágil, muito delicada: você pode cair no sono novamente – sim, isso é uma possibilidade –, mas ainda assim você está acordado. Você pode usar esse momento para sair da cama.

"... pois não vim para chamar os justos, mas os pecadores ao arrependimento."

E disse a eles todos: "Se alguém quer me seguir, renuncie a si mesmo, tome sua cruz a cada dia e siga-me".

"Se alguém quer me seguir..." Se você decidiu me seguir, então isto é o que você tem que fazer. Esta é a disciplina, a única disciplina dada por Jesus: "Renuncie a si mesmo".

Quando você vai a um homem como Jesus, tem de abandonar suas próprias ideias e seu ego. Você tem de abandonar completamente suas decisões, porque só se você abandonar suas ideias, suas decisões, seu ego, Jesus pode penetrá-lo. Logo você não precisará mais de Jesus – uma vez que você tenha abandonado seu ego, as coisas começarão a acontecer a você por si mesmas. Mas, como primeiro passo, "renuncie a si mesmo".

Veja: você pode vir a mim e se entregar. Mas pode ser que essa entrega seja uma ideia sua. Então, não mais é uma entrega. A entrega é uma entrega quando é *minha* ideia, não sua. Se for sua ideia, então, não é entrega – você está seguindo sua ideia.

Isso acontece todos os dias. Alguém chega aqui e eu pergunto:

– Você quer entrar no sânias?

A pessoa responde:

– Quero pensar um pouco nisso.

Eu digo:

– Se você pensar sobre isso, será o seu sânias, não o meu.

Você pode pensar que chegou a uma conclusão, mas é o seu ego pensando e chegando a uma conclusão. Aí você pede o sânias, mas perdeu a oportunidade. A oportunidade estava presente quando eu lhe pedi para dar um salto. Tivesse você tomado o sânias sem qualquer consideração da sua parte, isso teria sido um arrependimento, uma virada, uma conversão. Você pode pensar, está bem; mas está simplesmente bem, nada mais. Você entrou, é a sua ideia que você está seguindo. Não há nenhuma entrega nisso.

Renuncie a si mesmo. E a segunda coisa: "tome sua cruz a cada dia..." Uma vida com Jesus é uma vida momento a momento. Não é um planejamento para o futuro. Ela não tem nenhum plano para o amanhã. Não há plano; é espontânea. Tem-se de viver momento a momento e carregar sua "cruz" todos os dias.

Por que uma cruz? Porque entregar-se é morrer. Por que uma cruz? Porque entregar-se dói. Por que uma cruz? Porque entregar-se é sofrimento. Seu ego inteiro sofrerá e arderá. Suas ideias, seu passado, sua personalidade estarão em fogo contínuo. Por isso, a cruz. A cruz é um símbolo da morte... e antes que você morra, nada é possível; antes que você morra, a ressurreição não é possível.

"Renuncie a si mesmo, tome sua cruz a cada dia..." Isto deve ser feito diariamente, a cada manhã. Você não pode pensar: "Eu me entreguei. Está acabado". Não é tão fácil. Você terá de se render um milhão de vezes; terá de se render a cada momento, porque a mente é muito astuta. Ela tentará reconquistá-lo. Se você pensar que se rendeu uma vez e acabou, a mente irá recapturá-lo. Isso tem de ser feito a cada momento – até que você tenha morrido completamente e uma nova entidade tenha surgido, até que um novo homem tenha nascido dentro de você, até que você tenha se tornado descontínuo com o passado: uma ruptura aconteceu.

Você saberá quando isso acontecer, porque você não se reconhecerá. Quem é você? Você não será capaz de ver como esteve conectado com aquele passado. Você reconhecerá somente uma coisa: que aconteceu uma ruptura repentina. A linha se quebrou, o passado desapareceu e algo novo – que não tem nada a ver com o passado, que não está, absolutamente, conectado a ele – surgiu em você. O homem religioso não é um homem modificado, o homem religioso não é um homem redecorado. O homem religioso não tem nada a ver com o passado. É absolutamente novo.

"Pois quem quiser salvar sua vida perdê-la-á..." – não se apegue ao ego.

"Pois quem quiser salvar sua vida perdê-la-á; mas quem perder sua vida por amor a mim salvá-la-á."

Perca a sua vida e você a terá; apegue-se a ela e a perderá. Parece paradoxal, mas é uma verdade simples. A semente morre no solo e se torna uma grande árvore. Mas a semente pode apegar-se à sua forma, continuar se protegendo e se defendendo, porque, para a semente, o contrário parece morte. A semente nunca poderá ver a planta; assim, é uma morte.

Você nunca poderá ver o homem sobre o qual estou falando; assim, é uma morte perfeita. Você não pode imaginar esse homem porque, se imaginá-lo, ele será sua continuidade. Você não pode ter esperança com relação a esse homem porque, se tiver, então, sua esperança será a ponte. Não, você está completamente no escuro com relação a esse homem – eis por que a confiança é necessária.

Eu não posso oferecer provas, não posso argumentar, porque quanto mais argumentar e oferecer-lhe provas, mais aquilo se tornará impossível para você. Se você for *convencido*, então a barreira é perfeita, porque sua convicção será *sua* convicção. E o novo só poderá surgir quando você tiver ido embora completamente; todas as suas convicções, ideologias, argumentos, provas se foram, por atacado – e ficou somente a ausência. E nessa ausência, os céus se abrem e o espírito de Deus desce como uma pomba e o ilumina.

"Mas quem perder sua vida por amor a mim, salvá-la-á." Por que Jesus insiste: "por amor a mim"? Olhe para o problema; se você vai morrer completamente e um novo homem só surgirá quando você não existir mais, então quem será a ponte entre você e o novo? Quem será a ponte? Você não pode ser, caso contrário o novo não será novo, será apenas o velho modificado.

Aí o mestre torna-se a ponte. Ele diz: "Morra silenciosamente. Eu estarei presente cuidando de você. Entre na morte; eu tomarei conta do novo que estará surgindo em você. Não se preocupe. Relaxe... 'por amor a mim'".

Eis por que a religião não pode se tornar uma filosofia; não pode se tornar uma teologia. Não pode estar baseada em argumentos; não pode, pois sua própria natureza impede isso. Ela permanecerá uma confiança. Se você confiar em mim, poderá morrer facilmente, sem medo. Você sabe que estarei presente, você me ama e sabe que eu o amo. Então, por que medo?

Aconteceu: um jovem, recém-casado, estava indo para sua lua de mel. Ele era um samurai, um guerreiro japonês. O casal ia num barco em direção a uma ilha, quando, de repente, surgiu uma tempestade. O barco era pequeno e a tormenta era terrível. Havia toda a possibilidade de eles naufragarem e morrerem afogados. A mulher ficou com muito medo e começou a tremer. Mas ela olhava para o samurai, o marido. Ele permanecia sentado, em silêncio, como se nada estivesse acontecendo. E eles estavam à beira da morte. Qualquer movimento e o barco poderia ir para debaixo das águas.

A mulher disse:

– O que você está fazendo? Por que está sentado aí feito uma estátua?

O samurai sacou sua espada – a mulher não podia acreditar naquilo – e colocou-a rente à garganta da esposa. Ela começou a rir e ele disse:

– Por que você está rindo? A espada está tão perto de sua garganta... um pequeno movimento, e sua cabeça vai embora.

A mulher disse:

– Mas ela está em suas mãos; assim, não há problema. A espada é perigosa, mas ela está em suas mãos.

O samurai recolheu a espada e disse:

– A tempestade está nas mãos de meu Deus. A tempestade é perigosa, mas ela está nas mãos de alguém a quem amo e que me ama. É por isso que não tenho medo.

Quando a espada está nas mãos de seu mestre e ele vai matá-lo, se você confia nele, só então você poderá morrer pacificamente, amorosamente, graciosamente. E a partir dessa graça... e a partir dessa paz... e a partir desse amor... você criará a possibilidade do espaço para o novo surgir. Se você morrer com medo, o novo não chegará. Você simplesmente morrerá. É por isso que Jesus diz: "... por amor a mim..." – deixe-me ser a ponte.

"Pois qual a vantagem de se ganhar o mundo todo e perder a si mesmo, ou causar a própria ruína?"

E lembre-se: você pode ganhar o mundo todo e se perder – é o que as pessoas têm feito mundo afora, através dos tempos: ganhando mundo e perdendo-se de si mesmas. Então, um dia, elas, de repente, descobrem que tudo o que ganharam não lhes pertence. De mãos vazias vieram; de mãos vazias irão. Nada pertence a elas. A angústia toma conta.

"Pois qual a vantagem de ganhar o mundo todo e perder a si mesmo, ou causar a própria ruína?" A única forma de ser realmente inteligente no mundo é, primeiro, ganhar a si mesmo. Mesmo que você tenha que perder todo o mundo, vale a pena. Se você ganha seu próprio ser, sua própria alma, seu âmago mais profundo, e perde todo o mundo, vale a pena. Para ganhar o âmago mais profundo, você terá não apenas que perder o mundo, terá que perder a ideia de si mesmo – porque esta é a barreira mais profunda: o ego. O ego é uma entidade falsa. Sem saber quem você é, continua pensando que é alguém. Esse alguém – a falsa entidade – é o ego. E a menos que o falso ego se vá, a verdade não pode entrar.

Deixe o falso ir embora e o verdadeiro estará pronto. Arrependa-se, retorne, responda – o reino de Deus está próximo.

Basta por hoje.

8

Eu trato Jesus como um poeta

A PRIMEIRA PERGUNTA:

Osho, como pode aquele que tem sido treinado por toda sua vida para analisar e perguntar e duvidar, construir a ponte entre a dúvida e a confiança?

A dúvida em si mesma é bela. O problema surge quando você fica parado nela; então, a dúvida se torna morte. A análise é perfeita se você permanece separado e distante dela. Se você se torna identificado, então surge o problema, então a análise se torna uma paralisia. Se você sente que tem sido treinado para analisar, perguntar e duvidar, não fique infeliz. Duvide, analise, pergunte, mas permaneça separado. Você não é a dúvida; use-a como uma metodologia, um método. Se a análise é um método, a síntese também é um método. E a análise em si mesma é uma metade; a menos que ela seja complementada pela síntese, ela nunca será o todo. E você não é nem análise nem síntese, você é apenas uma percepção transcendental.

Questionar é bom, mas uma pergunta é obviamente uma metade. A resposta será a outra metade. A dúvida é boa, mas é apenas uma parte; a verdade é outra parte. Mas permaneça distanciado. Quando eu digo "Permaneça distanciado", digo "Permaneça distanciado não somente da dúvida, mas da confiança também". Isto também é um método. A pessoa tem de usá-lo, a pessoa não deve permitir ser usada por ele – senão, surge uma tirania e a tirania pode ser da dúvida ou da confiança.

A tirania da dúvida o aleijará. Você nunca será capaz de dar um único passo, porque a dúvida existirá em toda parte. Como você pode fazer alguma coisa enquanto há dúvida? Isso o aleijará. E se a confiança se tornar uma tirania – e ela pode se tornar, ela se tornou para milhões: as igrejas, os templos, as mesquitas estão cheios dessas pessoas para quem a confiança se tornou uma tirania –, então ela não lhe dá olhos, ela o cega, e a religião se torna uma superstição.

Se a confiança não for um método e se você estiver identificado com ela, então, a religião se torna uma superstição e a ciência se torna tecnologia. Então, a pureza da ciência está perdida e a pureza da religião também está perdida. Lembre-se disto: dúvida e confiança são como duas asas. Use as duas, mas você não é nem uma nem outra.

Um homem de discrição, um homem que seja sábio, usará a dúvida se sua busca for dirigida à matéria. Se sua busca for sobre o exterior, sobre o outro, ele usará a dúvida como método. Se sua busca estiver dirigida ao interior, a ele mesmo, então, ele usará a confiança. Ciência e religião são duas asas.

Na Índia, cometemos uma tolice. Agora, o Ocidente está cometendo outra. Na Índia, tentamos viver somente através da confiança; daí a pobreza, a fome, a miséria. Todo o país é como uma ferida, continuamente sofrendo. E o sofrimento tem sido tão longo que as pessoas ficaram até acostumadas a ele, elas aceitaram o sofrimento tão profundamente, que começaram a ficar insensíveis a ele. Estão quase mortas: deixam-se levar pela corrente do vento, não estão vivas. Isso aconteceu devido à tirania da confiança. Como um pássaro pode voar com uma asa só?

Agora, no Ocidente, outra tirania está acontecendo, a tirania da dúvida. Isso funciona perfeitamente bem no que tange à pesquisa objetiva: se você pensa sobre a matéria, a dúvida é necessária; é um método científico. Mas, quando você está se movendo para dentro de si, esse método simplesmente não funciona, não se ajusta. Aí, a confiança é necessária.

O homem perfeito será um homem que tem uma profunda harmonia da dúvida e da confiança. Um homem perfeito parecerá inconsistente para você. Mas ele não é inconsistente, ele é simplesmente harmonioso. As contradições se dissolvem nele. Ele usa tudo.

Se você tem dúvida, use-a na pesquisa científica. E observe os grandes cientistas: na hora em que atingem a idade da compreensão e da sabedoria, na hora em que o entusiasmo juvenil já se foi e a sabedoria se estabelece, eles chegam sempre a um estado muito fundo de confiança. Eddington, Einstein, Lodge... – não estou me referindo a cientistas medíocres, pois estes não são cientistas realmente, mas a todos os grandes pináculos na ciência. Estes são muito religiosos. Eles confiam porque conheceram a dúvida, usaram a dúvida, e acabaram compreendendo que a dúvida tem suas limitações.

É exatamente assim: meus olhos podem ver e meus ouvidos podem ouvir; se eu tentar ouvir com meus olhos, vai ser impossível, e se eu tentar ver pelos ouvidos, vai ser impossível. Os olhos têm suas próprias limitações, o ouvido tem suas próprias limitações. Eles são peritos, e todo perito tem suas limitações. O olho pode ver – e é bom que possa somente ver, porque, se o olho pudesse fazer muitas coisas, então não seria tão eficiente em ver. Nos olhos, toda a energia se torna visão e, nos ouvidos, toda a energia se torna audição.

A dúvida é como um perito. Funciona se você está pesquisando sobre o mundo. Mas, quando você começa a pesquisar sobre Deus através do mesmo método, então está usando o método errado. O método era perfeitamente ajustado para o mundo, para o mundo da lei, mas ele não está ajustado para o mundo do amor. Para o mundo do amor, a confiança é necessária.

Não há nada de errado na dúvida, não se preocupe com isso. Use-a bem, use-a na direção certa. Se você usar a dúvida na direção certa e usá-la bem, chegará a uma compreensão: chegará a uma dúvida da própria dúvida. Você verá – você se tornará duvidoso da dúvida. Você verá onde ela funciona e onde ela não funciona. Quando a pessoa chega a esta compreensão, a pessoa abre a porta da confiança.

Se você está treinado para a análise – ótimo. Mas não fique preso a isso, não permita que isso se torne uma escravidão. Permaneça livre para sintetizar também, porque se você continuar só analisando e analisando, sem nunca sintetizar, chegará à parte mais diminuta, mas nunca chegará ao todo.

Deus é a suprema síntese; o átomo, o final da análise. A ciência chega ao átomo: ela vai analisando, dividindo, até que finalmente chegue à menor parte, àquela que não pode mais ser dividida. E a religião chega a Deus – à divindade. Ela vai adicionando e sintetizando. Deus é a suprema síntese: nada mais pode ser acrescentado. Já é o todo. Nada existe além. A ciência é atômica; a religião é "totalidade". Use ambas.

Eu sou sempre a favor de se usar tudo o que se tem. Mesmo que você tenha algum veneno, eu lhe direi: "Preserve-o, não o jogue fora". Em alguma necessidade, ele pode se tornar medicinal – depende de você. Você pode cometer suicídio com um veneno, e com o mesmo veneno pode ser salvo de morrer. O veneno é o mesmo; a diferença está no uso correto. Tudo depende do uso correto. Assim, quando você for para o laboratório, use a dúvida; quando vier ao templo, use a confiança. Seja solto e livre de modo que, quando você for do laboratório para o templo, não leve o laboratório com você. Então, você pode entrar no templo totalmente livre do laboratório – ore, dance, cante. E quando você for para o laboratório novamente, deixe o templo para trás, porque dançar no laboratório será muito absurdo – você pode destruir as coisas.

Trazer a face séria que você usa no laboratório para o templo não será apropriado. Um templo é uma celebração, um laboratório é uma pesquisa. A pesquisa tem de ser séria; uma celebração é uma brincadeira. Você se deleita nela, você se torna criança novamente. Um templo é um lugar para se tornar criança nova e novamente; dessa forma, você nunca perde o contato com a fonte original. No laboratório você é um adulto, no templo você é uma criança. E Jesus diz: "O reino de Deus é para aqueles que são como crianças".

Lembre-se sempre de não jogar fora qualquer coisa que Deus lhe tenha dado – nem mesmo a dúvida. Tem que ter sido ele que a deu a você e deve haver uma razão por trás disso, porque nada é dado sem nenhuma razão. Deve haver um uso para aquilo.

Não descarte nenhuma pedra, porque muitas vezes já aconteceu de a pedra que foi descartada pelos construtores se tornar, no final, a própria pedra angular daquela construção.

A SEGUNDA PERGUNTA:

Osho, a Bíblia usa a palavra "arrepender". Às vezes você traduz essa palavra como "retornar", às vezes como "responder"; e às vezes você a deixa como "arrepender" mesmo. Você muda o significado à medida que precisa?

Eu não estou falando sobre a Bíblia absolutamente. Estou falando sobre mim. Eu não sou confinado pela Bíblia; não sou escravo de nenhuma escritura. Sou totalmente livre, e me comporto como um homem livre.

Eu amo a Bíblia, a poesia dela, mas não sou cristão. Nem sou hindu, nem sou jainista. Sou simplesmente eu. Eu amo a poesia, mas a canto do meu jeito. Onde eu devo enfatizar e o quê, é finalmente decidido por mim, não pela Bíblia – *eu* amo o espírito dela, não a letra. E a palavra que eu traduzo às vezes como "arrepender", às vezes como "retornar" e às vezes como "responder", significa todas as três coisas. Essa é a beleza das velhas línguas. Sânscrito, hebraico, árabe – todas as velhas línguas são poéticas. Quando você usa uma língua poética, ela significa muita coisa. Eu digo mais do que as palavras contêm e isso pode ser interpretado de diferentes modos. Há muitos níveis de significado.

Às vezes a palavra significa "arrepender". Quando estou falando sobre pecado e uso a palavra "arrepender", significa "arrepender". Quando estou falando sobre Deus chamando você, então a palavra "arrepender" significa "responder" – significa responsabilidade: Deus chamou, você responde. E quando digo que o reino está próximo, a palavra "arrepender" significa "retornar". Todos os três significados estão presentes. A palavra não é unidimensional, é tridimensional. Todas as velhas línguas são tridimensionais. As línguas modernas são unidimensionais, porque nossa insistência não é na poesia, mas na prosa. Nossa insistência não é na multiplicidade de significados, mas na exatidão. A palavra deve ser exata: deve significar somente uma coisa, de modo que não haja confusão. Se você estiver escrevendo sobre ciência, a linguagem tem de ser exata, caso contrário, a confusão é possível.

Aconteceu na Segunda Guerra Mundial: o general americano escreveu uma carta para o imperador do Japão, antes de Hiroshima e Nagasaki. A carta era em inglês e estava traduzida para o japonês, que é mais poético, mais florido – e em que uma palavra significa muitas coisas...

Certa palavra foi traduzida de certo modo. Ela podia ter sido traduzida de outro modo também; dependeria do tradutor. Agora que eles estão pesquisando sobre isso, chegaram à conclusão de que, se tivesse sido traduzida daquele outro modo possível, não teria havido nem Hiroshima nem Nagasaki.

O general norte-americano queria dizer outra coisa, mas o jeito como foi traduzido foi percebido como um insulto. O imperador japonês simplesmente declinou de responder – era demasiadamente insultante. E o desastre de Nagasaki e Hiroshima aconteceu, a bomba atômica foi jogada. Se o imperador tivesse respondido ao general norte-americano, não teria havido necessidade da bomba sobre Hiroshima e Nagasaki. Basta uma palavra traduzida de modo diferente e cem mil pessoas morrem em segundos. Muito caro – por uma única palavra. As palavras podem ser perigosas.

Na política, na ciência, na economia, na história, as palavras devem ser lineares, unidimensionais. Mas se toda a linguagem se tornar unidimensional, então, a religião sofrerá muitíssimo, a poesia sofrerá muitíssimo, o romance sofrerá muitíssimo... porque para a poesia, uma palavra deveria ser multidimensional, deveria significar muitas coisas, de modo que a poesia tenha uma profundidade e você possa continuar lendo-a infinitamente.

Eis a beleza dos velhos livros. Você pode ir lendo o Gita todos os dias, você pode ir lendo os evangelhos todos os dias, e todos os dias você tropeça num novo e rejuvenescedor significado. Você pode ter lido a mesma passagem milhares de vezes e nunca ocorreu a você que aquele pudesse ser o significado. Mas nesta manhã ocorreu, você estava num estado diferente de ânimo – estava feliz, fluindo – e um novo significado surgiu. Em outro dia, você não estará tão feliz, não tão fluente... – o significado muda. O significado muda de acordo com você, de acordo com seu humor, com seu clima interno.

Você tem um clima interno, que vai mudando, exatamente como o clima externo. Você já observou isso? Às vezes você está triste e olha para a lua, e a lua parece triste, muito triste. Você está triste e uma fragrância vem do jardim, e ela parece muito triste. Você olha para as flores: ao invés de o deixarem feliz, elas o deixam triste. Então, noutro momento, você está feliz, vivo, fluente, sorrindo – a mesma fragrância vem e o circunda, dança ao seu redor, e o deixa tremendamente feliz. A mesma flor... e quando você a vê se abrindo, algo se abre dentro de você também. A mesma lua, e você não pode acreditar em quanto silêncio e quanta beleza descem sobre você. Há uma profunda participação: vocês se tornam parceiros em algum mistério profundo. Mas depende de você. A lua é a mesma, a flor é a mesma – depende de você.

Velhas línguas são muito fluentes. Em sânscrito há palavras... uma palavra pode ter doze significados. Você pode continuar brincando com ela e isso revelará muitas coisas a você. Ela mudará com você, ela sempre se ajustará a você. Eis por que grandes trabalhos de literatura clássica são eternos. Eles nunca são exauridos.

Mas o jornal de hoje será inútil amanhã, porque não tem nenhuma vitalidade de significado. Ele simplesmente diz qual é o significado; não há mais nada ali. Amanhã você parecerá tolo lendo aquilo novamente. É prosa comum; ela lhe dá informação, mas não tem nenhuma profundidade, é fixa.

Dois mil anos se passaram desde que Jesus falou e suas palavras ainda permanecem vivas e rejuvenescedoras. Elas nunca serão velhas. Elas não envelhecem, permanecem frescas e jovens. Qual é o segredo delas? O segredo é que elas significam tantas coisas, que você pode sempre encontrar uma nova porta nelas. Não se trata de apartamento de quarto e sala. Jesus diz: "A casa de meu pai tem muitas moradas" – pode-se entrar por muitas portas, e há sempre novos tesouros a serem revelados, descobertos. Nunca se chega à velha paisagem novamente. Ela tem certa infinitude.

Eis por que eu vou mudando. Sim, sempre que eu sinto, eu mudo o significado. Mas esse é o jeito que o próprio Jesus fez a coisa.

Na tradução da Bíblia hebraica para o inglês, muito foi perdido. Na tradução do Gita para as línguas modernas, muito se perdeu. Na tradução do Alcorão, a beleza se foi, porque o Alcorão é uma poesia. É algo para ser cantado, é algo para ser dançado. Não é prosa. A prosa não é a maneira da religião; a poesia é.

Lembre-se disto sempre e não fique confinado. Jesus é vasto, e a Bíblia traduzida é muito pequena. Posso compreender a resistência dos antigos a ter seus livros traduzidos. Isso tem profunda significância. Você pode traduzir a prosa, não há problema. Se você quiser traduzir um livro sobre a teoria da relatividade em qualquer língua, pode ser difícil, mas a dificuldade não é a mesma se isso for feito com a Bíblia, o Gita ou o Alcorão. O livro sobre a teoria da relatividade pode ser traduzido, nada será perdido; não há poesia nele.

Mas, quando você traduz poesia, muito será perdido, porque cada língua tem seu próprio ritmo e seu próprio modo de expressão. Cada língua tem sua própria métrica de música e isso não pode ser traduzido noutra língua. Aquela música será perdida, aquele ritmo se perderá. Você terá que trocá-lo por outro ritmo ou outra música. Assim, é possível... a poesia comum pode ser traduzida, mas quando a poesia é realmente soberba, do outro mundo... quanto mais profunda e grandiosa ela for, mais difícil será traduzi-la – quase impossível.

Eu trato Jesus como um poeta. E ele é. Falando sobre ele, Van Gogh disse que ele é o maior artista que já existiu na terra. E é. Ele fala por meio de parábolas e poesia, e quer dizer muito mais coisas do que suas palavras podem transmitir. Permita-me dar-lhes a sensação dessa infinitude de significados.

A poesia não é tão clara – não pode ser, ela é um mistério. É exatamente como de manhã cedo... por todo lado você vê uma névoa... fresca, recém-nascida... como no interior de uma nuvem. Você não pode ver à distância, mas não há nenhuma necessidade: a poesia não é para o distante. Ela lhe dá um *insight* no olhar para o que está próximo, perto, para o íntimo.

A ciência continua buscando pelo distante; a poesia continua revelando para você um novo modo para perceber o íntimo, o perto, aquilo que você sempre soube, que é familiar. A poesia revela o mesmo caminho que você tem percorrido a vida toda, mas com um novo matiz, uma nova cor, uma nova luz. De repente, você é transportado para um novo plano.

Eu trato Jesus como um poeta. Ele é um poeta. E isto tem sido muito mal compreendido. As pessoas continuam tratando-o como um cientista. Uma tolice tratá-lo como um cientista. Ele parecerá absurdo, a coisa toda parecerá milagrosa. Então, se você quiser acreditar nele, tem de ser muito supersticioso, ou terá de jogá-lo fora completamente – o bebê junto com a água do banho. Porque ele é tão absurdo... Você pode acreditar, mas então tem de acreditar muito cegamente, e essa crença não pode ser natural, espontânea. Você tem de forçá-la por amor à crença e tem de forçá-la sobre si mesmo. Ou, então, você o joga fora completamente.

As duas atitudes estão erradas. Jesus deve ser amado, não acreditado. Não há nenhuma necessidade de pensar a favor ou contra.

Você já observou? Você nunca pensa a favor ou contra Shakespeare. Por quê? Você nunca pensa a favor ou contra Kalidas. Por quê? Você nunca pensa a favor ou contra Rabindranath. Por quê? Porque você sabe que eles são poetas. Você se deleita com eles; você jamais pensa a favor ou contra.

Mas com Jesus, Krishna, Buda, você pensa a favor ou contra, porque você pensa que eles estão argumentando. Deixe-me dizer-lhe: eles não estão argumentando. Eles não têm nenhuma tese para provar, não têm nenhum dogma. Eles são grandes poetas – maiores que Rabindranath, maiores que Shakespeare, maiores que Kalidas, porque o que aconteceu a Rabindranath, Kalidas e Shakespeare foi apenas um vislumbre. O que aconteceu a Jesus, Krishna e Buda foi uma realização. O mesmo que é um vislumbre para um poeta é realidade para um místico. Eles viram. Não apenas viram – eles tocaram. Não apenas tocaram – eles viveram. Trata-se de uma experiência viva.

Olhe para eles sempre como grandes artistas. Um pintor simplesmente pinta um quadro; um poeta simplesmente escreve um poema... Um Jesus cria um ser humano. Um pintor muda uma tela: ela estava limpa, era uma coisa comum; tornou-se preciosa pelo seu toque. Mas você não pode ver que Jesus toca pessoas muito comuns? Um pescador, Simão chamado de Pedro – ele o toca, e pelo seu próprio toque este homem é transformado num grande apóstolo, num grande ser humano. Ele ganha uma altura, uma profundidade. Este homem não mais é comum. Ele era apenas um pescador jogando sua rede no mar. Ele fez isso a vida toda, ou até mesmo durante vidas, e jamais pensou, imaginou, sonhou o que Jesus transformaria em realidade.

Na Índia temos uma mitologia sobre uma pedra chamada *paras*. A pedra *paras* é alquímica. Você toca o ferro com a *paras* e ele é transformado em ouro. Jesus é uma *paras*. Ele toca o metal comum e imediatamente ele vira ouro. Ele transforma seres comuns em deidades. E você não vê a arte nisso? Maior arte não é possível.

Para mim, os evangelhos são poéticos. Se falo muitas vezes sobre um mesmo evangelho, eu não direi o mesmo, lembre-se. Eu não sei em que estado de ser, em que clima eu estarei então. Eu não sei por que porta eu entrarei então. E a minha casa de Deus tem muitas moradas. Ela não é finita.

A TERCEIRA PERGUNTA:

Osho, ontem depois do discurso eu me aproximei do pequeno Sidarta, no bebedouro. Tendo lido o que você disse sobre ele ser um dos mais antigos, eu me agachei, olhei nos seus olhos e disse: "Osho me disse quem você é". Ele riu, olhou-me profundamente e jogou água duas vezes na minha cabeça. Aí, delicadamente, bateu-me na cabeça e disse baixinho: "Cale-se". Houve um silêncio. Foi muito lindo.

Deve ter sido. Ele o batizou pela água. Foi um batismo. E ele é muito inocente, mais que João Batista. Sua inocência é muito espontânea.

Agora você deve se agachar mais frequentemente diante dele. E deve lhe permitir jogar água e atingi-lo mais. E, quando ele disser "Cale-se", então cale a boca e permaneça em silêncio.

Ele é uma criança tremendamente linda.

A QUARTA PERGUNTA:

Osho, quando eu reflito sobre a perseguição sofrida por Cristo dois mil anos atrás, sinto que, até hoje, nada mudou muito na atitude das pessoas com relação a um Messias vivo entre elas. Suspeita, cinismo e desconfiança parecem estar no ar tanto quanto antes. Será que você também, um dia, será perseguido pelo sistema? Passando os olhos pelo auditório, fantasio que posso localizar o incrédulo Tomé, o João, o Simão Pedro, Maria Madalena, até Judas e o resto da turma. Pode tudo isso ser uma repetição em forma de ação viva?

Sim. Eles estão todos aqui. Eles têm de estar – porque o líder da turma está aqui! E nada muda jamais, todas as mudanças são superficiais. Lá no fundo, a humanidade permanece a mesma. É natural. Eu não estou condenando isso, nem estou dizendo que alguma coisa está errada nisso. Tem de ser assim, é desse jeito que as coisas são.

Quando chega Jesus, os duvidosos Tomés fatalmente estarão presentes. Quando as pessoas que confiam vêm, as pessoas que não conseguem confiar também vêm. Elas criam um contraste. E é bom que seja assim, caso contrário, sua confiança não teria muito valor. Ela se torna preciosa, por causa dos Tomés duvidosos ao redor. Você pode comparar; você pode sentir. Você pode ver o que é a dúvida.

As sementes também virão quando você plantar um jardim. As sementes também fazem parte. Quando vem um Jesus, um Judas fatalmente estará presente, porque a coisa toda é tão tremendamente significante que alguém fatalmente o trairá. Tem tamanha altura, que alguém fatalmente se sentirá muito ferido por isso – o ego.

Judas foi muito ferido. E ele não era um homem mau, lembre-se. Na verdade, ele era o único, dentre todos os discípulos de Jesus, que era bem-educado, culto, pertencente a uma sociedade e a uma família sofisticadas. Ele era, naturalmente, o mais egoísta. Os outros eram apenas pescadores, fazendeiros, carpinteiros – gente assim, gente simples vinda da camada comum da sociedade. Judas era especial. E sempre que alguém se sente especial há problema. Ele queria até mesmo guiar Jesus. Muitas vezes ele tentou. E se você ouvi-lo, então há a possibilidade de que seja mais convencido por Judas que por Jesus.

Aconteceu: Jesus foi visitar Maria Madalena. Maria estava profundamente apaixonada. Ela derramou um perfume precioso, muito precioso nos pés de Jesus – o frasco todo. O perfume era raro; poderia ter sido vendido. Judas imediatamente objetou. Ele disse: "Você deveria proibir as pessoas de fazer tal absurdo. A coisa toda é um desperdício, e na cidade há pessoas pobres, que não têm nem o que comer. Nós podíamos ter distribuído o dinheiro para os pobres!"

Ele parece um socialista – um precursor de Marx. Mao, Lênin, Trótski, todos concordariam com ele.

O que disse Jesus? Ele disse: "Não se incomode com isso. O pobre e o faminto sempre estarão aqui, mas eu terei ido embora. Você pode servi-los sempre e sempre – não há nenhuma pressa –, mas eu irei embora. Olhe para o amor, não para o perfume precioso. Olhe para o amor de Maria, para o coração dela".

Com quem você concordará? Jesus parece ser muito burguês e Judas parece ser perfeitamente econômico. Judas está falando sobre pobres e Jesus simplesmente diz: "Tudo bem. Eu me vou logo, portanto deixe-a me saudar como ela gostaria. Deixe o coração dela fazer o que ela quiser e não meta sua filosofia nisso. Gente pobre sempre haverá por aqui; eu não estarei aqui sempre. Estou aqui por pouco tempo".

Comumente a sua mente concordará com Judas. Ele parece estar perfeitamente certo. Ele era muito instruído, um homem de maneiras muito polidas – sofisticado, um pensador.

E ele traiu. Somente ele poderia trair, porque a cada passo seu ego se feria. Ele sempre se sentiu superior a todos os discípulos de Jesus. Ele sempre se mantinha distante, não podia andar na multidão, nunca se pensou como parte de uma multidão. No máximo, vinha secundando Jesus – e mesmo assim relutantemente. Lá no fundo, ele devia pensar que era superior. Ele não podia dizer isso, mas isso estava no seu coração.

Ele estava loucamente ferido. Continuamente Jesus estava ferindo o ego dos discípulos. Um mestre tem de fazer isso, porque, se um mestre for mimando seus egos, então não será de nenhuma ajuda, será venenoso. Então, você poderá cometer suicídio através dele, mas não poderá ressuscitar. E é claro, Judas era o mais egoísta, ele foi o mais ferido. E Jesus tinha de feri-lo mais. E ele se vingou. E ele era um homem bom – não há dúvida quanto a isso. Esse é o problema com os homens bons.

Ele vendeu Jesus por trinta rupias. Ele estava tão preocupado com o perfume e com seu custo – olhe para a mente! – e vendeu Jesus por trinta peças de prata. Jesus nem custou tanto assim.

Mas quando Jesus foi assassinado, crucificado, Judas começou a se sentir culpado. Eis como funciona um homem bom. Ele começou a se sentir muito culpado, sua consciência começou a ferroá-lo. Ele cometeu suicídio. Ele era um homem bom, ele tinha uma consciência, a consciência moral. Mas ele não tinha a consciência-em-si.

Esta distinção tem de ser sentida profundamente. A consciência comum é de empréstimo, é dada pela sociedade; a consciência-em-si é algo que você tem de alcançar. A sociedade lhe ensina o que é certo e o que é errado: faça isto e não faça aquilo. Isso lhe dá a lei, a moralidade, o código, as regras do jogo. Essa é a sua consciência. Esse é o modo como a sociedade o controla.

Se você vai furtar, o policial está lá fora para impedi-lo. Mas você pode enganar o policial, pode encontrar saídas. Assim, a sociedade colocou um eletrodo profundo dentro de você: a consciência. Sua mão começa a tremer, todo o seu ser... – você sente seu ser interior dizendo: "Não faça isto; isto é errado". Isto é a sociedade falando através de você. Isto é apenas a sociedade implantada dentro de você.

Judas tinha uma consciência, mas Jesus tinha a consciência-em-si. Esta era a desavença. O homem de consciência jamais pode compreender o homem de consciência-em-si, porque este vive momento a momento, ele não tem regras a seguir.

Jesus estava mais interessado no amor da mulher Maria. Aquilo era uma coisa tão profunda, que impedi-la teria sido ferir o amor dela; ela se encolheria e se recolheria. Derramar o perfume em seus pés era apenas um gesto. Por trás dele, Maria Madalena estava dizendo: "Eu gostaria de derramar todo o perfume do mundo nos seus pés. Isto é tudo o que eu tenho – a coisa mais preciosa. Derramar água não é o bastante: é muito barato. Esta é a coisa mais preciosa que eu tenho, mas mesmo isto é nada. Eu gostaria de jorrar todo o meu ser..."

Mas Judas estava cego nessa direção. Ele era um homem de consciência; olhava para o perfume e dizia: "É caro". Ele estava completamente cego para a mulher e seu coração, para a expansão da consciência e do gesto. O perfume parece muito precioso e o amor... – o amor ainda era completamente desconhecido para ele. O amor estava presente, ali. O imaterial e o material estavam ali. O material era o perfume, o imaterial era o amor. Mas o imaterial Judas não podia ver. Para isso, você precisa dos olhos da consciência-em-si.

Um homem de consciência estará sempre em conflito, porque o homem de consciência-em-si vê coisas que o homem de consciência não pode ver. E o homem de consciência-em-si segue sua própria consciência interior: ele não tem quaisquer regras a seguir.

Se você tem regras, é sempre consistente, porque as regras são mortas. Você também fica morto com elas: fica previsível. Mas, se tem a consciência-em-si, é imprevisível – nunca se sabe... Você permanece uma liberdade total. Você responde originalmente, não tem respostas prontas para dar. Quando surge a pergunta, você é sensível e a resposta nasce. Não somente o ouvinte fica surpreso pela sua resposta – você também fica surpreso.

Quando eu lhes respondo, não são somente vocês que estão ouvindo a resposta, eu também sou um ouvinte. Não são somente vocês que ouvem a resposta pela primeira vez: eu também a ouço pela primeira vez. Eu não sei qual é a próxima palavra ou a próxima frase que virá. Ela pode se mover em qualquer direção, pode se mover em qualquer dimensão.

Eis a que me refiro quando digo que permaneço um aprendiz. Não apenas vocês estão aprendendo comigo, eu também estou aprendendo com vocês. Eu nunca estou num estado de conhecimento, porque um estado de conhecimento está morto. Você conhece algo, já está pronto. Agora, se alguém lhe pede, você pode dar aquele conhecimento a ele, já é material.

Eu jamais estou num estado de conhecimento: estou sempre num processo de conhecer. Estar num processo de conhecer é ao que me refiro quando digo que estou aprendendo. O conhecimento já é passado; o processo de conhecer é presente. Vida não é um substantivo, é um verbo. Deus também não é um substantivo, Deus é um verbo. Não me importo se os gramáticos dizem o contrário, não estou preocupado com eles. Deus é um verbo, vida é um verbo.

Estar no processo de conhecer, de aprender, significa que você permanece sempre num vácuo. Você nunca junta nada. Você sempre permanece vazio como um espelho, não como uma chapa de fotografia. Uma chapa de fotografia imediatamente chega a um estado de conhecimento. Uma vez exposta, ela já está morta. Agora ela nunca mais espelhará outra pessoa; ela espelhou uma vez, para sempre. Mas um espelho vai espelhando. Quando você se vai, ele fica vazio novamente.

É isto o que quero dizer: um homem de contínuo aprendizado sempre permanece vazio. Você levanta uma questão. Ela é espelhada na minha vacuidade... uma resposta vem e flui para você. A questão se vai, a resposta desapareceu, o espelho está novamente num estado de não saber – vazio, novamente pronto para refletir. Ele não está embaçado pelo passado, ele está sempre no presente e sempre pronto. Não pronto já feito, mas pronto para refletir, para responder.

Quando Jesus chega – um homem de consciência-em-si, um homem de aprendizagem, não de conhecimento –, Judas está fadado a estar no entorno. Ele é o erudito, o homem de conhecimento. Ele deve ter sentido muitas vezes que sabia mais que Jesus. E talvez estivesse certo mesmo. Ele pode saber mais, mas não conhece a condição de permanecer no processo de conhecer. Ele é um coletor de informações mortas. Ele trairá Jesus.

E, é claro, quando Jesus está presente, haverá mulheres que o amarão profundamente: uma Maria Madalena, uma Marta. Elas estão fadadas a estar presentes, sempre que um homem da qualidade de Jesus surge: essa qualidade tem de ser compreendida primeiro pelas mulheres e depois pelos homens. A confiança é a porta para isso, e as mulheres são mais confiantes, mais inocentemente confiantes.

Eis por que é mais difícil encontrar uma mulher cientista. Às vezes surge uma madame Curie – isso deve ser uma anomalia da natureza. Ou a mulher pode não ser muito uma mulher.

Lá no fundo, uma mulher é uma poetisa – não que ela escreva poesia, ela a vive. E sabe como confiar – isso chega fácil a ela, vem espontaneamente a ela. Na verdade, para uma mulher a dúvida é um treinamento difícil. Ela terá de aprender com um homem, assim como tem de aprender ciência com um homem. Ela é ilógica, irracional. Essas não são boas qualidades no que tange ao mundo – são desqualificações no mundo –, mas, no que tange ao reino de Deus, são qualificações.

E é claro que o homem não pode ter os dois mundos. No máximo, pode ter um deles, onde ele pode ser o máximo: ele pode ter o mundo exterior, mas então terá de perder o outro – lá ele não pode ser o máximo, ele terá de seguir as mulheres.

Você viu Jesus sendo crucificado? Nenhum discípulo homem estava perto dele – somente as mulheres – porque os discípulos homens começaram a duvidar. Este homem curou doenças, este homem reviveu os mortos, e agora ele não pode se salvar? Então qual é o ponto de acreditar e confiar nele?

Eles estavam esperando por um milagre. Eles ficaram escondidos no meio da multidão e esperavam por um milagre: alguma coisa miraculosa iria acontecer. Aí então eles teriam acreditado, porque eles precisavam de prova. E a prova nunca aconteceu. Jesus simplesmente morreu como qualquer homem.

Mas as mulheres não estavam esperando por nenhuma prova. Jesus era prova suficiente, não havia necessidade de nenhum milagre. Elas podiam ver o milagre que acontecia naquele momento – que Jesus morria com tamanho amor e compaixão. Até para seus assassinos ele orou no seu coração. Suas últimas palavras foram: "Deus, perdoai-os porque eles não sabem o que fazem".

O milagre tinha acontecido, mas para os olhos masculinos ele nunca aconteceu. As mulheres que estavam ao redor compreenderam imediatamente. Elas confiaram naquele homem e o coração mais íntimo daquele homem foi aberto para elas. Elas compreenderam que o milagre tinha acontecido. O homem tinha sido crucificado e estava morrendo com amor, que é a coisa mais impossível no mundo: morrer na cruz com uma oração para aqueles que o estão matando. Mas isto era amor. Somente a mente feminina pode compreender isso. Elas ficaram perto dele.

Quando Jesus reviveu, ressuscitou, depois do terceiro dia, ele tentou se aproximar de seus discípulos masculinos. Eles não o puderam ver, porque tinham como algo estabelecido o fato de que ele estava morto, e você vê somente coisas que espera ver. Se você não espera, não vê.

Seus olhos selecionam muito. Se você está esperando por um amigo, então, mesmo na multidão você pode vê-lo. Mas se você não o estava esperando, se você esqueceu tudo sobre ele, então, quando ele vem e bate à porta, por um momento você fica espantado: quem é ele?

Eles tinham como certo o fato de que Jesus estava morto, então, quando Jesus cruzou o caminho deles, não o puderam reconhecer, não o puderam ver. Dizem até que ele andou durante milhas com dois discípulos enquanto falavam sobre a morte de Jesus. Eles estavam muito infelizes por causa disso – e Jesus estava andando com eles, eles estavam falando dele! Mas não o podiam reconhecer. Somente o amor pode reconhecer, mesmo depois da morte – porque o amor reconheceu quando você estava vivo. Para o amor, morte e vida são irrelevantes.

Jesus foi reconhecido primeiro por Maria Madalena, uma prostituta. Então, ela foi correndo até os discípulos masculinos, que estavam fazendo uma grande conferência: O que fazer? Como espalhar a palavra para o mundo todo? Como criar a igreja?

Quando eles estavam planejando o futuro, ela veio correndo e lhes disse:

– O que vocês estão fazendo? Jesus está vivo!

Eles riram e disseram:

– Mulher louca, você deve ter imaginado isso! – a mente do homem sempre pensa que tais coisas são imaginação. Eles começaram a pensar entre si: "Essa pobre mulher, Maria Madalena. Ela enlouqueceu. A crucificação de Jesus foi um choque demasiado para ela".

Ela insistiu:

– Não sintam pena de mim. Jesus ressuscitou!

Eles riram e disseram:

– Compreendemos. Precisamos todos descansar; você está muito chocada pelo fato de ele estar morto. É sua imaginação.

Ao redor de Buda, ao redor de Krishna, ao redor de Jesus, de Mahavira, sempre houve grande número de mulheres. Elas foram os primeiros a chegar, foram os primeiros discípulos. É natural. Não se surpreendam.

Dois mil, ou dois milhões de anos... a mente humana permanecerá a mesma. A humanidade como um todo permanece a mesma. A revolução é individual; você pode ser transformado como um indivíduo. Então você vai além da multidão.

Mas não se preocupe com tais coisas. Esta pergunta vem de Chaitanya Sagar. Ele está sempre preocupado com essas coisas. Eu nunca lhe respondo, mas ele está sempre preocupado: com os outros, com o mundo, com a organização do *ashram*, com meus discípulos, comigo – nunca preocupado com ele mesmo. Todas essas preocupações não o ajudam em nada. O tempo é curto, a vida é muito curta. Use-a.

Outra noite eu estava lendo uma peça de Samuel Beckett: um livrinho, o menor livro que já vi no mundo – uma peça curta. O nome da peça é *Respiração*. A duração de toda a peça é somente trinta segundos... trinta segundos! Não tem ator na peça, nenhum diálogo. Só um palco.

Abre-se a cortina. Muitas coisas estão jogadas no palco, como lixo. Assim como se alguém tivesse saído de casa apressadamente. Todas as espécies de coisas jogadas sem nenhuma ordem. Simplesmente uma desordem, uma mixórdia. E lá do fundo, ouve-se um sinal de uma criança pequena, recém-nascida. Então, depois de trinta segundos, o arfar de um velho que morreu. Isto é tudo – mas isto é tudo o que é a vida. Trinta segundos: um suspiro e um arfar. O primeiro esforço para inalar e o último esforço para se agarrar à respiração... e tudo acaba.

A vida é curta, nem mesmo trinta segundos. Use-a. Use-a como uma oportunidade para crescer, use-a como uma oportunidade para ser, e não se preocupe com outras coisas; é tudo bobagem. Somente isto é verdadeiro: o suspiro e o arfar, e tudo o mais é apenas bobagem. Esqueça. O que você tem de fazer com isso?

Você não deve ficar preocupado se o mundo mudou ou não. O mundo é o mesmo, ele tem de ser o mesmo. Somente você pode ser diferente; o mundo nunca será diferente. Quando você se torna atento, cônscio, você transcende o mundo.

A QUINTA PERGUNTA:

Osho, o que Cristo realmente quer dizer quando diz: "Venha e siga-me"?

Exatamente o que ele diz: "Venha e siga-me".

A SEXTA PERGUNTA:

Osho, para seguir Jesus, é preciso uma profunda confiança, entrega e amor, mas atualmente um profundo ceticismo prevalece por todo o mundo. Qual é a saída?

Isso vem de Swami Yoga Chinmaya. Pense sobre você mesmo. Há um profundo ceticismo dentro de você? Esta é a pergunta a ser feita. "Um profundo ceticismo prevalece por todo o mundo." Quem é você para ficar preocupado com todo o mundo? Este é o modo de escapar do verdadeiro problema. O ceticismo está profundamente dentro, o bichinho da dúvida existe no seu coração, mas você o projeta; você o vê na tela do mundo todo.

Humm? "O mundo é cético... qual é o jeito de sair disso?" Ora, você está transferindo o problema. Olhe para dentro de você mesmo. Se há dúvida, então descubra-a. Então, algo pode ser feito. O mundo não o ouvirá, e não há nenhuma necessidade, porque, se eles estão felizes no ceticismo deles, eles têm esse direito. Quem é você?

Nunca pense em termos missionários; estas são as pessoas mais perigosas. Elas estão sempre salvando o mundo e, se o mundo não quer ser salvo, ainda assim elas continuam tentando. Elas dizem: "Mesmo que você não queira, nós o salvaremos". Mas por que o incômodo? Se alguém está feliz – comendo, bebendo, desfrutando a vida – e não está de modo algum interessado em Deus... e daí? Qual é o mérito de forçá-lo? Quem é você? Deixe-o chegar a sua própria compreensão. Um dia ele chegará. Mas as pessoas ficam muito preocupadas: como salvar os outros? Salve a si mesmo! Se você puder, salve-se – porque isso também é muito difícil, um trabalho quase impossível.

Este é um truque da mente: o problema está dentro – a mente o projeta do lado de fora. Então, você não fica preocupado com ele; então, você não fica preocupado com a sua própria angústia. Então, você se torna interessado no mundo todo e neste caminho você adia sua própria transformação.

Eu insisto sempre e novamente, que você deve se interessar por si mesmo. Eu não estou aqui para fazer missionários. Os missionários são as pessoas mais daninhas. Nunca seja um missionário; esse é um trabalho muito sujo. Não tente mudar ninguém. Basta você mudar a si mesmo.

E acontece... quando você muda, muitos vêm compartilhar da sua luz. Compartilhe – mas não tente salvar. Muitos serão salvos daquele modo. Se você tentar salvá-los, poderá afogá-los antes que eles mesmos se afoguem.

Não tente forçar Deus sobre ninguém. Se eles duvidam, está perfeitamente bem. Se Deus permite-lhes duvidar, deve haver alguma razão nisto. Eles precisam disso, esse é o treinamento deles: e todo mundo tem que passar por isso.

O mundo tem sido sempre cético. Quantas pessoas se juntaram ao redor de Buda? Não foi o mundo todo. Quantas pessoas se juntaram ao redor de Jesus? Não foi o mundo todo, só uma minoria muito pequena – as pessoas podem ser contadas nos dedos. O mundo todo jamais se preocupou com essas coisas?

E ninguém tem a autoridade para forçar algo sobre qualquer pessoa. Nem mesmo sobre seu próprio filho! Nem mesmo sobre sua própria esposa! Guarde para si mesmo o que quer que você sinta ser a meta para sua vida. Nunca force isso sobre ninguém mais. Isto é violência, pura violência.

Se você quer meditar, medite. Mas isto é um problema: se o marido quer meditar, tenta obrigar a esposa a meditar também; se a esposa não quer meditar, ela obriga o marido a não meditar também. Vocês não podem permitir às pessoas suas próprias almas? Não podem deixá-las ter seu próprio modo?

A isto eu chamo de atitude religiosa: permitir liberdade. Um homem religioso sempre permitirá liberdade a todo mundo. Mesmo que você queira ser ateu. Este é o seu modo, perfeitamente bom para você. Você se move através dele, porque cada um que chegou a Deus veio através do ateísmo. O deserto do ateísmo tem de ser cruzado: faz parte do crescimento.

O mundo sempre permanecerá cético, na dúvida. Somente alguns atingem a confiança. Apresse-se, para que você possa atingi-la.

A SÉTIMA PERGUNTA:

Osho, por que você sempre nos diz para sermos felizes, se, antes da iluminação, a pessoa tem de chegar a um pico de dor e angústia?

Se eu não lhes disser para serem felizes, vocês jamais alcançarão o pico da dor e da angústia. Eu vou lhes dizendo para serem felizes, e, quanto mais eu digo "Sejam felizes", mais vocês ficam cientes de sua infelicidade.

Quanto mais você me ouvir, mais descobrirá a angústia surgindo. Este é o único modo de torná-lo infeliz – continuar constantemente obrigando-o: seja feliz! Você não pode sê-lo, então sente a infelicidade à sua volta. Mesmo o que você supunha ser felicidade, até aqueles pontos desaparecem, e você se sente absolutamente sem esperança. Até mesmo a felicidade momentânea desaparece e o deserto fica completo. Todas as esperanças e todos os oásis desaparecem.

Mas eis onde o salto acontece. Quando você está realmente infeliz, totalmente infeliz – sem nem mesmo um raio de esperança –, de repente você abandona toda a infelicidade. Por quê? Por que isso acontece? Acontece porque a infelicidade não está agarrada a você; você é que está agarrado à infelicidade. Uma vez que sente a angústia total disso, você abandona tudo – não há ninguém para carregar aquilo para você.

Mas você jamais sentiu a infelicidade tão intensamente: esteve sempre meio morno. Você sente um pouco de infelicidade, mas sempre existe uma esperança para o futuro: amanhã vai haver felicidade – um pequeno deserto, mas o oásis está ficando mais perto. Através da esperança você vai indo. Através da esperança, a *in*-felicidade permanece.

Todo meu esforço é para matar a esperança, para deixá-lo em tão total escuridão que você não possa permitir nenhum sonho nunca mais. Uma vez que esta intensidade chegue a cem graus, você evapora. Então, você não pode carregá-la nunca mais; de repente, seja qual for o nome que você lhe dê – infelicidade, ego, ignorância, qualquer nome que queira dar –, ela cai.

Vou lhes contar uma história.

Um fazendeiro tinha um carneiro puro-sangue. Era um lindo animal, mas às vezes ele ficava doido e o pastor que cuidava do carneiro ficava muito preocupado. Ele sempre quis se livrar dele, mas o fazendeiro o adorava.

Um dia a coisa foi demasiada, então o pastor foi lá e disse:

– Agora o senhor escolhe: ou eu ou o carneiro. Eu me demito. Esse animal é louco e não para de criar problemas. De repente ele fica tão furioso e tão perigoso que às vezes penso que ele vai matar alguém.

O fazendeiro agora tinha de decidir. Então ele perguntou a seus amigos o que fazer. Ele nunca quis vender o carneiro. Eles sugeriram um psicólogo de animais.

Um psicólogo foi chamado. O fazendeiro estava cético, mas queria fazer alguma coisa para que o carneiro pudesse ser salvo. O psicólogo permaneceu lá por quatro dias: olhou, observou, tomou notas, analisou. Então disse:

– Não haverá mais nenhum problema. Vá ao comércio, compre um gramofone e traga discos de Beethoven, Mozart, Wagner – música clássica. Sempre que o carneiro ficar nervoso, em fúria, simplesmente ponha para tocar um disco de música clássica e ele se acalmará. Ele ficará completamente sereno.

O fazendeiro não podia acreditar que aquilo funcionaria – mas tinha de tentar; e então ele tentou, e funcionou! Imediatamente, o carneiro ficou calado e calmo.

Durante um ano, não houve problema. Então, um dia, o pastor saiu correndo e disse:

– Algo saiu errado, não sei o quê. O carneiro se matou! Como de costume, vendo que ele estava ficando com raiva novamente, pus o disco para tocar. Mas ele piorou; foi ficando cada vez mais louco e simplesmente se jogou contra a parede e seu pescoço quebrou. Agora ele está morto.

O fazendeiro foi até o local. O carneiro estava deitado perto da parede. Então, ele olhou no gramofone para ver que disco estava lá. Tinha havido um terrível erro – não era música clássica, mas uma canção de Frank Sinatra: "Nunca mais haverá alguém como você".

Isso criou o problema. "Nunca mais haverá alguém como você" – o ego é a causa de toda loucura, infelicidade e miséria. Essa vai ser a causa da sua morte, quebrará seu pescoço.

Você pode suportar a coisa se ela for morna. Todo o meu esforço é para levá-lo a um pico, onde você não possa suportar mais. Ou você abandona aquilo, ou se abandona de vez. E quando surgir tal escolha – que você tenha de abandonar a miséria ou tenha de se abandonar – você abandonará a miséria. E com a miséria, o ego, a ignorância, a falta de percepção – tudo isso desaparece. São nomes de um mesmo fenômeno.

Basta por hoje.

9

Deixem os mortos enterrarem seus mortos

Lucas 9

[...]
57 E aconteceu que, assim que entraram na estrada, certo homem
disse a Jesus: "Senhor, seguir-te-ei aonde quer que vás".
58 E Jesus lhe disse: "As raposas têm tocas, os pássaros do ar têm
ninhos; mas o Filho do homem não tem onde reclinar a cabeça".
59 E disse a outro: "Segue-me". Mas o homem respondeu: "Senhor,
permita-me primeiro ir sepultar meu pai".
60 E Jesus lhe disse: "Deixa os mortos enterrarem os seus mortos;
e tu vais pregar o reino de Deus".
61 E um outro também disse: "Seguir-te-ei, Senhor; mas deixa-me
primeiro despedir-me dos meus que estão em casa".
62 E Jesus respondeu: "Nenhum homem que, tendo posto as mãos
no arado, olha para trás, está apto para o reino de Deus".

Certa vez um homem comprou um enorme lago. Um pequeno lírio nascia ali. O homem estava muito feliz: ele sempre tinha amado as flores brancas dos lírios. Mas depois ficou preocupado porque, a cada dia, a planta ia dobrando de extensão no lago: mais cedo ou mais tarde ela cobriria o lago todo. Ele tinha trutas ali e adorava comer aquelas trutas do lago. Se o lago fosse coberto pelos lírios, toda a vida desapareceria dali, incluindo as trutas.

Ele não queria cortar as plantas, nem queria que suas trutas desaparecessem – e ficou num dilema. Então, foi a um especialista. O especialista fez seus cálculos e disse:

– Não se preocupe. Vai levar mil dias para os lírios cobrirem todo o lago. A planta é ainda muito pequena e o lago é muito grande; não há nenhuma necessidade de se preocupar.

Então o perito sugeriu uma solução que parecia quase absolutamente certa. Ele disse:

– Espere até que metade do lago esteja coberta com os lírios; então, corte a planta. Mantenha sempre o lago coberto só até a metade, de modo que você possa desfrutar a beleza das flores brancas e suas trutas não fiquem em perigo. Cinquenta por cento – metade do lago para os lírios, metade para as trutas.

A solução parecia perfeitamente certa, e mil dias... – havia tempo de sobra. Não havia nenhum motivo para preocupação. O homem relaxou: "Quando o lago estiver coberto pela metade, começarei a cortar os lírios".

O lago ficou coberto até o meio – mas isso aconteceu no 999º dia. Comumente você pensaria que ele estaria semicoberto depois de quinhentos dias – não. A planta se duplicava, portanto no 999º dia o lago realmente deveria estar semicoberto, e somente sobraria um dia. Mas no dia seguinte, com o lago já todo coberto, não haveria tempo suficiente para cortar as plantas ou para mantê-las até a metade do lago.

No 999º dia, o lago estava coberto até a metade. Mas o homem não estava se sentindo muito bem, estava um pouco doente. Ele pensou: "Não há pressa. Eu esperei 999 dias e não houve problema. Agora é só uma questão de mais um dia. Depois de um dia eu farei o corte".

No dia seguinte, todo o lago estava coberto e todas as trutas estavam mortas.

Este é o enigma da vida. É um dilema; a pessoa tem de escolher. Você vai acumulando coisas e posses e a planta vai se duplicando no lago. Todos os dias as suas coisas vão aumentando e sua vida é sufocada. A vida parece muito longa – setenta anos, oitenta anos. Não há pressa. As pessoas pensam: "Quando chegarmos à metade do caminho, mudaremos".

As pessoas sempre esperam ficar velhas para pensar em religião; as pessoas continuam dizendo que religião é para gente velha. Vá às igrejas, aos templos, e você verá pessoas velhas – já à beira da morte. Mais um passo e estão no túmulo: o noningentésimo nonagésimo nono dia. Na manhã seguinte, a vida estará sufocada. É quando começam a orar, quando começam a meditar, quando começam a pensar sobre o que é a vida, qual o significado da existência. Mas então é tarde demais.

A religião precisa de profunda urgência. Se você a adia, nunca será capaz de ser religioso. É algo que tem de ser feito agora mesmo. Como está, você já está atrasado; como está, você já desperdiçou muito tempo – e o desperdiçou com coisas fúteis, desperdiçou-o com coisas que vão ser tiradas de você.

Por todas essas coisas, você vai ter que pagar com a vida. Seja o que for que possua, você perde vida por isso. Não é nada barato; é muito caro. Um dia você tem muitas posses, mas você não existe mais. As coisas estão lá; o proprietário está morto. Grandes pilhas de coisas... mas aquele que queria viver através delas não existe mais.

As pessoas ficam se preparando para a vida e morrem antes de a preparação estar completa. As pessoas se preparam e nunca vivem. Ser religioso é viver a vida, não se preparar para ela. Vocês estão fazendo uma coisa muito absurda: seu ensaio vai prosseguindo e o drama real nunca começa.

Eu ouvi contar sobre uma pequena companhia de teatro. Eles estavam ensaiando. A realização da peça vivia sendo adiada todos os dias, porque no ensaio nunca ficava pronta. Um dia, a heroína não aparecia, no outro dia, algum outro ator não estava presente, no outro, acontecia outra coisa – a eletricidade faltava ou algo assim –, e a estreia era sempre adiada. Mas o diretor estava feliz por pelo menos uma coisa: que o herói do drama estava sempre presente, ele nunca havia faltado.

No último dia de ensaio ele agradeceu ao herói. Ele disse:

– Você é a única pessoa em quem se pode confiar. Todas essas pessoas são inconfiáveis. Você foi o único que nunca faltou. Verão ou inverno, frio ou calor, você sempre esteve presente.

O herói disse:

– Há algo que gostaria de dizer. Vou me casar no dia da estreia, então pensei que deveria pelo menos vir aos ensaios. Não estarei aqui no dia da estreia; é por isso que nunca faltei.

Saiba bem que, exatamente no dia em que a peça for estrear, você não estará aqui. Você só está nos ensaios: preparação e preparação.

Possuir coisas é simplesmente preparar-se para viver, arranjar as coisas para que você possa, então, viver. Mas, para viver, nenhum arranjo é necessário: tudo já está pronto. Tudo já está absolutamente pronto; você só precisa participar. Não está faltando nada.

É isto que chamo de atitude religiosa: esta urgência – você tem de viver agora; não há outro dia para viver. Agora é a única maneira que há de viver e ser, e aqui é o único lar. Lá e depois são ilusões, miragens... cuidado com elas!

Agora tente compreender estes sutras tão significativos:

E aconteceu que, assim que entraram na estrada, certo homem disse a Jesus: "Senhor, seguir-te-ei aonde quer que vás".

Quando se cruza com um homem como Jesus ou Buda, algo, de repente, é atingido em você. Eles têm um magnetismo, uma presença que o atrai, o envolve, o invoca, o convida; torna-se um profundo chamado no coração dos corações. Você simplesmente se esquece de si; se esquece do seu modo de vida. Na presença de um Jesus, você quase se ausenta. A presença dele é tão forte que por um momento você fica fascinado; por um momento você não sabe o que está dizendo; por um momento fala coisas que nunca quis dizer – como se estivesse hipnotizado.

É uma hipnose. Não que Jesus o esteja hipnotizando – sua própria presença se torna uma concentração em seu ser. A atração que se dá é tão profunda, que o mundo todo é esquecido. Você podia estar indo a algum lugar para fazer algo: você se esquece daquilo. Você podia estar vindo de algum lugar: você se esquece de tudo. De repente, na presença dele, o passado e o futuro desaparecem. De repente, você está aqui e agora, e um mundo diferente se abre: uma nova dimensão é revelada.

"E aconteceu que, assim que entraram na estrada, certo homem disse a Jesus: 'Senhor, seguir-te-ei aonde quer que vás'." Este homem não sabe, ele mesmo, o que está dizendo. Trata-se de um ímpeto do momento. Depois de um momento, ele começará a olhar para trás; depois de um momento, começará a pensar sobre o que fez.

Quando você vem a mim, às vezes diz coisas que eu sei que não quer dizer. Eu sei que você não pode querer dizer aquilo, porque são coisas tão irrelevantes, descabidas. É como se você tivesse sido elevado a um nível mais alto do ser, como se estivesse num novo estado de consciência, e você fala coisas estranhas. Mais tarde, quando você voltar ao seu estado comum, ou se esquecerá do que disse, ou dará de ombros – você não será capaz de acreditar no que disse.

Você vem a mim: traz mil e uma questões, mas, quando está perto de mim, de repente, se esquece. Você começa a murmurar. Eu lhe pergunto para que veio, e você diz: "Eu me esqueci..." Você acha que eu estou fazendo alguma coisa com você. Nada – não estou fazendo nada com você. As questões e os problemas pertencem a um estado de mente inferior. Quando seu estado é mudado, aquelas questões e problemas desaparecem, não existem. De volta à casa, quando você se assenta novamente, eles estão lá esperando por você outra vez. Mas novamente você virá e se esquecerá.

Isto é algo profundo dentro de você. Quando você está perto de mim, começa a olhar as coisas através de mim. Você não está mais na escuridão, você está na minha luz, e os problemas que eram relevantes na sua escuridão não são mais relevantes. Perguntar sobre eles parece tolice, bobagem. Você não pode articular seus problemas, porque eles não estão mais presentes, mas quando nos afastamos – você no seu caminho, eu no meu –, de novo, imediatamente, a escuridão. E agora a escuridão é até maior do que antes, e aqueles problemas são multiplicados.

Aquele homem... O Evangelho não menciona seu nome, intencionalmente. Ele simplesmente diz "certo homem", porque não se trata de uma questão de determinado homem. Não é uma questão de um homem em particular. Todos os homens estão implicados nisto.

Muitas pessoas encontrarão Jesus no caminho, e é *sempre* no caminho. Isso também deve ser compreendido. Jesus está sempre em movimento – esse é o significado. Ele está sempre no caminho. Não que ele esteja sempre andando e nunca repousando. O significado de "no caminho" é o de que Jesus é um rio.

Você pode saber ou não, mas o rio está fluindo. O rio está no seu fluxo: conceber o rio como não fluente é impossível, porque então ele não será mais um rio. Um Jesus é um fluxo, uma tremenda correnteza: ele está sempre no caminho, está sempre se movendo.

Você veio a mim ontem, mas agora não estou mais naquele lugar. Aquela terra já está perdida no passado, aqueles bancos de areia não estão mais em lugar nenhum. Você pode estar carregando-os na sua memória, mas o rio se moveu. E se você carregar o passado na sua memória, não será capaz de ver o rio: exatamente onde ele está agora, neste momento do tempo.

"E aconteceu que, assim que entraram na estrada..." Jesus é um andarilho, porque, uma vez que sua consciência esteja livre, uma vez que sua consciência tenha entrado no eterno, ela vai permanecer uma eterna andarilha. Então, "o todo" é o lar; então, o lar não está em algum lugar.

Então, você estará continuamente fluindo. Nunca chegará um momento de conhecimento; você estará apenas conhecendo e conhecendo e conhecendo. A coisa nunca estará completa, porque, uma vez que o saber esteja completo, ele morreu. Você estará aprendendo, mas você nunca se tornará um homem de conhecimento. Você sempre permanecerá vazio.

Eis por que um homem como Jesus é tão humilde. Ele diz: "Abençoados são os pobres de espírito". O que ele quer dizer por "pobres de espírito"? Ele quer dizer exatamente o que estou dizendo: gente que não atinge o conhecimento – porque o conhecimento são "as posses do espírito". Você acumula coisa externas, ao redor do seu corpo; e você acumula conhecimento interno, em torno de sua alma.

Um homem pode ser pobre no que tange às coisas e pode ser muito rico no que tange ao conhecimento. Jesus diz que apenas ser pobre no que se refere ao corpo não adianta; isso não é muito, não é autêntica pobreza. A autêntica pobreza é quando você não acumula coisas internas, quando você não chega ao ponto em que declare: "Eu sei!" Você está sempre aprendendo, você permanece num processo – sempre no caminho.

Muitas vezes encontramos a expressão "Jesus no caminho". Ele é um caminhante, mas esse movimento é uma indicação do fluxo mais interno. Jesus é dinâmico, não é estático. Ele não é uma pedra, é como uma flor – sempre florindo, um movimento, não um evento.

"... certo homem..." Esse certo homem pode ser você, pode ser qualquer um. Ele não tem nome. É bom que os evangelhos não tenham mencionado um nome. Intencionalmente, foi feito assim, porque, se você menciona um nome, então, as pessoas pensarão que aquilo deve ser sobre aquele certo homem. Não, isso simplesmente diz que é sobre a mente humana – qualquer homem é representativo:

... certo homem disse a Jesus: "Senhor..."

Quando você cruza com Jesus, quando o encontra, de repente sente algo do divino. Quando você tiver perdido o contato com Jesus, pode começar a pensar se aquele homem era bom ou não, mas em sua presença ele é tanto, ele é tão poderoso em sua pobreza interior, sua humildade tem tanta glória... Sua pobreza é um reino: ele está entronado, está no mais alto grau de consciência. Ele, de repente, o envolve – torna-se seus arredores –, encobre-o por todos os lados como uma nuvem. Você se esquece de você dentro dela.

"Senhor" – esta é a única expressão que pode ser usada para Jesus. "Senhor, seguir-te-ei aonde quer que vás." E nesse momento de acordar, nesse momento de alegria, nesse momento de intensidade, você pronuncia algo do qual pode não estar consciente.

Aquele homem disse: "Senhor, seguir-te-ei..." Ele não sabe o que está dizendo. Seguir Jesus é muito árduo, porque seguir Jesus simplesmente significa tornar-se um Jesus. Não há outra forma de seguir. É arriscar tudo o que você tem e tudo o mais – por nada. É arriscar tudo por nada; é arriscar a sua vida por uma morte. A ressurreição pode acontecer ou não – quem pode saber? Você nunca pode ter certeza sobre isso e nenhuma garantia pode ser dada. É apenas uma esperança.

Sacrificar tudo o que você tem por apenas uma esperança? O homem não está em seus sentidos, não sabe o que está dizendo. Ele está intoxicado por Jesus, está demasiadamente embriagado por sua presença. Não está mais em sua mente, na sua mente do senso comum. De volta à casa, pensará: "O que aconteceu? Por que eu disse aquilo? Esse homem é um feiticeiro? Esse homem é um hipnotizador, um mago? Esse homem deve ter usado um truque comigo; eu quase fui enganado. O que eu disse?"

Não, Jesus não é um feiticeiro, não é um magnetizador. Ele não é um mago, não é um hipnotizador, mas apenas sua presença... e você se torna poético. Em sua presença algo cresce a um pico dentro de você e você declara algo do âmago mais profundo do seu ser. Até mesmo sua superfície, seu eu periférico fica surpreendido.

"Senhor..." Esse homem não deve ter chamado ninguém assim antes. Quando você se depara com Buda, não tem como não chamá-lo de Bhagwan. Não pode ser de outra forma, porque você não consegue encontrar nenhuma outra expressão. Qualquer outra palavra parece ser insignificante – apenas "Senhor", "Deus"... E, quando você diz a alguém "Senhor", imediatamente você ama essa pessoa.

"Seguir-te-ei aonde quer que vás." Que compromisso! – feito num momento de êxtase. Você pode se arrepender para sempre, mas é isso que acontece.

Jesus sabe-o bem:

E Jesus lhe disse: "As raposas têm tocas..."

Jesus está dizendo: "Pobre homem, pense novamente. O que você está dizendo? Não se comprometa tão profundamente, não se envolva comigo. Observe, espere, pense, pondere – então volte para mim".

"As raposas têm tocas, os pássaros do ar têm ninhos; mas o Filho do homem não tem onde reclinar a cabeça."

Quem você vai seguir? Até mesmo raposas têm tocas – se você seguir uma raposa, pelo menos terá uma toca na qual descansar a cabeça. Até mesmo os pássaros do ar têm ninhos, "mas o Filho do homem não tem onde reclinar a cabeça". O maior, o mais elevado, o mais sublime, não tem lar. Isto precisa ser entendido.

Este é um dos dizeres mais penetrantes de Jesus. Observe... as árvores, os pássaros, todos têm raízes na natureza. Somente o homem não tem raízes. Os pássaros não precisam de famílias, eles podem sobreviver sem famílias – a natureza os protege. As árvores não precisam de ninguém: se não houver ninguém, as árvores estarão lá, e florindo. A própria natureza as protege; elas têm um lar.

Mas pense numa criancinha, uma criança humana. Se não houver uma família para cuidar dela, você pode conceber que ela vá sobreviver? Ela morrerá. Sem sociedade, sem a família, sem um lar artificial, ela não será capaz de sobreviver. Sobre esta terra, apenas o homem não tem lar, somente o homem é um estrangeiro – todo o mundo mais é integrante.

Daí a religião. A religião não é nada mais do que a busca de um lar. Esta terra não parece ser um lar. Quando você pensa sobre isso, se sente um estranho aqui. Cedo ou tarde você será dispensado – esta vida é momentânea. Você não se sente bem-vindo: tem que se forçar sobre ela.

As árvores são bem-vindas; parece que a terra é feliz através delas. A terra vai dando, compartilhando. Os pássaros estão cantando – como se a terra cantasse através deles. Olhe para os animais – tão vivos e vitais. Somente o homem parece ser um intruso, como se ele tivesse vindo de outro lugar.

Esta terra pode ser uma temporada, mas não é um lar. Talvez estejamos aqui por um tempo – um caravançará, mas não um lar: de manhã, temos de ir.

Os dizeres de Jesus têm muitos significados, e eu gostaria que vocês entrassem em todos eles.

Primeiro: o homem não é enraizado. Como ele não é enraizado, está sempre na busca: onde encontrar um lar? Deus não é nada além da busca de um lar onde possamos nos sentir à vontade e relaxados, e onde possamos sentir que não há necessidade de batalha. Somos aceitos – não somente aceitos, bem-vindos. Não há nenhuma necessidade de lutar pelo seu caminho. Você pode ser o que é e relaxar, e você sabe que o amor continua fluindo, que a vida continua fluindo. Não há nenhum medo de punição e nenhuma ambição pela recompensa. Você está em casa. Você não é um estranho numa terra estranha.

Esta é a busca da religião. Eis por que os animais não têm religião. Os pássaros não têm religião; eles fazem ninhos, mas não fazem templos. Por outro lado, um templo não é muito difícil: eles poderiam fazer um ninho enorme e juntarem-se lá e cantarem e orarem... Mas eles não oram; não precisam disso. O homem é o único animal que faz templos, igrejas, mesquitas. Orar é um fenômeno muito estranho. Pense, se alguém vier de outro planeta e observar a humanidade...

Se você estiver fazendo amor com uma mulher, o observador será capaz de compreender. Alguma coisa semelhante deve estar acontecendo no outro planeta também. Ele pode não estar apto a compreender o que você está dizendo, mas saberá o que você deve estar dizendo. Ele pode não entender a língua, mas compreenderá o que os amantes dizem um ao outro. Quando vocês se beijarem e se abraçarem, ele compreenderá o gesto.

Quando vocês estiverem ocupados, ele compreenderá; quando estiverem lendo um livro, ele compreenderá; quando estiverem fazendo determinado exercício, ele compreenderá. Mas quando você estiver orando, se alguma coisa parecida com religião não existir no planeta dele, ele não será capaz de compreender, absolutamente. O que você está fazendo? Sentado sozinho, olhando para o céu, falando... Falando com quem? O que você está dizendo?

E se ele vier num certo dia, como um dia santo dos muçulmanos, dos cristãos ou dos hindus – por toda a terra, milhões de mulçulmanos orando, não falando um com o outro, mas falando com o céu –, ele simplesmente sentirá que há algo errado: "A humanidade ficou louca? O que está acontecendo? Para quem eles estão gesticulando, por que estão gesticulando? Com quem estão falando, quem é esse 'Alá' que estão chamando? Para quem estão curvando a cabeça? Não vejo ninguém lá".

Deus não é visível, Deus está em algum lugar na mente do homem. Orar é um monólogo, não é um diálogo. Um homem de outro planeta pensará que algo deu errado no sistema nervoso da humanidade. Ele pensará que houve uma falha no sistema nervoso: milhões de pessoas gesticulando para ninguém, falando para o céu, olhando para o céu, gritando: "Alá! Alá!" Tem de haver alguma coisa errada... A humanidade toda ficou louca, parece.

Orar não será compreendido, porque orar é absolutamente humano. Esta é a única coisa que só o homem faz; todas as outras coisas os animais estão fazendo também. Amor – sim, todos eles fazem amor. Buscar comida – eles também fazem isso. Cantar, eles cantam; dançar, eles dançam; falar, eles falam – há comunicação. Eles ficam tristes, ficam felizes – mas orar? Isso é não existencial.

Jesus diz: "As raposas têm tocas, os pássaros do ar têm ninhos; mas o Filho do homem não tem onde reclinar a cabeça".

O homem é um estranho. Eis por que vamos criando a ficção de que estamos em casa e não somos estrangeiros. O lar é uma ficção: nós criamos um ajuntamento com as pessoas. Criamos comunidades, nações e famílias, a fim de que não estejamos sozinhos e possamos sentir que o outro está ali, alguém que seja familiar, alguém que seja conhecido – sua mãe, seu pai, seu irmão, sua irmã, sua esposa, seu marido, seus filhos... – alguém que seja conhecido, familiar. Mas você alguma vez pensou sobre isto? Se a sua esposa realmente o conhece? Há realmente um meio de conhecer a esposa ou o marido ou o filho?

Uma criança nasce para você. Você a conhece? Quem é ela? Mas você nunca faz tais perguntas desconfortáveis. Você imediatamente lhe dá um nome, para que saiba quem ela é. Sem o nome, a criança andará pela casa e, sempre que você a encontrar, o desconhecido estará olhando para você.

Para se esquecer de que chegou um estranho, você o rotula: você lhe dá algum nome. Então, você começa a modelar o caráter dele – o que ele deve fazer, o que não deve fazer –, de modo que o conheça e possa prevê-lo. Este é um jeito de criar uma falsa familiaridade. A criança permanece desconhecida – o que quer que você faça, será na superfície: lá dentro ela é uma estranha.

Há momentos, alguns raros momentos, nos quais você subitamente percebe isto. Sentado ao lado do seu amado, subitamente você percebe que você está bem distante. Subitamente olha para o rosto do seu amado, da sua amada, e não pode reconhecer a pessoa, quem é ela, quem é ele. Mas você se esquece desses momentos imediatamente: começa a falar, a dizer algo, a planejar, a pensar. Eis por que as pessoas não se sentam em silêncio – porque o silêncio cria uma exasperação. No silêncio, a ficção de familiaridade é quebrada.

Eis por que, se um convidado vem à sua casa e você não diz nada, fica sentado em silêncio, ele ficará com muita raiva, furioso. Se você continuar sentado, olhando para ele, ele ficará louco. Ele dirá: "O que você está fazendo?! Tem algo errado com você? Diga alguma coisa! Ficou mudo? Por que está calado? Fale!"

Falar é um meio de evitar, evitar o fato de que nós somos estranhos. Quando alguém começa a falar, tudo fica bem. Eis por que, com estrangeiros, você se sente pouco à vontade – porque vocês não podem falar a mesma língua. Se você tiver de ficar no mesmo quarto com um estrangeiro e um não puder compreender o outro, vai ser muito difícil. Continuamente ele o lembrará de que "somos estranhos". E quando vem a sensação de que alguém é um estranho, você imediatamente sente o perigo. Quem sabe o que ele fará? Quem sabe se ele não vai pular em você de repente na noite e cortar sua garganta? Ele é um estranho!

Eis por que estrangeiros são sempre suspeitos. Não há nada de fato para suspeitar – todos são estrangeiros em todo lugar. Mesmo na sua própria terra você é um estrangeiro, mas lá a ficção está estabelecida: vocês falam a mesma língua, acreditam na mesma igreja, no mesmo partido, na mesma bandeira – a familiaridade! Então, acham que se conhecem. Esses são truques.

Jesus diz: "O filho do homem não tem lar". Ele usa, repetidamente, duas palavras para si mesmo: às vezes usa "filho de Deus", às vezes "filho do homem". "Filho de Deus" ele usa raramente; "filho do homem" é mais frequente. Isso tem sido um problema para a teologia cristã. Se ele é o filho de Deus, por que continua dizendo "filho do homem"?

Os contrários a Cristo dizem: "Se ele é filho do homem, então por que insiste que é o filho de Deus também? Não se pode ser ambos. Se você é filho do homem... todo mundo é filho do homem. Mas, se você é o filho de Deus, então por que usar a outra expressão?"

Mas Jesus insiste nas duas expressões, porque ele é os dois. E eu lhes digo: Todos nós somos os dois – por um lado, filhos do homem, e por outro, filhos de Deus. Você nasceu do homem, mas não nasceu para ser somente homem. Você nasceu para ser deus. A humanidade é sua forma, a divindade é seu ser. A humanidade é sua roupa, a divindade é sua alma. Jesus segue usando as duas expressões. Quando ele diz "filho do homem", diz que "sou exatamente como vocês são – mais. Sou como vocês são, e mais". Para indicar esse "mais", às vezes ele diz "filho de Deus". Mas raramente ele usa essa expressão – raramente, porque muito pouca gente será capaz de compreender isso.

Quando ele diz "filho do homem", não está dizendo alguma coisa somente sobre ele mesmo. Olhe bem para a frase – ele está dizendo algo sobre cada homem, que o homem essencial não tem um lar.

Se você pensa que é enraizado, se pensa que tem um lar, você está abaixo da humanidade – pode pertencer aos animais. "As raposas têm tocas, os pássaros do ar têm ninhos; mas o Filho do homem não tem onde reclinar a cabeça."

Se você pensa que é enraizado e que está em casa neste mundo, você deve estar vivendo abaixo da humanidade, porque qualquer pessoa que seja realmente humana imediatamente fica ciente de que isto não pode ser a vida. Pode ser uma passagem, mas não pode ser a meta. E uma vez que você se sinta sem lar neste mundo, então a busca começa. Aquele homem tinha dito: "Senhor, seguir-te-ei aonde quer que vás". Ele talvez pensasse que Jesus estivesse indo para o leste, ou para o oeste, ou para o sul ou para o norte. "Eu o seguirei", mas ele não sabe a direção aonde Jesus está indo.

Jesus está indo na direção de Deus, e ela não é o norte, não é o leste, não é o oeste, não é o sul; não é nem acima nem abaixo – nada disso. Ir na direção de Deus é ir para dentro. Na verdade, essa não é uma direção de forma alguma. É perder todas as direções: norte, leste, sul, oeste, acima e abaixo – perder todas as direções. Ir para dentro significa mover-se na ausência de dimensão, na ausência de direção.

Ele não sabe o que está dizendo: "Senhor, seguir-te-ei aonde quer que vás". Nesse "aonde quer que", não está implicado o direcionamento a Deus. Ele não sabe o que está dizendo. Jesus não está indo a parte alguma. Ele está indo para dentro de si mesmo – o que não é um ponto no espaço.

Ir para dentro é ir além do espaço. Eis por que a alma nunca pode ser encontrada em nenhum experimento. Um experimento pode encontrar qualquer coisa que pertença ao espaço. Você pode matar um homem, cortá-lo e dissecá-lo; os ossos serão encontrados, o sangue será encontrado, tudo será encontrado – somente a alma, somente o homem essencial não será encontrado. Ele não existe no espaço. Ele toca o espaço, mas não existe nele. Ele está somente tocando-o... e se você destruir o corpo, e cortar o corpo, esse tocar desaparece. Aquela fragrância voa no desconhecido.

Eis para onde Jesus está indo. E ele sabe que aquele homem está se comprometendo muito, e que ele não será capaz de perdoar-se por isso. E quando está muito comprometido, você se vinga. Isto acontece.

Encontro muita gente que – num momento, como num relâmpago – diz para mim: "Quero me entregar. Farei qualquer coisa que me disser". Eu sei que, se eu os aceitar, eles se vingarão, porque não serão capazes de realizar o que estão dizendo. Eles não sabem o que estão dizendo e não sabem em que dimensão eu estou andando. Eles não serão capazes de andar no mesmo passo que eu e, então, há somente duas possibilidades: ou ficarão com raiva deles mesmos, o que não é a forma usual da mente, ou ficarão com raiva de mim.

Este é simplesmente o curso normal: sempre que você está com um problema, outra pessoa é responsável. Sempre que sentir que o problema surgiu... E ele vai surgir. Desde o primeiro passo, será árduo, será no fio da navalha. Aí eles se vingarão, ficarão contra mim, porque será o único jeito que terão de se proteger. Esse será o único jeito: se puderem provar que estou errado, podem pegar seu compromisso de volta.

Jesus sabe. Ele diz: "Não tenho lar. Comigo você nunca descansará; comigo, você sempre estará no caminho. Sou um andarilho, um vagabundo. Comigo, você sempre estará na estrada. E a minha jornada é tal que sempre começa, mas nunca termina. Você não sabe aonde estou indo. Estou indo na direção de Deus. Estou andando longe das coisas e do mundo das coisas: estou indo na direção da consciência. Estou deixando o visível e indo na direção do invisível".

Você não pode compreender o que é o invisível, porque no máximo pensa sobre ele negativamente – você pode pensar que é aquilo que não é visível. Não, o invisível é também visível, mas você precisa de olhos diferentes para vê-lo.

Aconteceu:

Mulá Nasruddin abriu uma pequena escola e me convidou. Eu visitei a escola; ele tinha juntado muitos alunos. E lhe perguntei:

– Nasruddin, o que você vai fazer para ensinar esses alunos?

Ele disse:

– Duas coisas, basicamente: temer a Deus e lavar-se atrás do pescoço.

Eu não podia ver a relação: temer a Deus e lavar atrás do pescoço? E lhe perguntei:

– No que diz respeito a ensinar a temer a Deus eu entendo, mas não posso ver a relevância do lavar atrás do pescoço!

Ele disse:

– Se eles conseguirem fazer isso, vão poder tratar do invisível!

Atrás do pescoço é invisível porque você não pode ver. "Se eles conseguirem fazer isso, vão poder tratar do invisível." O seu invisível pode ser a parte de trás do pescoço: ela também faz parte do mundo. Seu Deus também faz parte do mundo; eis por que seus templos se tornam parte do comércio e suas escrituras se tornam utilitárias. Suas doutrinas são como coisas que você compra e vende.

O Deus de Jesus ou Buda não é o seu Deus. Seu Deus não é o Deus de Jesus. O Deus dele é uma testemunha, uma transcendência, uma transformação do seu ser, uma mutação, um nascimento de um novo ser com uma nova consciência. Já o seu Deus é algo a ser venerado; o Deus de Jesus é algo a ser vivido. Seu Deus está em suas mãos; o Deus de Jesus é aquele a quem você se abandona, em cujas mãos você se entrega. Seu Deus está em suas mãos; você pode fazer o que quiser com ele. O Deus de Jesus é aquele a quem você se entrega – e se entrega totalmente.

Aquele homem não sabia o que estava dizendo. Jesus proibiu-o de dizer aquilo.

E disse a outro: "Segue-me".

Ao que estava pronto a seguir, ele disse: "Espere, por favor. Você não sabe o que está fazendo, você não sabe que compromisso está assumindo, no que você está se envolvendo".

O primeiro homem agiu num momento de inspiração, num momento de entusiasmo, num momento de intoxicação. Não é confiável, ele está influenciado. Se você faz alguma coisa sob influência, é como se estivesse embriagado e dissesse algo que no outro dia não se lembra mais.

"E disse a outro: 'Segue-me'." Para aquele que não disse nada, ele disse: "Segue-me".

Mas o homem respondeu: "Senhor, permita-me primeiro ir sepultar meu pai".

A este homem Jesus disse: "Segue-me" – e o homem não tinha pedido. Mas ele estava mais pronto, mais preparado, mais maduro.

Há poucos dias, uma holandesa veio até mim – uma mulher muito simples e de bom coração; na verdade, de coração bom demais. Até mesmo o bom coração pode se tornar uma doença se for demasiado. Ela vem sempre a mim, repetidamente, escreve bilhetes e cartas dizendo que não pode tolerar a pobreza. Quando vai para o hotel e encontra mendigos na rua, chora, sente-se culpada e sofre muito. Ela não consegue meditar – até mesmo na meditação a face daqueles mendigos aparece: acha que é egoísmo meditar enquanto existe tanta pobreza. Uma mulher de coração muito bom, mas imatura: simples, boa, mas infantil.

Eu lhe disse:

– Faça uma das duas coisas. Vá e remova, primeiro, a pobreza do mundo, e então venha – se houver tempo e se eu ainda estiver aqui. Primeiro remova a pobreza e, depois, venha e medite, de modo que não se sinta culpada. Ou, se você acha que isso é impossível, abandone a ideia. Medite e, a partir de sua meditação, qualquer ajuda que você possa dar às pessoas, dê.

Então ela ficou preocupada com relação ao sânias. Ela queria receber o sânias, mas ficou com medo – a educação cristã. Então, voltou e me disse:

– Há um problema. Meu pai foi muito bom comigo. Ele me ensinou como ser. Agora, se eu tomar o sânias, estarei traindo meu pai, seus ensinamentos. Mas, se eu não tomo o sânias, fica uma pressão dentro de mim: que eu deveria tomar o sânias para poder me transformar.

Eu disse:

– Você decide: uma coisa ou outra.

Isso também ela não podia decidir. Então, um dia ela voltou e estava muito preocupada. Eu disse a ela:

– Uma coisa é certa agora: que, mesmo que você peça o sânias, eu não o darei a você. Eu não lhe darei o sânias.

Desde então eu a tenho visto – ela não veio me ver, mas está aqui. Agora, posso ver em seu rosto, ela parece estar preocupada: que, se voltar para me pedir o sânias, eu me recuse a lhe dar.

Boa, mas imatura. O compromisso só pode sair da maturidade. Um certo amadurecimento é necessário.

"E disse a outro: 'Segue-me!'" Mas o pai do homem tinha morrido. Ele não podia se conter; eis por que talvez tenha vindo ver Jesus na estrada. Ele estava passando pela cidade, seu pai havia morrido, e ele disse: "Senhor, permita-me primeiro ir sepultar meu pai".

Esta é uma situação muito simbólica: o pai está morto, aquele que deu nascimento ao corpo; e outro pai está presente, aquele que pode dar nascimento à alma. A questão está entre a vida e a morte. De um pai mundano você não atinge a vida. Na verdade, você nasce para morrer, você nasce para a morte.

O pai está morto. O homem disse: "Senhor, permita-me primeiro ir sepultar meu pai – uma formalidade, mas deixe-me cumpri-la".

Jesus disse a ele – uma das sentenças mais pungentes e penetrantes já pronunciadas por Jesus: "Deixa os mortos enterrarem os seus mortos; e tu vais pregar o reino de Deus".

Isso parece um pouco áspero, não mostra compaixão. O pai está deitado morto e o filho é esperado para enterrá-lo. É uma formalidade, um maneirismo social e um dever. Mas Jesus disse: "Na aldeia há muita gente morta. Eles farão isso. Não se preocupe com isso. Não há nenhuma necessidade de você ir".

O significado simbólico é que a pessoa que vai para dentro da religião não precisa se preocupar com deveres, moralidades, formalidades, porque a moralidade está abaixo da religião, o dever está abaixo da religião, a formalidade é da personalidade. Quando você atinge uma religião mais elevada, pode abandonar toda moralidade, porque agora você estará preenchendo algo mais profundo e mais elevado. Agora não há nenhuma necessidade de levar maneirismos, nenhuma necessidade de carregar etiquetas sociais: "Há muitas pessoas mortas na aldeia, que farão isso, e o farão com felicidade. Não se preocupe com isso. Deixe os mortos enterrarem os mortos; e você vem pregar o reino de Deus".

Que espécie de homem é esse tal Jesus? O pai de alguém está morrendo e ele quer que o filho vá pregar o reino de Deus? Este é o momento adequado para ir e se tornar um pregador de Deus?

Mas isso é simbólico. Ele está dizendo: "Não se preocupe com a morte, preocupe-se com Deus. E não se preocupe com o pai que deu nascimento ao seu corpo; pense no pai, vá e pregue sobre o pai que lhe deu a alma".

De certo modo, se você olhar a morte de alguém que foi tão íntimo seu – o pai, a mãe, uma esposa, um marido, um amigo que lhe foi muito íntimo e está morto –, somente nesse momento a conversão a Deus é possível. Se perder o momento, você cai na confusão do mundo.

A morte lhe dá um choque. Nada pode lhe dar maior choque – a morte é o maior choque. Se esse choque não te deixar acordado, então você é incurável, impossível. Jesus usou aquele momento. Ele é um dos maiores artistas que já caminharam sobre a terra, o maior alquimista.

A situação é a morte. O pai jaz morto em casa, a família deve estar chorando e se lamentando – esta não é a hora de ir e pregar o reino de Deus. Parece absurdo, parece áspero. Jesus parece tão duro.

Ele não é. É por causa de sua compaixão que ele diz isso. Ele sabe que, se este momento da morte for perdido – enterrando o corpo morto –, então não haverá nenhuma possibilidade de acordá-lo. Talvez esta seja a razão de ele ter se virado para esse homem e ter dito: "Segue-me". Ele deve ter visto a morte em seus olhos, deve ter sentido a morte em torno dele. Isso era natural, o pai estava morto. Mas mesmo nesta situação o homem não pôde se conter. Ele teve que vir para ver aquele homem, Jesus. Talvez por causa da morte Jesus tenha se tornado significativo, talvez por causa da morte tenha se tornado consciente de que todo mundo vai morrer. Talvez por causa disso tenha vindo para Jesus em busca de vida.

O primeiro homem era apenas um circunstante; o segundo homem estava pronto. A morte o havia preparado. Se você puder usar a morte, se puder usar a dor e a angústia, se puder usar o sofrimento, a miséria, isso pode se tornar um degrau em direção ao divino.

Chocado, aquele homem deve ter parado ali, quase como se ele mesmo estivesse morto. Em tal choque você não pode se dar ao luxo de pensar. Se o choque for realmente total, até mesmo as lágrimas não podem cair. Para que as lágrimas fluam, o choque não pode ser total. Se o choque for total, a pessoa está simplesmente em choque. Nada se move: o tempo para, o mundo desaparece, os pensamentos vão embora. A pessoa fica estonteada, os olhos ficam vazios – tornam-se ocos. A pessoa parece não estar olhando para nada. Você já viu esse tipo de olhar nos olhos de um louco, ou de uma pessoa que perdeu alguém muito íntimo?

Jesus deve ter observado: aquele homem estava pronto. Deixe-me dizer: a menos que você tenha experienciado a morte, você não pode estar pronto. A vida é muito superficial; periférica, superficial. A morte é profunda – tão profunda quanto Deus. Assim, somente a partir da morte a conversão é possível. Somente quando a morte acontece você pode mudar, sua aparência muda, suas atitudes mudam, o velho mundo se torna irrelevante. Buda foi transformado ao ver um homem morto. Jesus deve ter visto... – "E disse a outro: 'Segue-me'".

Se você conheceu a morte, só então pode me seguir. Se você conheceu o sofrimento e a limpeza que o sofrimento traz, se conheceu a dor e o choque consequente da dor, então, e somente então, você pode estar comigo. Caso contrário, mais cedo ou mais tarde, você se dispersará, porque a vida continuará o chamando de volta; haverá ainda mil e uma coisas a ser realizadas. Você estará continuamente retrocedendo.

Somente quando a morte corta a ponte, quebra todos os laços com a vida, há uma possibilidade de que você se vire – vire as costas para o mundo e vá ao encontro de Deus. Eis por que, em uma frase, Jesus diz duas coisas que na superfície parecem irrelevantes: "Deixa os mortos enterrarem os seus mortos; e tu vais pregar o reino de Deus".

Aquele homem não era nem um discípulo – era um estranho ali, parado na estrada. E Jesus diz: "Vá e anuncie o reino de Deus". Esta é a minha observação também: que a melhor maneira de aprender uma coisa é ensiná-la.

A melhor maneira de aprender uma coisa é ensiná-la, eu repito, porque, quando você começa a ensinar, começa a aprender, está aprendendo. Quando você está simplesmente aprendendo, fica tão autocentrado que esse autocentramento se torna uma barreira.

Quando você começa a ensinar, não fica autocentrado: você olha para o outro, olha para a necessidade do outro. Você observa e vê o problema dele. Você está afastado, desapegado – torna-se uma testemunha. E sempre que consegue se tornar uma testemunha, a divindade começa a fluir de você. Só há uma maneira para aprender grandes coisas, e é ensiná-las. É por isso que continuo lhe dizendo que, se você compartilhou do meu ser de alguma forma, vá e espalhe, vá e ensine, vá e ajude outras pessoas a meditar. E um dia você se surpreenderá: a maior meditação lhe acontecerá quando estiver ajudando alguém a entrar em meditação.

Enquanto estiver meditando, coisas acontecerão. Enquanto estiver meditando, muitas coisas acontecerão, mas a maior coisa acontecerá somente quando você for capaz de ensinar meditação a outra pessoa. Nesse momento você se torna completamente desvencilhado – nesse desprendimento, fica completamente silencioso. Você está tão cheio de compaixão – é por isso que está ajudando o outro – que algo imediatamente acontece a você. Jesus disse: "... e tu vais pregar o reino de Deus".

E um outro também disse: "Seguir-te-ei, Senhor; mas deixa-me primeiro despedir-me dos meus que estão em casa".
E Jesus respondeu: "Nenhum homem que, tendo posto as mãos no arado, olha para trás, está apto para o reino de Deus".

Nenhum homem que olha para trás está apto para o reino de Deus. Por quê? Porque nenhum homem que olha para o passado pode ser capaz de estar no presente.

Um buscador do zen veio até Rinzai, o grande mestre. Ele queria meditar e se tornar iluminado, mas Rinzai disse:

– Espere, algumas outras coisas primeiro. De onde você vem?

O homem disse:

– Eu sempre destruo as pontes que cruzo.

Rinzai continuou:

– Certo, venha de onde vier, não é o principal. Mas qual é o preço do arroz lá, atualmente?

O discípulo riu e respondeu:

– Não me provoque, caso contrário eu lhe darei um tapa.

Rinzai se curvou diante do buscador e disse:

– Eu o aceito.

Porque, se um homem ainda se lembra do preço do arroz no lugar de onde vem, não é digno da iniciação. O que quer que você traga do passado é uma carga, uma barreira; aquilo não lhe permitirá se abrir para o presente.

"Nenhum homem que, tendo posto as mãos no arado, olha para trás, está apto para o reino de Deus."

Ele está dizendo: "Se você quiser me seguir, siga-me. Mas não há como voltar agora. Não há necessidade: qual é a importância de dizer adeus? De que servirá? Se quiser me seguir" – Jesus diz isso repetidamente no Evangelho – "terá que negar seu pai, sua mãe; terá que negar sua família".

Algumas vezes ele parece quase cruel. Um dia ele estava no mercado da aldeia cercado por uma multidão. Alguém disse: "Senhor, sua mãe está esperando lá fora". Jesus respondeu: "Quem é minha mãe, quem é meu irmão, quem é meu pai? Aqueles que me seguem, os que estão comigo – estes são meus irmãos, são meu pai, são minha mãe".

Parece realmente cruel – mas ele não era cruel. Ele não está dizendo nada para a mãe dele. Ele está dizendo aquilo para aquelas pessoas. Se você estiver muito apegado à família, a revolução interior não será possível, porque a família é o primeiro aprisionamento. Então, a religião à qual você pertence é o segundo aprisionamento. Depois vem a nação à qual você pertence, o terceiro aprisionamento. A pessoa tem que romper com todos eles, tem que ir além deles. Só então se pode encontrar a fonte – a fonte que é liberdade, a fonte que é divindade.

"Nenhum homem que, tendo posto as mãos no arado, olha para trás, está apto para o reino de Deus." A pessoa tem que renunciar a tudo que é fútil para ganhar aquilo que é significativo.

Uma vez um grupo de amigos estava reunido, conversando sobre qual seria a coisa mais essencial, aquilo a que não se pode renunciar. Alguém disse:

– Eu não posso renunciar à minha mãe. Foi ela que me deu nascimento. Devo a vida a ela. Posso renunciar a tudo, menos à minha mãe.

Outra pessoa disse:

– Não posso renunciar à minha esposa. Mãe e pai foram dados a mim, nunca foram minha escolha. Mas minha esposa, eu a escolhi. Tenho uma responsabilidade em relação a ela. Mas posso renunciar a tudo o mais.

E a conversa continuou. Alguém mais disse que não podia renunciar à sua casa, outros disseram outras coisas – tudo compreensível. Mas o mulá Nasruddin disse:

– Eu posso renunciar a qualquer coisa, exceto a meu umbigo.

Todo mundo ficou intrigado – um umbigo?! Então eles o pressionaram a dar uma explicação. Ele disse:

– Sempre que há um feriado e posso ficar à toa, à vontade, eu me deito na cama e como aipo.

Os amigos disseram:

– Mas o que isso tem a ver com o umbigo? Você pode comer aipo, mas...

Nasruddin disse:

– Vocês não entendem. Sem o umbigo não tenho onde colocar o sal.

Ele coloca o sal no umbigo quando come aipo!

Mas todos os seus apegos são tão absurdos como esse. Exceto sua consciência mais profunda, tudo o mais pode ser renunciado. Não estou dizendo: "Renuncie a tudo". Mas no fundo deve-se viver em estado de renúncia. Esteja no mundo, mas permaneça em estado de renúncia.

Você pode viver na família sem fazer parte dela; pode viver na sociedade e, ainda assim, fora dela. É uma questão de atitude interna. Não é uma questão de mudar de lugares, é uma questão de mudança de mente.

As coisas às quais você é muito apegado não são más em si mesmas, lembre-se. Pai, mãe, mulher, filhos, dinheiro, casa – não são maus em si mesmos. O apego não é mau porque essas coisas sejam más, ou essas pessoas e esses relacionamentos sejam maus: o apego é o mal. Ele pode deixá-lo estúpido.

Mulá Nasruddin, de repente, ficou rico. Herdou uma grande fortuna. E, naturalmente, o que acontece com os novos ricos aconteceu com ele também: ele quis mostrar, quis exibir. Chamou o maior pintor do país e mandou fazer um retrato de sua mulher.

O pintor começou a trabalhar. Nasruddin disse que só havia uma condição:

– Lembre-se, não se esqueça: as pérolas devem estar na pintura.

Sua esposa estava usando muitas pérolas e diamantes e eles deviam aparecer no quadro. Ele não estava preocupado com a mulher – se ela ia aparecer bem no quadro não era a questão. Mas as pérolas e os diamantes deviam aparecer no retrato.

Depois de um tempo a pintura ficou pronta, e o pintor a trouxe para Nasruddin. Ele disse:

– Muito bom, muito bom. Mas só uma coisa: não dá para diminuir um pouco os seios e deixar as pérolas maiores?

A mente é uma exibicionista, a mente quer mostrar que você tem alguma coisa preciosa, valiosa, a mente do ego... A questão não é viver num palácio. Viva em um palácio, isso não importa; ou viva numa cabana, ou viva na beira da estrada – isso não é a questão. A questão é do ego.

Você pode ser um exibicionista num palácio; você pode ser um exibicionista na beira da estrada. Se sua mente está querendo que alguém saiba que você possui algo, ou que você renunciou a algo, então você está em profunda escuridão, que tem que ser quebrada.

Jesus diz que não se deve ficar apegado e não se deve olhar para trás. Olhar para trás é um velho hábito da mente humana; você vive olhando para trás. Ou você vive olhando para trás ou vive olhando para o futuro – e é dessa forma que você perde o presente.

O presente é divino. O passado é memória morta; o futuro é apenas esperança, ficção. A realidade existe apenas no presente. Essa realidade é Deus, essa realidade é o reino de Deus.

Jesus diz: "Nenhum homem que, tendo posto as mãos no arado, olha para trás, está apto para o reino de Deus". Só isto precisa ser entendido; nada mais tem de ser feito. Apenas me ouça: você sabe bem que o passado é passado; ele não existe mais, nada pode ser feito em relação a ele. Não continue ruminando sobre ele, perdendo tempo e energia. Essa ruminação sobre o passado cria uma tela em torno de você, e você não pode ver o que já está aqui.

Você vive perdendo o presente, e isso se tornou um hábito. Sempre que está sentado, fica pensando sobre o passado. Fique alerta! Não estou dizendo para parar os pensamentos, porque, se você tentar pará-los, ficará engajado neles. Estou dizendo: desligue-se deles.

Então, o que fazer? – porque, o que quer que você faça, se tornará engajado com a coisa. Simplesmente fique alerta. Quando o passado começar a surgir na mente, simplesmente relaxe, aquiete-se, acalme-se. Simplesmente permaneça alerta, nenhuma verbalização é necessária. Simplesmente saiba que o passado já foi; não há nenhuma necessidade de ficar mascando-o sem parar.

As pessoas usam o passado como goma de mascar. Nada sai dali – não é nutritivo, é apenas fútil – mas através do exercício da boca a pessoa se sente bem. E assim, com o exercício da mente, a pessoa sente como se estivesse fazendo algo de valor.

Simplesmente permaneça alerta. E se você puder estar alerta em relação ao passado, ficará consciente, em pouco tempo, de que o futuro desapareceu automaticamente. O futuro não é nada mais do que a projeção do passado. O futuro é o desejo de ter novamente o passado que foi bonito em formas mais bonitas – e de não ter o passado que foi doloroso, nunca tê-lo novamente.

É isso que é o futuro. Você está escolhendo uma parte do passado, glorificando-o, decorando-o, e imaginando que no futuro terá novamente aqueles momentos de felicidade – é claro, mais magnificados, mais inflados; e que nunca terá a dor que teve de passar no passado. É isso que é o futuro.

Quando o passado desaparece, ele não desaparece sozinho. Ele sempre traz o futuro com ele. De repente, você está aqui, agora – o tempo para. A este momento que não faz parte do tempo, chamo de “meditação". A este momento que não faz parte do tempo, Jesus chama de "o reino de Deus".

Apenas lembre-se mais e mais. Nada há para ser feito, apenas lembrança – uma lembrança profunda que o acompanhará como a respiração, seja o que for que esteja fazendo; uma lembrança que permanece em algum lugar no coração. Apenas uma profunda lembrança de que o passado tem de ser abandonado – e o futuro vai com ele.

Aqui-agora é a porta; no aqui-agora você passa do mundo para Deus, passa do lado de fora para o lado de dentro. De repente, o templo surge no mercado: os céus se abrem e o espírito de Deus desce como uma sombra. Pode acontecer em qualquer lugar. Qualquer lugar é santo e sagrado; somente sua maturidade e sua atenção são necessárias.

A palavra "atenção" é a chave mestra.

Você encontrará muitas situações, no Evangelho, em que Jesus diz: "Desperte! Esteja atento! Fique consciente! Lembre-se!" Buda vive dizendo a seus discípulos que "é necessária a atenção correta". Krishnamurti diz "consciência". Todo o ensinamento de Gurdjieff é baseado em uma única palavra: "lembrança-de-si".

Esta é a síntese do Evangelho: "lembrança-de-si".

Basta por hoje.

10
Abra a porta

A PRIMEIRA PERGUNTA:

Osho, você nunca chora?

Sim, sempre que olho para vocês. Vocês podem não ver minhas lágrimas, podem não ouvir meu choro, mas sempre que olho para vocês o choro me vem. Por causa disso, continuo trabalhando em vocês. Não é só para ajudá-los a saírem da sua miséria, é para ajudar-me também. Se vocês saírem da sua miséria, eu sairei da minha miséria, que é criada pela miséria de vocês.

Dizem que, quando Buda chegou à porta do Supremo, ele parou ali, não podia entrar. A porta estava aberta, os devas, os deuses, estavam prontos para lhe dar as boas-vindas, mas ele não podia entrar. Os devas lhe perguntaram:

– Por que você está parado aí? Entre. Estamos esperando por você há séculos. Seja bem-vindo. Você voltou para casa.

Buda disse:

– Eu ficarei aqui, tenho de ficar aqui. Até que o último ser humano passe por mim e entre por essa porta, eu não posso entrar.

Esta é uma bela parábola. Não a tome literalmente... Mas ela é verdadeira. Quando você se torna consciente, quando se torna um ser – quando você *é* –, infinita compaixão surge em você. Buda fez da compaixão o critério da iluminação. Uma vez que você a tenha atingido, você não sofre por si, mas pelos outros: vendo a miséria por todo lado, vendo o absurdo de tudo aquilo; vendo a possibilidade de que você possa sair dali imediatamente, agora mesmo, e, contudo, você continuando a se amarrar...

Por um lado, você empurra a miséria para fora, por outro, puxa-a para perto. Você vai criando suas próprias prisões e, contudo, gostaria de ser livre. Todo o seu esforço é contraditório. Você quer vir para o Oriente e vai na direção do Ocidente.

Vendo vocês... sim, eu choro sempre.

A SEGUNDA PERGUNTA:

Osho, durante dez anos eu me identifiquei como poeta. Mas desde que tomei o sânias, há dez dias, isso se tornou desimportante para mim, se eu vou escrever ou não outro verso, muito embora eu tenha frequentemente ouvido você louvar o poeta. O que aconteceu?

A primeira coisa: você não pode ser identificado como poeta, porque a poesia é algo que acontece somente quando você não está presente. Se você estiver presente, só haverá porcaria. A poesia só acontece quando você está ausente. Eis por que ela é tão bela. Ela vem da sua vacuidade: ela o preenche – seu vácuo. Você fica grávido do desconhecido, do estranho.

O poeta é simplesmente uma mãe. A mãe não vai produzir o filho. O filho foi concebido: no máximo, a mãe está protegendo-o, cuidando dele lá no fundo do seu coração, tentando dar a ele um corpo – não a alma. A poesia vem a você do mesmo modo como uma criança é concebida – em profundo amor. Em profunda receptividade você se torna um útero e a poesia é concebida. É uma gravidez. E a pessoa tem de ser muito cuidadosa, porque o aborto é sempre possível: você pode abortar; pode ter muita pressa e destruir tudo.

Permita que ela se assente dentro do seu ser. Vai levar seu próprio tempo, crescerá pouco a pouco. Ela crescerá na sua inconsciência. Seu consciente não é necessário: seu consciente será uma interferência. Esqueça-se dele, deixe-a crescer.

Você se sentirá pesado... todo seu ser estará como que carregando uma carga – bela, prazerosa, mas ainda assim uma carga. E, então, um dia, a criança nasce. Nesse momento, não somente a criança nasce... a mãe também nasce. Quando a poesia nasce, então o poeta nasce. Não é o poeta que escreve a poesia. Na verdade, é o nascimento da poesia que cria o poeta. Você não era um poeta antes dela – somente através do nascimento da poesia.

Uma mulher se torna mãe. Uma mãe é uma categoria totalmente diferente da de uma mulher comum. Uma mulher é uma mulher – uma mãe é totalmente diferente. Ela concebeu algo do além; carregou o além dentro do seu útero e deu um corpo a ele.

O poeta nasce quando a poesia nasce. Ele é uma sombra da poesia, uma consequência da poesia. Ele sucede a poesia, não a precede. Não havia nenhum poeta antes, não havia nenhuma mãe antes. Havia um homem, havia uma mulher – mas não havia nenhum poeta, não havia nenhuma mãe. A mãe passa a existir depois de a poesia ter acontecido.

Comumente, seja o que for que você chame de poesia não é poesia. É somente uma coisa mental. Você pensa; você a escreve. Seja o que for que você escreva é prosa e o que quer que Deus escreva através de você, é poesia. Pode ter forma de prosa – não importa. O que quer que Buda diga, ou que Jesus diga, é poesia. A forma é de prosa, isso não importa. É poesia porque Deus o escreveu: o todo escreve através da parte; o oceano tenta lhe enviar uma mensagem através da gota. Sempre que *você* escreve, é prosa – prosa comum. Sempre que Deus escreve através de você, é poesia. Pode ser prosa... mas ainda assim é poesia.

Você não pode se identificar como poeta. Será uma perturbação que destruirá toda a música e toda a harmonia. É bom, bom que a identificação tenha caído, bom que você tenha se esquecido da poesia, bom que isso não pareça tê-lo afetado, se você está escrevendo ou não. Esta é a situação certa. Agora, pela primeira vez, há a possibilidade de que a poesia aconteça.

Não posso dizer que acontecerá, porque a poesia não pode ser prevista. Se você a prevê, novamente a mente começará a funcionar e a esperar e a tentar e a fazer alguma coisa. Não, esqueça-se completamente disso. Pode levar meses, pode levar anos, pode levar toda a sua vida, mas um dia, se realmente você se esqueceu completamente da sua identificação, você se tornará o médium. Algo fluirá através de você. Virá através de você, mas será do além. Então, você será um observador, uma testemunha disso. Você não será um poeta, será uma testemunha. E quando ela nascer, uma diferente qualidade de ser virá com seu desabrochar. Eis o que é um poeta. Todos os grandes poetas são humildes, não exaltam a si mesmos.

Os Upanixades não são nem assinados – ninguém sabe quem os escreveu. O máximo da poesia, e os poetas nem deixaram suas assinaturas. Isso teria sido profano. Eles deixaram a poesia, não se proclamaram autores – foram apenas veículos.

Um verdadeiro poeta é um veículo, um médium. Eis por que eu louvo tanto a poesia – porque ela é muito próxima da meditação, muito próxima da religião – o vizinho mais próximo. O político trabalha com o prático, o cientista, com o possível, o poeta, com o provável, e o místico, com o impossível. O provável é o mais próximo vizinho do impossível – eis por que louvo a poesia.

Mas, quando louvo a poesia, não estou louvando seus poetas. Noventa e nove por cento deles estão apenas escrevendo lixo. Estão fazendo uma coisa mental, estão numa viagem do ego. Eles manejam a coisa – isso é tudo –, mas a poesia não vem através deles.

Você pode escrever poesia. Tecnicamente, pode estar correta, mas pode estar morta. Às vezes acontece de um poema ser tecnicamente incorreto, mas estar vivo. Quem se importa se uma coisa está tecnicamente correta ou não? A coisa real é se está viva ou não.

Se você vai ser mãe, gostaria de uma criança que estivesse tecnicamente perfeita, mas morta? Uma criança de plástico: tecnicamente, absolutamente perfeita, sem defeitos... Na verdade, se você quiser um ser humano tecnicamente perfeito, então somente seres de plástico podem ser absolutamente perfeitos. Uma criança viva, de verdade, tem tantos defeitos... – tem de ser assim, porque a vida existe no perigo e na morte. Somente uma coisa morta está fora de perigo. A vida é sempre uma aventura: há mil e uma dificuldades a ser vencidas, enigmas a ser resolvidos. O próprio fenômeno de a vida existir é um milagre, com muitas imperfeições...

A vida é imperfeita, porque é um fenômeno em desenvolvimento. Qualquer coisa que esteja se desenvolvendo será imperfeita, caso contrário como se desenvolverá? Qualquer coisa que seja perfeita já está morta – é boa para a sepultura: você não pode fazer mais nada com ela.

Noventa e nove por cento dos seus poetas são apenas escritores de lixo; dão nascimento a crianças mortas. Às vezes – e somente às vezes, raramente – existe um poeta. E sempre que tal fenômeno como o poeta existe – o que é um milagre na terra –, bem perto dele está o místico. Um passo a mais e ele se tornará um místico. Se o poeta voar um pouco mais alto, ele se tornará um místico. E se o místico, em sua compaixão, descer um degrau em direção a você, ele se tornará um poeta.

Poesia é uma comunicação do mistério da vida. A menos que você o tenha sentido, como pode comunicar? A poesia é um relacionamento entre você e o todo. Algo transpira entre a gota e o oceano, entre a folha e a árvore. Alguma coisa transpira entre o todo e a parte, e a parte começa a dançar. A parte está tão transbordante de alegria que canta... tão deliciada que seus movimentos se tornam poéticos. Ela não anda mais sobre a terra – voa.

A prosa é simplesmente andar na terra; a poesia é um voo céu adentro. A prosa é simplesmente andar, a poesia é dançar. Os movimentos são os mesmos, mas a qualidade é tremendamente diferente.

Ótimo – você é abençoado se a identificação se foi. E é isso que estou tentando fazer através do *sânias*, de modo que, quando sua velha identificação for embora, você seja deixado num vácuo. Somente no vácuo as mãos de Deus podem descer sobre você e criar algo a partir da lama que é você, criar algo belo. Isso não será seu – virá através de você.

Regozije-se se a identificação desapareceu; não tente trazê-la de volta. Esqueça-se de tudo sobre isso, esqueça-se de tudo o que sabe em relação à poesia, à poética. Esqueça-se de tudo – apenas regozije-se sendo você mesmo.

Um dia, de repente, você estará alinhado com o todo – uma ligação, uma sintonia –, e uma canção descerá como uma pomba. Então, você será, pela primeira vez, um poeta. Você não proclamará isso, mas você será. Aqueles que são não proclamam. Apenas os que não são, somente estes proclamam.

A TERCEIRA PERGUNTA:

Osho, sinto-me como um ator numa peça de teatro e nem sempre gosto do meu papel nela. Quando sinto que isso está indo embora, você me empurra de volta - definindo o papel, me definindo. Parece que você me dá uma forma, enquanto meu ser está se rompendo na costura. Eu quero me romper e expandir. Por que você me modela assim?

A primeira coisa: se você realmente sente que é um ator numa peça teatral, então não há nenhuma questão de gostar ou não gostar. Então, você não pode dizer: "Às vezes eu não gosto do meu papel nela", porque gostar e desgostar vêm somente quando você pensa em si não como um ator, mas como um fazedor.

Para o ator, todos os papéis são iguais. Que diferença faz se você se torna Jesus ou Judas em um drama? Se você realmente sabe que é uma peça de teatro, e o *Judas* e o *Jesus* são a mesma pessoa por trás da cortina, atrás do palco – é simplesmente uma atuação –, então o que há de errado em ser Judas? Como pode não gostar? E o que há de bom em ser Jesus? Como você pode gostar ou não gostar?

Gostar e não gostar existem somente quando você pensa que é o fazedor. Aí vêm o bom e o mau; vêm o julgamento, a avaliação; vêm a condenação, a aprovação. Vem a dualidade.

Se você é um ator, é o mesmo, quer você seja um Judas ou um Jesus. Uma vez que você compreende que a vida é apenas um grande teatro, esse gostar e não gostar acabam. Então, seja o que for que o todo deseje, você faz. Você não é o fazedor: você preenche o desejo do todo.

Este é um dos maiores ensinamentos de todas as religiões: tornar-se um ator na vida. Então o "gosto/não gosto" desaparece. Quando o "gosto/não gosto" desaparece, a escolha desaparece – e, se você não escolhe, está livre. *Moksha*, o nirvana, é atingido.

Torne-se um ator. Represente o papel, represente-o belamente... porque, já que a pessoa tem de representá-lo, por que não representá-lo com categoria? Você é um Judas – tudo bem. Seja um Judas – desfrute o papel e deixe que a audiência também desfrute o papel. Atrás do palco, Judas e Jesus estão se encontrando e tomando um chá. Eles são amigos ali, têm de ser. Na verdade, sem Judas, Jesus não pode existir. Algo na história fica faltando, algo muito essencial estará faltando. Pense em Jesus sem Judas. O cristianismo não seria possível. Não haveria nenhum registro de Jesus sem Judas. Em virtude da traição de Judas, Jesus foi crucificado; e como Jesus foi crucificado, o evento tocou fundo no coração da humanidade.

O cristianismo nasce não devido a Cristo, mas devido à cruz. Assim, eu preferiria que o cristianismo fosse chamado de *crucianismo*. Ele não deveria ser relacionado a Cristo, mas à cruz.

Se você for às igrejas, verá que a cruz se eleva mais alto do que Jesus. Os bispos e os papas usam a cruz. O cristianismo nasceu da cruz. Mas, se você pensar isso, então quem é o autor da crucificação? – Judas, não Jesus.

Até o último momento na cruz, pouco antes de morrer, Jesus hesitou. A parte hesitou em se dissolver no todo, o rio hesitou em cair no oceano. É natural, é humano: Jesus é filho do homem *e* filho de Deus.

Todo rio deve ficar tremendamente apreensivo e temeroso quando chega ao oceano. Esteve vindo por todo o caminho – pode ter viajado milhares de milhas para encontrar o oceano –, mas, sempre que o rio chega ao oceano, fatalmente enfrenta um profundo tormento no coração. Ele vai desaparecer. O oceano é tão vasto – onde ele estará? Ele estará perdido, sua identidade desapareceu: o nome, a forma, os sonhos, os desejos – todos mortos. O oceano é tão vasto! Ele simplesmente desaparecerá. Cair no oceano é a morte – aí está a cruz. Quando um rio cai no oceano, ali há uma cruz.

Jesus, no último momento, olhou para o céu e disse: "Deus, vós me abandonastes? Por que isto está acontecendo comigo?" – um profundo lamento de angústia. "Por que me abandonastes?" – mostra a humanidade de Jesus. É aí que Jesus é tremendamente belo, incomparavelmente belo.

Buda é mais inumano. Você pode chamar isso de super-humano, mas ele é inumano. Se ele fosse morrer na cruz, não teria lamentado aos céus: "Por que me abandonastes?" Ele sabe que não há ninguém a quem se lamentar, sabe que Deus não existe, que isso é tudo tolice humana. Ele sabe que tudo que nasce vai morrer; compreendeu isso totalmente. Ele não lamentará, simplesmente se dissolverá. O rio de Buda não hesitaria, não hesitaria por um único momento. Não haveria uma cruz.

Buda é inumano, muito distante do coração humano. Mahavira é ainda mais inumano. Eles não são deste mundo, absolutamente; são muito abstratos, como se não fossem seres humanos concretos. Eles se parecem mais com ideias desincorporadas; parecem fictícios, parecem mitológicos – mas não reais.

Jesus é muito real, tão real quanto você. E este lamento... Buda teria rido. Se tivesse estado lá, teria rido de quão tolo este homem era: "Por que você está se lamentando? A quem você está se lamentando?"

No lindo livro de Lewis Carroll, *Alice no País das Maravilhas*, há um pequeno diálogo:

Tweedledum diz a Alice:

– Por que você está chorando? Você é irreal – só um sonho do rei.

Alice olha para ele e diz:

– Mas eu sou *real*.

Tweedledum ri e diz:

– Você é tola. Se ele, o rei, parar de sonhar, onde você estará?

Alice diz:

– Eu estarei aqui, é claro.

Tweedledum ri novamente e diz:

– Sua tola! Se ele parar de sonhar, você simplesmente desaparecerá. Você é uma fantasia do seu sonho. Não chore. Como pode chorar? – você é irreal.

Alice continua chorando. Ela diz:

– Se eu sou irreal, então quem está chorando? Se eu sou irreal, então o que significam estas lágrimas?

Tweedledum diz:

– Você é tola, pensa que essas lágrimas são reais ou que seu choro é real?

Buda teria rido, Shankara teria rido e pensado: "O que você está fazendo? Este mundo todo é *maya*: o sonho do rei. Você é simplesmente uma parte, um fragmento dele; você não é real, você é irreal. Simplesmente desapareça. Por que você está dizendo 'Por que me abandonastes'? Quem está lá para abandoná-lo?"

Mas Jesus, não. Ele se lamenta – lágrimas devem ter caído dos seus olhos. Ele é humano, tão humano quanto você, tão enraizado na terra quanto você. Ele é muito terreno... Mas não apenas terreno, não meramente terreno. Ele é mais.

Ele chorou. Por um momento, ficou com raiva e aborrecido, e disse: "O que estais me fazendo? Vós me abandonastes?" E então ele compreendeu. O rio hesitou, então ele compreendeu e entrou no oceano.

E disse: "Eu compreendo. Vossa vontade deve ser cumprida, não a minha". A parte estava pronta para cair no todo.

Jesus é terreno e celestial – ambos. Ele é uma grande ponte. No último momento ele compreendeu a coisa toda como um papel a ser representado. "Vossa vontade deve ser cumprida, não a minha" – então tudo se torna uma representação.

Se essa for a *sua* vontade, então se torna um fazer. Esta é a diferença.

Você me diz: "Sinto-me como um ator numa peça de teatro". Você deve estar apenas *pensando* em si como um ator numa peça de teatro, porque a próxima parte da frase nega o que você disse – "... e nem sempre gosto do meu papel nela". Se é somente uma peça de teatro, então por que se incomodar? Seja um Judas, seja um Jesus – é tudo o mesmo. De onde vem essa avaliação de "gosto/não gosto"? O ego existe nesse seu "gosto/não gosto". Na sua escolha existe o ego; quando você não escolhe, o ego desaparece. É isso o que estou fazendo com você: "Quando sinto que isso está indo embora, você me empurra de volta..."

Sim, eu vou empurrando vocês até que a escolha desapareça completamente. Não resista a mim, porque, se você resistir, então, não será capaz de compreender durante muito tempo. Não fique chateado e não pergunte: "O que você está fazendo comigo?"

"Parece que você me dá uma forma, enquanto meu ser está se rompendo na costura. Eu quero me romper e expandir..." Esse "eu quero" é a barreira para você se romper e expandir. Esse "eu" não pode se romper e não pode se expandir. Ele só pode pensar, sonhar.

Todo o meu esforço é para que você possa abandonar o "eu" e apenas ser. Então, você expandirá; então, não haverá barreira para você; então, poderá tornar-se infinito. Você *é* infinito: o ego não permitirá que você veja isso, o ego não permitirá que você veja a verdade.

"Por que você me modela assim?" Eu continuarei modelando-o de uma forma a outra, e novamente de uma forma a outra, de modo que você possa compreender que você é sem forma. Só o sem-forma pode ser modelado numa forma. Se você tem uma forma, então não pode ser moldado numa outra forma: você já está fixo.

Se você quiser moldar o aço, será difícil, mas você pode moldar o barro facilmente. Por quê? Por que não o aço? O aço tem uma forma mais fixa. Você pode dizer que o aço acredita em formas mais fixas, o aço é enganado pela forma mais fixa. O barro não é tão enganado assim.

Então há a água: sem forma, fluida. Você a põe num jarro, ela toma essa forma. Você a põe num outro jarro e nem por um único momento ela resiste – toma outra forma; é fluida.

Permita que eu o molde em muitas formas, porque somente na mudança de uma forma a outra – em algum lugar no meio disso – você se tornará consciente do sem-forma. Não há outro meio de se perceber o sem-forma. Mudando de uma forma a outra, em algum lugar no meio do movimento da mudança – quando a velha forma se foi e a nova não chegou –, no intervalo, um dia, você percebe.

Eis o que o próprio Deus está fazendo – ele vai mudando as suas formas. Algumas vezes você foi uma planta... então, foi um pássaro... depois se tornou um animal... Aí então se tornou um homem: às vezes uma mulher, às vezes um homem; às vezes preto, às vezes branco; às vezes estúpido, às vezes inteligente. Ele vai mudando sua forma, porque essa é a única oportunidade... Mudando a forma, em algum lugar no meio, um dia, você percebe.

A coisa toda é como uma representação teatral; depois vocês serão capazes de dizer: "Seja feita a Vossa vontade, não a minha". Nesse momento, você estará livre. Quando puder dizer, de todo o coração: "Seja feita a Vossa vontade, não a minha", você desapareceu. O rio caiu no oceano.

A QUARTA PERGUNTA:

Osho, sinto que tenho sido desonesto e insincero em todas as minhas relações durante a minha vida. Não fiz justiça a meus pais, a minha esposa, nem a meus filhos, nem a meus amigos e vizinhos, e assim por diante. E agora sinto que não sou justo e sincero com meu mestre e com meu sânias. Isso é causa de grande agonia para mim, para minha mente. O que devo fazer?

Se você começar a pensar em termos de fazer, novamente será insincero, porque, no que quer que tenha feito, você tem sido insincero. Seu fazer foi corrompido.

Portanto, a primeira coisa a ser feita é esta: resista ao fazer. Simplesmente permaneça alerta, alerta para sua insinceridade. Não entre num ímpeto de fazer qualquer coisa, porque isto será feito novamente por você: todo o seu passado estará envolvido no seu fazer. Resista! Permaneça com esta sensação de que você tem sido insincero, basta isto. É purificador, tem uma tremenda capacidade de purificar e limpar a pessoa. Basta permanecer com a sensação de que "tenho sido insincero" e não tentar fazer nada a respeito, pois isso novamente seria tentar fazer uma boa imagem de si mesmo: que você não é insincero, que você é um homem sincero.

Seu ego está ferido, porque você tem sido insincero.

Tente perceber o fato; não tente fazer nada quanto a isso. Qualquer coisa que você faça, será imatura e muito precoce. Simplesmente permaneça com a ideia, viva com ela. Viva com a ideia de que você é insincero. Se puder viver com ela – a própria ideia –, a própria percepção matará seu ego completamente. O ego não pode permanecer vivo se você pensar que é insincero. O ego precisa de uma boa imagem: a de que você é um homem sincero – muito honesto. Eis o que o ego está lhe dizendo: "Faça alguma coisa, assim você pode repintar a imagem, renovar a imagem".

Você tem sido insincero. Isto tem sido revelado através da meditação. Agora, o ego está em perigo de morte. O ego diz: "Faça alguma coisa". Através do fazer, ele tentará refazer a imagem, retomar o velho – assim você pode sentir novamente que "eu sou bom, belo; sou sincero, sou moral, sou isto e aquilo".

A primeira coisa – muito difícil, árdua – que deve ser feita: simplesmente permaneça alerta para a insinceridade, viva com a ideia e não se preocupe em mudá-la.

Ela mudará por conta própria, porque, uma vez que você compreenda que é insincero, não poderá permanecer insincero. É impossível, nunca aconteceu. Não pode acontecer, a coisa em si é impossível. Se você souber que é insincero, a insinceridade cairá. Se você quiser salvar a insinceridade, então, faça alguma coisa para criar a sensação de que você é sincero.

Se você sabe que você é um mentiroso, a mentira vai parar por conta própria. Se você sente que é imoral, não faça nada: não se arrependa, não sinta culpa – estes são truques. Permaneça com a ideia, o fato nu de quem é você. Não se mexa, não se ocupe em fazer alguma coisa. Permaneça nu, com a ideia nua, a realidade nua, e verá que uma mudança está acontecendo... não pelo seu fazer. Quando uma mudança vem até você não através do seu fazer, ela vem de Deus. Somente Deus pode torná-lo moral, sincero; somente Deus pode torná-lo religioso; somente Deus pode torná-lo puro. É *prasad* – seu presente; você não pode fazê-lo. Todo seu fazer será um desfazer. Por favor, lembre-se sempre e sempre que você não tem que fazer nada.

Você diz: "Isto é causa de grande agonia para mim, para minha mente". Sim, isso é uma grande causa de agonia para sua mente – e para o ego que é a mesma coisa –, pois o ego sente-se ferido. Você sempre acreditou que era um homem muito sincero, você sempre acreditou que era um pináculo de homem, um *crescendo* da humanidade, o mais puro ouro. Você sempre acreditou nisso.

Agora a meditação quebrou uma janela dentro da falsidade. Você foi capaz de ver, dentro de si, a realidade. Você encontrou um espelho. Agora, não tente fugir dele, permaneça com o fato. Seja você quem for, essa é sua realidade. Permaneça com o fato. Se puder permanecer com o fato, você mudará. Mas essa mudança não será seu fazer, ela acontecerá.

Quando uma transformação chega a você, ela tem uma graça totalmente diferente. Seja o que for que você faça será diminuto, medíocre e finalmente inútil. O que quer que Deus faça a você é infinito. Só aquilo que vem do infinito pode ser infinito. Não tente fazer nada. Aceite o fato, permaneça com ele, relaxe e, de repente, haverá a transformação.

Eu ensino transformação súbita, e eu ensino transformação feita por Deus, não por você. Você tem apenas de permitir-lhe. Isso é tudo o que você tem de fazer. Abra a porta, espere. Simplesmente abra a porta – esse tanto você tem de fazer. Permita... de modo que, quando ele bater à sua porta, você possa saudá-lo; quando ele vier, você possa chamá-lo para dentro. Simplesmente não fique sentado com a porta fechada, isso é tudo. Meditação não é nada mais que: abrir a porta.

A meditação não lhe dará a iluminação, lembre-se disto. Nenhuma técnica jamais pode lhe dar a iluminação; a iluminação não é técnica. A meditação pode ser somente o preparo do solo, a meditação pode somente abrir a porta. A meditação pode somente fazer algo negativamente; o positivo virá. Uma vez que você esteja pronto, ele sempre vem.

Por favor, não tente fazer nada. Seja.

A QUINTA PERGUNTA:

Osho, você disse que a família é a primeira coisa a renunciar. Não compreendo por que recebemos o prasad *no dia da iniciação de seu pai.*

Tem-se de renunciar à família, é verdade. Eu renunciei à minha família, mas minha família é rara: ela não renunciou a mim. E digo que isso é raro, porque não tinha acontecido antes.

O pai de Jesus nunca foi a Jesus para ser iniciado. João Batista iniciou muitos, mas seu próprio pai nunca foi lá para ser iniciado. O pai de Krishna não foi discípulo dele.

Meu pai é raro – não porque é meu pai: ele simplesmente é raro. Havia toda possibilidade...

De acordo com a natureza humana, há toda possibilidade de que um pai não tenha condição de vir e curvar-se diante de seu próprio filho. Isso é quase humanamente impossível. Meu pai fez isso. Vocês não encontrarão paralelo em toda a história do homem. E talvez não aconteça mais.

Mas você está cego e não pode ver o fato; então, até o *prasad* se tornou um problema para você. Pense sobre o fato de você curvar-se para seu próprio filho, você chegando aos pés de seu próprio filho, para ser iniciado. É preciso uma tremenda humildade, uma tremenda inocência.

Essa é uma das coisas mais difíceis nos relacionamentos humanos. Não é acidental que o pai de Jesus nunca tenha ido a ele. É simples: o filho a quem você deu nascimento, a quem você viu desde o primeiro dia, desde o primeiro choro... – como acreditar que ele se iluminou? Seu próprio filho? Impossível. Seu próprio sangue e ossos? Impossível. Como você pode pensar que ele se tornou algo, alguém de quem você tem de aprender?

Um filho permanece um filho... e para um pai ele permanece sempre uma criança, devido à distância ser sempre a mesma. Se meu pai tivesse 20 anos quando eu nasci, essa distância de vinte anos permaneceria a mesma. Se eu tivesse 45, ele teria 65. Eu não posso chegar mais perto dele em idade. Ele terá sempre vinte anos de experiência a mais do que eu.

E vir até mim e se render... Você não consegue perceber o significado disso! Eis por que faz perguntas tão tolas. É um dos mais raros momentos.

Repito novamente: meu pai é raro – não porque é meu pai. Ele é simplesmente raro.

A SEXTA PERGUNTA:

Osho, Jesus se tornou Cristo na cruz ou quando saiu do rio Jordão? O estado crístico também tem estágios?

Não há estágios. A iluminação – estado crístico ou estado búdico – acontece numa fração de segundo, não há estágios graduais. Mas, quando Jesus foi batizado por João Batista no rio Jordão, a jornada começou – não o estado crístico. A semente começou o movimento para se tornar uma árvore. A semente se rompeu no solo; agora, o surgimento da árvore é só uma questão de tempo. Você não pode dizer que quando a semente se rompeu no solo, a árvore já existia – não pode, porque ela *não* estava ali.

Você não pode dizer que ela existe, porque, onde você pode ver a árvore? Você não pode descansar debaixo da árvore, não pode apanhar seus frutos, não pode sentir a fragrância das flores. A árvore é não existencial.

Sim, de um lado você não pode dizer que a árvore existe. Mas, de outro, a árvore existe, porque a semente foi rompida. A árvore já está a caminho, está vindo. Agora é apenas uma questão de tempo. Ela já existe, de certa maneira, porque já começou.

No dia em que João Batista iniciou Jesus, a semente se rompeu. O céu se abriu e o espírito de Deus, como uma pomba, desceu. Isto foi o começo – não do estado crístico, mas do caminho em direção ao estado crístico; a semente indo em direção à árvore.

Jesus tornou-se Cristo na cruz quando ele disse: "Seja feita a Vossa vontade, não a minha". Nesse dia ele se tornou uma árvore, uma grande e frondosa árvore – vasta. Milhares de pessoas puderam se abrigar sob ela. Ela encheu a terra com sua fragrância.

Assim, de certo modo, você pode dizer que no rio Jordão, quando ele foi iniciado, o primeiro vislumbre foi alcançado; na cruz, o último. Depende de como você prefere expressar. Mas acho que já lhe transmiti o significado: ele começou a jornada para se tornar um Cristo naquele dia.

Você também pode chamá-lo de Cristo naquele dia. É uma questão de preferência na forma de expressar. Mas minha ênfase é que ele começou a se mover para o estado crístico. Ele se tornou Cristo na cruz.

Estado crístico, estado búdico, nirvana, *moksha*, iluminação – acontecem numa fração de segundo, não há graduações. É uma transformação súbita.

A SÉTIMA PERGUNTA:

Osho, o "retorno" é um acontecimento inteiramente pessoal. Mesmo a pessoa mais próxima não consegue entender. Ele só é facilmente possível para aqueles que já sofreram. Mas você chama todo mundo. É possível para eles ouvirem o seu chamado de amor?

Esse não é o ponto. Se eles podem ou não ouvir, não é o mais importante: devo continuar chamando. Eles podem ser surdos, mas eu não sou mudo. Se eles não ouvirem, terei de chamar mais alto, isso é tudo.

E quando você chama mil, só cem ouvirão. Nunca se pode saber quem serão os cem. Você chama mil, cem ouvirão. A própria natureza do chamado é tal, que só aqueles que estão próximos do acordar podem ouvi-lo. Só aqueles cujo sono está quase completo, que estão próximos do despertar na manhã – só estes conseguem ouvir. Mas você não pode ver quem serão eles. Chame mil: cem ouvirão e apenas dez começarão a se mover. Noventa ouvirão e mesmo assim não se moverão. Eles ouvirão, mas não compreenderão; ou compreenderão alguma outra coisa; ou interpretarão mal. Dez começarão a se mover. E quando dez se movem, somente um alcança. Nove se perderão no caminho.

Chame mil e você terá chamado apenas um. Mas é como as coisas são. Assim, tem-se que continuar chamando.

Então, não me preocupo nem um pouco se você ouvirá ou não – eu continuo chamando. Um está fadado a vir e isso é o bastante. Se você chamar mil e um vier, se você chamar dez mil e dez vierem, já é o bastante. Não se deve querer mais; isso já é muito.

Está correto que somente aqueles que já sofreram serão capazes de me compreender... porque a dor purifica, o sofrimento dá compreensão. O sofrimento dá uma certa cristalização. A não ser que você sofra, você não sabe o que é a vida. A não ser que você sofra, você não sabe quanto é difícil sair dela.

Eu estava lendo sobre a vida de um grande poeta japonês, Issa. Ele sofreu, e deve ter sido um homem muito, muito sensível: era um grande poeta, um dos maiores poetas do *haiku*.

Quando ele estava com apenas 30 anos, já tinha perdido seus cinco filhos. A cada ano aproximadamente morria um filho. Então, sua esposa morreu e ele quase enlouqueceu – em angústia, em sofrimento.

Issa foi até um mestre zen. O mestre perguntou-lhe:

– Qual é o problema?

O mestre deve ter sido quase como um Buda – não como Jesus. Alguém que atingiu a iluminação, mas que se esqueceu completamente do sofrimento humano.

Issa disse:

– Meus cinco filhos morreram e, agora, minha esposa também morreu. Por que há tanto sofrimento? Não consigo ver a razão para tudo isso. Qual a explicação? Não fiz nada de errado com ninguém, vivi tão inocentemente quanto possível. Na verdade, tenho vivido muito distanciado. Não me relaciono muito com as pessoas; sou um poeta, vivo em meu próprio mundo. Não fiz nada de mal a ninguém. Sempre tive uma vida pobre, mas eu era feliz. Agora, de repente, estou sem os meus filhos e sem a minha mulher. Por que há tanto sofrimento, e sem nenhuma razão? Tem de haver uma explicação.

O mestre zen lhe disse:

– A vida é exatamente como uma gota de orvalho na manhã. É da natureza da vida a morte acontecer. Não há explicação; é a natureza da vida. Não há necessidade que seja dada nenhuma razão especial. A natureza da vida é como uma gota de orvalho: ela se dependura, por um tempo, numa folha de grama, o sol vem e ela se evapora. Esta é a natureza da vida. Lembre-se.

Issa era um homem de profunda inteligência. Ele compreendeu. Então, voltou e escreveu um *haiku*:

Vida, uma gota de orvalho?
Sim, eu compreendo. A vida é uma gota de orvalho.
Ainda assim... e ainda assim...

Nesse "Ainda assim... e ainda assim..." ele está dizendo algo soberbamente humano. "A vida é uma gota de orvalho; eu compreendo. E ainda assim..." A mulher se foi, os filhos se foram e os olhos estão cheios de lágrimas: ainda assim... e ainda assim...

"A vida é uma gota de orvalho, mas..." E esse "mas" é grande. Só aqueles que sofreram podem compreender que a vida é uma gota de orvalho e, mesmo então, o "ainda assim... e ainda assim..." permanece. Mesmo quando você compreende, a compreensão é difícil.

E aqueles que não sofreram, o que dizer deles? Eles vivem uma vida superficial. A felicidade é sempre superficial, não há profundidade nela. Somente a tristeza é profunda. A vida é superficial, apenas a morte tem profundidade. A vida é muito comum. O sofrimento tem uma profundidade; ele o acorda, ele o sacode para fora do seu sono.

Sim, somente aqueles que sofreram compreenderão o que estou dizendo, e ainda assim... até mesmo estes podem não entender. Mas é isso mesmo, é assim que a vida é. Se a gente desanima por causa disso e resolve não chamar, não dizer nada...

Aconteceu:

Quando Buda se iluminou, durante sete dias permaneceu em silêncio. Ele pensou: "Quem ouvirá?, O que eu vou dizer? Quem vai entender?" E pensou: "As coisas que aconteceram comigo, se alguém as tivesse me contado quando ainda não tinham me acontecido, até mesmo eu não teria acreditado. Então, quem compreenderá? Por que me preocupar?"

Por sete dias ele ficou sentado sob a Árvore de Bodhi. A tradição diz que os devas ficaram muito perturbados lá no céu: "Por que ele se mantém quieto? Só depois de milhares de anos alguém se torna iluminado. Por que ele não está chamando as pessoas?"

E vieram vê-lo. É uma bela história. Eles se curvaram diante de Buda e disseram:

– Você deve dizer alguma coisa. Você já alcançou a iluminação; deve fazer o chamado; a palavra deve ser espalhada entre as pessoas. Por que se mantém quieto? Nós esperamos e esperamos. Sete dias parecem sete séculos. O que você está fazendo? Não perca tempo. Você só permanecerá aqui por um certo tempo e então desaparecerá para sempre e sempre. Antes de desaparecer, faça um chamado.

Buda disse:

– Quem ouvirá? Quem compreenderá?

Mas aqueles devas eram espertos. Que bom que eram espertos. Eles argumentaram, persuadiram e disseram:

– Sim, você está certo. Rara é a possibilidade de alguém ouvir, e mais rara é a possibilidade de alguém compreender. Mas ela existe. Chame mil: cem ouvirão, noventa não entenderão, nove se perderão no caminho. Num lugar ou outro do caminho pensarão que já se iluminaram; sentar-se-ão à beira do caminho e pensarão que já chegaram em casa. Somente um chegará. Mas um é mais do que suficiente.

Buda compreendeu e começou a pregar.

Eu sei que é um esforço quase sem esperança. Sabendo bem que não entenderão, continuo falando com vocês. É como se falasse para as paredes.

Quando Bodhidharma se tornou iluminado, ele estava sentado próximo a uma parede, de costas para ela. Imediatamente se virou e ficou de frente para a parede. Por nove anos ele não se sentaria de nenhum outro jeito. Sempre que se sentava, era de frente para a parede. Se alguém, um buscador, estivesse ali, teria que fazer suas perguntas olhando para as costas dele.

As pessoas lhe perguntavam:

– Por que escolheu uma postura tão tola? Já houve muitos Budas no mundo, mas nenhum deles se sentava de frente para a parede. Por que se senta assim? Por que é tão louco?

Ao que ele respondia:

– Que eu saiba, todos os Budas se voltaram para a parede – porque, para onde quer que você olhe, vai se deparar com uma parede. Esse não é o ponto da questão.

Bodhidharma dizia:

– Todos eles se voltaram para a parede, mas eram um pouco mais polidos. Eu não sou tão polido assim; não me importo nem um pouco com o que pensam de mim. Só voltarei meu rosto quando vir alguém que possa me compreender.

Durante nove anos ele ficou de frente para a parede. Então chegou um homem, que lhe disse:

– Vire-se para mim ou me matarei.

Ele tinha uma espada na mão. Ainda assim Bodhidharma não se virou. O homem cortou uma das mãos e disse:

– Olhe, uma de minhas mãos já se foi. Agora cortarei a cabeça.

Então Bodhidharma se voltou e disse:

– Espere! Então, você veio! – porque só aqueles que estão prontos para cortar a própria cabeça podem entender.

Basta por hoje.

Resort Internacional de Meditação

O Resort Internacional de Meditação Osho é um ótimo local para passar férias e para ter uma experiência pessoal direta de uma nova maneira de viver, com mais atenção, relaxamento e diversão. Localizado em Puna, Índia, aproximadamente 160 quilômetros a sudeste de Mumbai, o *resort* oferece uma variedade de programas a milhares de pessoas que o visitam a cada ano, procedentes de mais de cem países.

Criada originalmente como um retiro de verão destinado a marajás e a colonialistas ingleses abastados, Puna é atualmente uma cidade moderna e próspera, que abriga inúmeras universidades e indústrias de alta tecnologia.

O Resort de Meditação ocupa uma área de mais de quarenta acres em um bairro residencial muito arborizado, chamado Koregaon Park. Seu *campus* oferece um número limitado de acomodações para visitantes numa nova casa de hóspedes, mas existe uma grande variedade de hotéis e apartamentos próximos, que ficam disponíveis para permanência de alguns dias a vários meses.

Os programas do Resort de Meditação se baseiam todos na visão de Osho de um novo tipo de ser humano, capaz, ao mesmo tempo, de participar criativamente da vida cotidiana e de buscar relaxamento no silêncio e na meditação. Realizada em instalações modernas, com ar-condicionado, a maioria dos programas inclui uma variedade de sessões individuais, cursos e *workshops*, que abrangem desde artes criativas até tratamentos holísticos de saúde, terapia e transformação pessoal, ciências esotéricas, abordagem zen nos esportes e recreação, questões de relacionamento e transições significativas de vida para homens e mulheres. Sessões individuais e *workshops* em grupo são oferecidos durante todo o ano, ao lado de uma programação diária integral de meditações.

Cafés e restaurantes ao ar livre, situados na própria área do *resort*, servem cardápios indianos tradicionais e uma variedade de pratos internacionais, todos feitos com vegetais produzidos organicamente na própria fazenda. O *campus* tem seu próprio suprimento de água potável de boa qualidade.

www.osho.com/resort

Para mais informações:

www.OSHO.com

Website compreensível em diversas línguas, que inclui uma revista, livros, palestras em áudio e vídeo, a Biblioteca Osho, com arquivos de texto em inglês e em híndi, e extensas informações sobre as meditações de Osho. Ali você também encontrará a programação de cursos da Multiversidade Osho e informações sobre o Resort International de Meditação.

Para contatar a Osho International Foundation, acesse:
www.osho.com/oshointernational